生态脆弱区土地集约利用模拟研究

陈　海　梁小英　著

国家自然科学基金项目（41271103）　资助出版

科学出版社

北　京

内 容 简 介

本书是在作者主持的国家自然科学基金项目成果基础上撰写而成。全书共6章。首先，以陕西省米脂县为例分析土地集约利用、景观复杂性、村落专业化程度间的关系；其次，构建个体和群体土地集约利用决策模型，探讨不同层次主体决策间定量影响；再次，构建耦合模型，探讨宏观土地集约利用格局的微观驱动机制；最后，通过不同年份景观服务的分析，揭示土地集约利用对生态系统的影响。本书对于理解微观主体土地集约利用行为变化机制，阐明宏观土地利用格局的微观驱动机理具有重要的理论和实践意义。

本书内容详实，案例丰富，可供地理学、生态学、资源环境等领域的研究人员及高等院校相关专业师生阅读。

图书在版编目 (CIP) 数据

生态脆弱区土地集约利用模拟研究/陈海，梁小英著. —北京：科学出版社，2019.8

ISBN 978-7-03-060030-1

Ⅰ. ①生… Ⅱ. ①陈… ②梁… Ⅲ. ①土地利用-研究-陕西 Ⅳ. ①F321.1

中国版本图书馆 CIP 数据核字（2018）第 294378 号

责任编辑：祝　洁　亢列梅／责任校对：郭瑞芝
责任印制：张　伟／封面设计：陈　敬

科学出版社 出版
北京东黄城根北街 16 号
邮政编码：100717
http://www.sciencep.com

北京中石油彩色印刷有限责任公司 印刷
科学出版社发行　各地新华书店经销
*

2019 年 8 月第　一　版　　开本：720×1000　B5
2019 年 8 月第一次印刷　　印张：10 1/2
字数：210 000

定价：95.00 元
（如有印装质量问题，我社负责调换）

前　言

　　土地利用与土地覆盖变化（LUCC）已经成为地球上大部分环境退化的主要原因，因此要想减缓土地利用的负面影响，使 LUCC 更加适应环境，除了深入研究土地利用变化外，土地集约利用变化研究也成为学者们关注的焦点之一。深入理解微观主体土地集约利用行为变化机制，积极探索微观土地集约利用行为与宏观土地利用格局间的互动机理成为土地系统变化研究的重点之一。

　　作者早期研究主要集中在微观个体土地利用行为及其变化机制，以及微观主体土地利用行为对宏观土地利用格局的影响方面。但在实践中发现，仅仅通过土地利用行为的变化还不能全面理解研究区土地系统的变化，还需要对土地利用主体的集约利用行为进行研究和探讨，以便更精确地反映土地系统的变化。

　　作者在研究实践中看到一些现象，仅仅依靠土地利用的理论和方法还不能对其进行有效解释，迫切需要结合土地集约利用的理论和方法对其进行解释和阐明。例如，生态脆弱区土地集约利用程度的提高是否一定会造成景观多样性的下降和村落专业化程度的提高？在生态脆弱区进行土地集约利用是否可行？如果可行，如何通过微观农户个体土地集约利用决策与不同群体土地集约利用决策间的定量关联来有效引导和管控不同层次土地利用主体的行为？能否通过模拟农户的土地集约利用行为来揭示研究区宏观景观服务的时空分异？

　　通过对上述问题的深入思考，结合作者所在研究团队近几年的科研实践，在国家自然基金项目"生态脆弱区土地集约利用模拟研究"（项目编号：41271103）的资助下，基于研究区土地集约利用对该区生态建设与可持续发展的意义分析，本书从微观主体土地集约利用行为决策及其变化、个体与群体土地集约利用决策多尺度转化、土地集约利用变化对景观服务的影响等方面开展研究。本书是在以上研究的基础上撰写而成，以期能够对生态脆弱区土地集约利用、多层次主体土地集约利用及其与宏观农业土地集约利用格局间互动机制研究的发展和深化产生一定的推动作用。

　　全书共 6 章。第 1 章主要介绍研究背景和土地集约利用的研究进展，给出本书的研究目标和整体框架。第 2 章在介绍研究区及其典型样区的基础上，从县域尺度分析研究区土地集约利用、景观复杂性、村落专业化程度的关系，试图阐明研究区土地集约利用对该区生态建设与可持续发展的意义。第 3 章通过微观个体模型的构建与模拟，试图揭示农户个体土地集约利用行为及其变化的内在机理。同时，对农户个体土地集约利用决策向农户群体决策的转化机理进行探讨，揭示不同层次主体决策间的定量影响。第 4 章通过对多模型耦合机制的研究，构建多尺度土地集约利用情景模拟模型，揭示宏观土地集约利用格局的微观驱动机制。第 5 章通过对不同年份景观服务的变化，揭示土地集约利用变化对生态系统的影响。第 6 章是研究的结论与展望，在总结本书主要研究结论的基础上，对本书还需要进一步完善的方面进行分析，展望主要集中在机器学习与 MAS 模型耦合方面。

　　本书由陈海制订编写大纲；第 1～5 章由陈海、梁小英共同撰写；第 6 章由陈海撰写。

　　西北大学城市与环境学院王宁练研究员、杨新军教授、李同昇教授、刘康教授、白红英教授、马俊杰教授、杨勤科教授、刘科伟教授、权东计研究员在本书的写作过程中给予了大力支持和协助，尤其是与杨新军教授和王俊教授的讨论与交流，使作者受益匪浅。在此，谨向他们表示衷心的感谢！

　　由于土地利用科学研究的复杂性，尤其是微观主体土地集约利用行为的内在变化机理、微观动机和宏观土地利用格局互动机理方面还处在深入研究阶段，加之作者水平有限，书中不足之处在所难免，诚请各位同行和读者批评指正。

目　　录

第1章 绪 论

1.1 研 究 背 景

作为发展循环经济和建设节约型社会的必然要求，作为统筹粮食安全、城镇化建设、生态保护三大土地需求间的尖锐冲突的主要方式，土地集约利用受到国内外政府与学者的广泛关注（李秀彬等，2008；邵晓梅等，2006）。土地集约利用程度的改变在提高土地生产力的同时，也产生了以生物多样性损失和非点源污染恶化为代表特征的区域生态安全问题（邵晓梅等，2006；Kerr et al.，2003；Decaëns et al.，2002；吴大付等，2001）。为防范土地集约利用对区域的不利影响，有效缓解区域生态保护及其发展间的矛盾，通过对土地集约利用的研究，认识和理解区域土地集约利用格局特征和变化过程，模拟和评估土地集约利用过程及其对生态系统的影响，进而调整土地集约利用格局和调控土地利用主体的集约利用行为，具有重要的理论和现实意义。

作为土地利用的重要方式之一，土地集约利用的研究早已受到学术界的关注（路云阁等，2006；何春阳等，2005；李秀彬，2002）。通过土地集约利用情景模拟模型揭示自然与人为活动之间的动态反馈规律，认识土地集约变化对宏观生态系统的影响，阐明土地集约利用的变化机理已经成为土地集约变化研究的重要方向（李秀彬等，2008；葛全胜等，2004；Costanza et al.，1998）。本书通过对国内外土地集约利用模拟的相关研究，从微观土地集约利用的决策研究、多尺度转化和土地集约利用的生态影响三个方面综合分析土地集约利用模拟研究进展，并对未来研究趋势进行展望。

1.2 土地集约利用研究进展

许多学者利用经验统计模型、随机模型、优化模型、动态模拟模型和混合模型来模拟土地集约利用的变化，力图阐明土地集约利用变化的机制（Lambin et al.，2000；Angelsen，1999；Dorsey，1999；Kaimowitz et al.，1998；Thornton et al.，1998）。但是，由于土地集约利用变化的过程复杂，且受到不同尺度多种因素的综合影响（蔡运龙，2001；Lambin et al.，2000），如何构建既能反映土地集约利用的微观驱动机制，又能阐明土地集约利用行为与宏观农业生态系统影响互动机理的多尺度土地集约利用情景模拟模型，提高模型对多尺度土地集约利用变化过程

的解释力，成为当前土地集约利用情景模拟模型急需解决的问题（李秀彬等，
2008）。综合国内外的研究进展，与此相关的研究主要集中在微观土地集约利用决
策、多尺度转化和土地集约利用的生态影响等三个方面。

1.2.1　微观土地集约利用的决策研究进展

　　目前，微观土地集约利用的决策研究主要集中在两个方面：一个是个体土地
集约利用决策研究，另一个是个体间相互作用的研究。前者的研究主要集中在以
行为效益最大化为基础的理性经济人决策模型方面。例如，Kaimowitz 等（1998）
利用经济学理论构建土地租金最大化模型；而对于旨在找到让不同利益群体"满
意"而非"最优"的有限理性决策模型的研究，还不多见（Parker et al.，2003）。
个体间相互作用研究主要集中在无交流。例如，Laney（2004）分析村镇土地集约
利用决策时没有考虑各个村庄之间的相互作用；而对于有交流的研究大多依据经
验设定规则或阈值，还缺少相互作用的定量表达方法，如 Hägerstrand（1968）对
新技术扩散的探讨。因此，构建有限理性个体决策框架，探讨定量表达相互作用
的方法就成为土地集约利用决策研究急需解决的问题。

　　对有限理性决策的探讨已成为决策研究的主要内容之一。国外学者的研究主
要偏重于非量化的描述，多从心理学、行为学、逻辑学、组织理论等角度，对决
策过程中的心理活动、机制、行为过程和社会因素进行分析和描述。例如，Simon
的有限理性理论、Savage 的因果关系论、Morris 的信息条件偏好理论和 Lipman
的感知模型，其中 Simon 从心理学角度对信息处理的决策过程进行刻画的有限理
性学派影响较大（乔洪武等，2006；肖斌，2006；丘海雄等，1998；蒋炜等，1998；
Lipman，1995；Simon，1978，1955）。国内研究主要集中在有限理性的表达方式
上。例如，何大安（2004）的行为经济人有限理性的实现程度，刘克春（2008）的
计划行为理论（theory of planned behavior，TPB），李广海等（2007）的行为认知
的偏差因子分析和行为模糊评价等。上述研究为农户土地集约利用有限理性决策
框架构建奠定了坚实的基础。

　　与土地集约利用决策相比，土地利用变化的决策研究较为丰富，尤其是利用
可以反映景观中具有自动性、异质性和分散性人类决策的多智能体系统（multi-
agent-system，MAS）模型，在理性与有限理性决策构建、个体相互作用定量表达
方面可为土地集约利用决策的构建提供有益的借鉴（Laney，2004；Weinstoerffer et
al.，2000；Costanza et al.，1998）。

1.2.2　多尺度转化研究进展

　　多尺度转化研究主要集中在两个方面：一个是土地集约利用决策的转化，另
一个是土地集约利用替代参数的转化。土地集约利用决策的转化往往通过人为设

定的方式来实现。比较有代表性的是 Laney（2004）分析农户土地集约利用决策向村庄尺度土地集约利用决策的转化研究。为了模拟村庄尺度土地集约利用的结果，Laney 首先假定占主导优势的决策对村庄尺度土地集约利用格局影响较大，其所认为的优势决策即为大多数土地利用单元所采用的土地集约利用决策，以此实现有农户尺度土地集约利用决策向村庄尺度转化。正如 Laney 在文中所述，其关注的焦点主要集中在土地集约利用格局上，没有关注土地利用主体——农户土地集约利用决策类型及其相关数量。通过该种方式来研究不同尺度土地集约利用转化，揭示微观土地集约利用行为对宏观土地集约利用格局的影响具有一定的风险（梁小英等，2010a）。

土地集约利用替代参数的转化比较有代表性的是 Staal（2005）的研究。为了在空间上表达肯尼亚高原土地集约利用的多样性，Staal 首先依据土地系统的多样性划分土地利用的多样性。但由于土地系统往往与农户尺度相关联，如何将土地集约利用的多样性表达在较大的区域尺度上成为研究的关键。Staal 依据资源利用、经营模式、生活特点等方面的差异，利用社会经济、环境条件（通达性、土地覆盖特征、景观和土壤特性）等数据构建逻辑回归模型，分析每种土地系统在不同空间出现的可能性，由此实现由农户尺度土地集约利用向区域尺度土地集约利用的转化。同时，有些学者采用土地管理策略、农业技术、土地利用功能等参数，利用单一的经验统计模型或随机模型，探讨不同尺度间替代参数的转化机理（Verburg et al.，2009；Hägerstrand，1968），以此来表征土地集约利用的时空多尺度变化。

上述两个方面的研究，大都采用经验或定性的研究方法，对不同尺度土地集约利用决策形成机制，尤其对多尺度土地集约利用决策转化机理的解释力相对较弱（Lambin et al.，2000）。

与土地集约利用相比，土地利用变化在多尺度转化方面的研究成果较多，尤其在多模型整合方面已有长足进展，已形成一些有价值的整合模型：CLUE+SAMBA+LUPAS 模型、LTM+MCE+RPG 模型、SD+CA 模型（Washington- Ottombre et al.，2010；Castella et al.，2007b；何春阳等，2005）。每种整合模型都充分利用单一模型的优势来提高对多尺度土地利用变化过程及决策转化机理的认识。例如，土地利用转化及其效应（conversion of land use and its effects，CLUE）模型、土地转换模型（land transformation model，LTM）可模拟宏观尺度土地利用变化过程，但在反映微观土地利用变化的驱动机制方面存在明显不足（Washington-Ottombre et al.，2010；Costanza et al.，1998）；SAMBA 模型在反映微观土地利用驱动机制方面具有明显优势，但在表达宏观尺度土地利用变化过程方面却不尽如人意（Costanza et al.，1998）。虽然上述各研究的区域不同、整合的模型也不尽相同，但均认为整合模型具有较高的解释力，能够反映不同尺度土地利用变化的过程和决策转化机理（Washington-Ottombre et al.，2010；何春阳等，2005；Costanza et al.，1998）。充分利用不同模型的优点，进行多模型整合来研究土地利用多尺度转化已经成为未来土地系统研究的重要趋势（何春阳等，2005）。上述研究中，多模型整合的方式与方法为土地集约利用多尺度转化研究提供了有益的借鉴。

1.2.3　土地集约利用的生态影响研究进展

土地集约利用的生态影响研究可分为两类：一类不涉及尺度间转化，主要研究各尺度上土地集约利用所产生的生态系统响应。例如，在微观层面，Heyer 等（2003）利用蚯蚓数量、杂草、微生物活性、样点步甲数量等指标，通过对比有机农业和传统农业中上述指标的差异来反映微观地块土地集约利用的生态影响。在宏观层面，Weinstoerffer 等（2000）通过开放性、持续性、多样性与继承性等 4 个标准，利用构建的景观格局参数来反映土地集约利用对土地质量、景观格局及其服务的宏观影响。例如，通过土地集约利用变化探讨和分析结果服务的变化，试图为土地利用与管理、景观规划与设计提供理论指导（宋章建，2015）。这两个研究具有一个共同点：仅在微观或宏观层面进行分析，不涉及尺度间的转化。另一类研究涉及尺度间转化，试图揭示不同尺度间土地集约利用行为对宏观农业生态系统的影响机理。Persson 等（2010）、Roschewitz 等（2005）分别利用经验统计模型，探讨和分析了土地集约利用和农业景观复杂性的关系。Persson 等（2010）为了分析土地的集约利用与景观单一化间的关系，在 1km 和 5km 两个尺度上利用因子分析方法进行研究。Persson 等认为，土地集约利用与景观格局复杂性受不同因素影响，在小尺度上表现得更为明显。因此，在解释农业景观格局多样性变化时除要关注土地集约利用多样性外，还要关注尺度因素对景观格局多样性的影响。

上述两类研究均没有从微观农户的土地集约利用行为入手，大都利用替代参数来分析两者的关系，造成对产生宏观集约利用格局的微观土地集约利用驱动机制解释力的不足。

同时，土地集约利用变化对景观服务的研究也成为学者们关注的热点。利用替代指标而非原始数据进行景观服务制图，使得评价结果与实际有较大差距，虽然有些学者通过增加影响因素对结果进行修正（Eigenbrod et al.，2010；Kienast et al.，2009），但由于不同因素对单一景观服务的影响采用均值权重方法（Baral et al.，2013；Gulickx et al.，2013），不能有效展现因子的差异性影响。虽然也有学者采用线性或多元回归方法探讨多因子影响的差异性，但样点的选择及系数物理含义不明确，使得该方法的推广与适用性受到较大限制。多种景观服务大多采用定性方法来揭示多种景观服务的综合影响。比较有代表性的成果如 Willemen 等（2010）的研究，通过同一栅格上不同景观服务类型的数量对景观服务的综合影响进行说明。因此，还需在以下两个方面对景观服务进行进一步研究：一是分析多种因子对单一景观服务的差异性影响；二是基于空间分析及统计学原理，通过定性与定量相结合的方法探讨不同景观服务类型的综合影响。

与土地集约利用的生态影响研究相比，土地利用变化研究中有许多成功的案例，将农户土地利用行为纳入到土地利用变化与农业景观变化的研究中来（Bakker et al.，2009；Laney，2004）。例如，Bakker 等（2009）利用 MAS 模型构建农户土地利用决策模型，并将其纳入经验统计模型来分析农户类型与农业景观变化之间的关系；梁小英等（2010a，2010b）曾利用统计模型分析农户类型与景观变化类型间相互作用。这些为进行宏观农业集约利用格局的微观土地集约利用驱动机制研究奠定了坚实的基础。

1.3　研　究　目　标

综上所述，本书作者认为在土地集约利用模拟研究中还需做以下工作。

1）进一步完善微观主体土地集约利用的决策框架

有限理性行为理论比完全理性行为理论更加符合现实。人的需求除了物质经济利益外，还有追求安全、自尊、情感和社会地位的需求，并且直接依赖于其所生活的社会环境。社会学、经济学、心理学等学科关注有限理性的内在与外在约束机制，但对于如何定量表达有限理性的研究目前还不多见。土地利用变化行为研究中，已有研究有限理性土地利用行为的成功案例。

因此，在借鉴土地利用变化 MAS 模型和经济模型的基础上，探索定量评价微观主体间土地集约利用相互作用的方法，从理论和案例两方面深入探讨和交流有限理性决策框架将成为土地集约利用模拟研究的重要问题之一。

2）探索土地集约利用的多模型整合的方式与方法

目前，土地集约利用的模拟研究中已发展有不同尺度的土地集约利用模型，但有关不同尺度土地集约利用间转化的研究还不多见。在土地利用变化行为研究中，已有研究多模型整合的成功案例。

因此，借鉴土地利用变化研究中多模型整合的方式与方法，发展多尺度土地集约利用模拟模型，成为土地集约利用研究的重要内容之一。

3）探讨土地集约利用变化对研究区景观生态系统服务的影响

基于宏观遥感影像数据和统计年鉴数据，以及实地调研的微观农户数据，利用差异权重法设置不同情景，结合实地调研数据对模拟结果进行验证，揭示不同影响因子对单一景观服务的影响。并通过对耕地生产服务、土壤保持服务和生境服务三种景观服务的相互关系的分析，探讨研究区 2009 年和 2013 年不同土地集约利用下景观服务的时空分异，以及研究区景观服务冷点和热点时空动态变化。

1.4　本书的构架及主要内容

本书共 6 章,构架如图 1.1 所示。

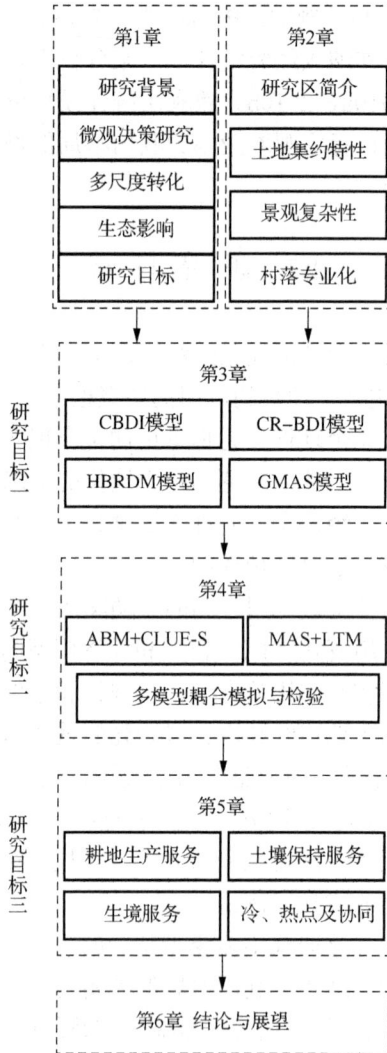

图 1.1　本书构架关系图

第 2 章在介绍研究区自然环境和社会经济整体状况的基础上,对典型样区进行介绍和说明。同时,基于相关分析、多元回归分析和多元对应分析,对研究区17 个典型村落的土地集约利用与景观复杂性、村落专业化程度间的关系进行分析和探讨,分别归纳和总结表征土地集约利用、土地集约利用与景观复杂性、土地集约利用与村落专业化程度关系的指标，为后续土地集约利用的表达和分析奠定理论和方法基础。

第 3 章以信念-愿望-意图（belief-desire-intention，BDI）模型为基础，分别构建 CR-BDI、CBDI、HBRDM 和 GMAS 等模型，从农户和农户群体两个尺度对不同主体土地集约利用行为及其变化进行分析，定量探讨农户个体决策对群体决策的影响，试图揭示不同尺度间决策转化机理。上述模型均以 NetLogo 为模拟平台，从空间直观展现不同主体土地集约利用行为的变化。上述研究可为揭示乡村空间重构的微观机理，合理引导农户群体生产生活行为，促进区域可持续发展提供理论和方法参考。

第 4 章通过对 MAS 与 CLUE-S、LTM 等模型的耦合机制、耦合方式、耦合效果等方面的分析，分别构建 ABM+CLUE-S、MAS+LTM 等多尺度土地集约利用情景模拟模型，试图以此揭示宏观土地集约利用格局的微观驱动机制，阐明微观主体土地集约利用的宏观响应机理。

第 5 章分别对不同年份土壤保持、生境服务和耕地生产服务等景观服务进行计算，分析 3 种主要景观服务类型的变化，并探讨其空间分异。在此基础上，通过分析 3 种景观服务间的权衡与协同关系，进一步分析研究区景观服务的冷、热点，揭示土地集约利用变化对生态系统的影响。

第 6 章是研究结论与展望。在总结本书主要研究结论的基础上，对接下来的研究进行分析。展望主要集中在机器学习与 MAS 模型耦合的研究方面，并指出未来研究的主要方向和任务。

参 考 文 献

蔡运龙, 2001. 土地利用/土地覆被变化研究: 寻求新的综合途径[J]. 地理研究, 20(6): 645-652.

葛全胜, 陈泮勤, 方修琦, 等, 2004. 全球变化的区域适应研究: 挑战与研究对策[J]. 地球科学进展, 19(4): 516-524.

何春阳, 史培军, 陈晋, 等, 2005. 基于系统动力学模型和元胞自动机模型的土地利用情景模拟研究[J]. 中国科学: 地球科学, 35(5): 464-473.

何大安, 2004. 行为经济人有限理性的实现程度[J]. 中国社会科学, (4): 91-101.

蒋炜, 程少川, 席酉民, 等, 1998. 有限理性与信息处理模型研究综述[J]. 控制与决策, 13(3): 200-205.

李广海, 陈通, 2007. 基于有限理性行为决策模糊综合评价研究[J]. 统计与决策, (24): 42-44.

李秀彬, 2002. 土地利用变化的解释[J]. 地理科学进展, 21(3): 195-203.

李秀彬, 朱会义, 谈明洪, 等, 2008. 土地利用集约度的测度方法[J]. 地理科学进展, 27(6): 12-17.

梁小英, 刘俊新, 2010a. 农户土地利用决策对农业景观格局的影响研究——以陕西省米脂县孟岔村为例[J]. 自然资源学报, 25(9): 1489-1495.

梁小英, 杨明楠, 陈海, 等, 2010b. 农户类型与农业景观变化类型间相互作用研究——以陕西省米脂县高西沟村为例[J]. 水土保持通报, 30(1): 219-221.

刘克春, 2008. 农户要素禀赋、交易费用与农户农地转出行为——基于江西省农户调查[J]. 商业研究,(8): 164-168.

路云阁, 蔡运龙, 许月卿, 等, 2006. 走向土地变化科学——土地利用覆被变化研究的新进展[J]. 中国土地科学, 20(1): 55-61.

乔洪武, 刘国华, 2006. 行为经济学与主流经济学: 两个基本概念辨析[J]. 武汉大学学报(哲学社会科学版), 59(1): 62-68.

丘海雄, 张应祥, 1998. 理性选择理论述评[J]. 中山大学学报(社会科学版), (1): 117-124.

宋章建, 2015. 流域分水后额济纳绿洲景观——服务时空变化研究[D]. 杭州: 浙江大学.

邵晓梅, 刘庆, 张衍毓, 2006. 土地集约利用的研究进展及展望[J]. 地理科学进展, 25(2): 85-95.

吴大付, 张伟, 何圆球, 2001. 中国集约农业对环境影响的研究[J]. 农业现代化研究, 22(5): 271-274.

肖斌, 2006. 经济学与心理学的融合——行为经济学述评[J]. 当代经济研究, (7): 23-26.

ANGELSEN A, 1999. Agricultural expansion and deforestation: Modeling the impact of population, marked forces and property rights[J]. Journal of Development Economics, 58(1): 185-218.

BAKKER M M, DOORN A M V, 2009. Farmer-specific relationships between land use change and landscape factors: Introducing agents in empirical land use modeling[J]. Land Use Policy, 26(3): 809-817.

BARAL H, KEENAN R J, FOX J C, et al., 2013. Spatial assessment of ecosystem goods and services in complex production landscapes: A case study from south-eastern Australia [J]. Ecological Complexity, 13(12): 35-45.

CASTELLA J C, KAM S P, DANG D Q, et al., 2007a. Combining top-down and bottom-up modelling approaches of land use/cover change to support public policies: Application to sustainable management of natural resources in northern vietnam[J]. Land Use Policy, 24(3): 531-545.

CASTELLA J C, VERBURG P H, 2007b. Combination of process-oriented and pattern-oriented models of land-use change in a mountain area of Vietnam[J]. Ecological Modelling, 202(3): 410-420.

COSTANZA R, RUTH M, 1998. Using dynamic modeling to scope environmental problems and build consensus[J]. Environmental Management, 22(2): 183-195.

DECAËNS T, JIMÉNEZ J J, 2002. Earthworm communities under an agricultural intensification gradient in Colombia[J]. Plant and Soil, 240(1): 133-143.

DORSEY B, 1999. Agricultural intensification, diversification, and commercial production among smallholder coffee growers in Central Kenya[J]. Economic Geography, 75(2): 178-195.

EIGENBROD F, ARMSWORTH P R, ANDERSON B J, et al., 2010. The impact of proxy-based methods on mapping the distribution of ecosystem services[J]. Journal of Applied Ecology, 47(2): 377-385.

GULICKX M M C, VERBURG P H, STOORVOGEL J J, et al., 2013. Mapping landscape services: A case study in a multifunctional rural landscape in the Netherlands[J]. Ecological Indicators, 24: 273-283.

HÄGERSTRAND T, 1968. Innovation Diffusion as a Spatial Process[M]. Chicago: University of Chicago Press.

HEYER W, HÜLSBERGEN K J, WITTMANN C, et al., 2003. Field related organisms as possible indicators for evaluation of land use intensity[J]. Agriculture Ecosystems & Environment, 98(1): 453-461.

KAIMOWITZ D, ANGELSEN A, 1998. Economic models of tropical deforestation: A review[J]. International & Comparative Law Quarterly, 9(1): 29-36.

KERR J T, CIHLAR J, 2003. Land use and cover with intensity of agriculture for canada from satellite and census data[J]. Global Ecology & Biogeography, 12(2): 161-172.

KIENAST F, BOLLIGER J, POTSCHIN M, et al., 2009. Assessing landscape functions with broad-scale environmental data: Insights gained from a prototype development for Europe[J]. Environmental Management, 44(6): 1099-1120.

KOK K, VERBURG P H, VELDKAMP T, 2007. Integrated assessment of the land system: The future of land use[J]. Land Use Policy, 24(3): 517-520.

LAMBIN E F, MDA R, GEIST H J, 2000. Are agricultural land-use models able to predict changes in land-use intensity?[J]. Agriculture Ecosystems & Environment, 82(1): 321-331.

LANEY R M, 2004. A process-led approach to modeling land change in agricultural landscapes: A case study from madagascar[J]. Agriculture Ecosystems & Environment, 101(2): 135-153.

LIPMAN B L, 1995. Information processing and bounded rationality: a survey[J]. Canadian Journal of Economics, 28(1): 42-67.

PARKER D C, MANSON S M, JANSSEN M A, et al., 2003. Multi-agent systems for the simulation of land-use and land-cover change: A review[J]. Annals of the Association of American Geographers, 93(2): 314-337.

PERSSON A S, OLSSON O, RUNDLÖF M, et al., 2010. Land use intensity and landscape complexity-analysis of landscape characteristics in an agricultural region in Southern Sweden[J]. Agriculture Ecosystems & Environment, 136(1): 169-176.

ROSCHEWITZ I, THIES C, 2005. Are landscape complexity and farm specialization related to land-use intensity of annual crop fields?[J]. Agriculture Ecosystems & Environment, 105(1): 87-99.

SIMON H A, 1955. A behavioral model of rational choice[J]. Quarterly Journal of Economics, 69(1): 99-118.

SIMON H A, 1978. Rationality as process and as product of thought[J]. American Economic Review, 68(2): 1-16.

STAAL S J, 2005. Trans-regional Analysis of Crop-Livestock Systems: Understanding Intensification and Evolution Across Three Continents[R]. Ecoregional Fund, The Netherlands Final Program Report.

THORNTON P K, JONES P G, 1998. A conceptual approach to dynamic agricultural land-use modeling[J]. Agricultural. Systems, 57(4): 505-521.

VERBURG P H, STEEG J V D, VELDKAMP A, et al., 2009. From land cover change to land function dynamics: A major challenge to improve land characterization[J]. Journal of Environmental Management, 90(3): 1327-1335.

WASHINGTON-OTTOMBRE C, PIJANOWSKI B, CAMPBELL D, et al., 2010. Using a role-playing game to inform the development of land-use models for the study of a complex socio-ecological system[J]. Agricultural Systems, 103(3): 117-126.

WEINSTOERFFER J, GIRARDIN P, LENZ R P Y, 2000. Assessment of the contribution of land use pattern and intensity to landscape quality: Use of a landscape indicator[J]. Ecological Modelling, 130(1): 95-109.

WILLEMEN L, HEIN L, VAN MENSVOORT M E F, et al., 2010. Space for people, plants, and livestock? Quantifying interactions among multiple landscape functions in a Dutch rural region[J]. Ecological Indicators, 10: 62-73.

第2章 研究区简介

2.1 研究区概况

2.1.1 自然环境概况

陕西省米脂县位于陕西省北部、榆林市中部偏东，属无定河中游。地理位置109°49′~110°29′E，37°39′~38°05′N；东西长59km，南北宽47km，总面积1212km²（图2.1）。北承榆阳区，南接绥德县，西邻横山区、子洲县，东与佳县毗邻。

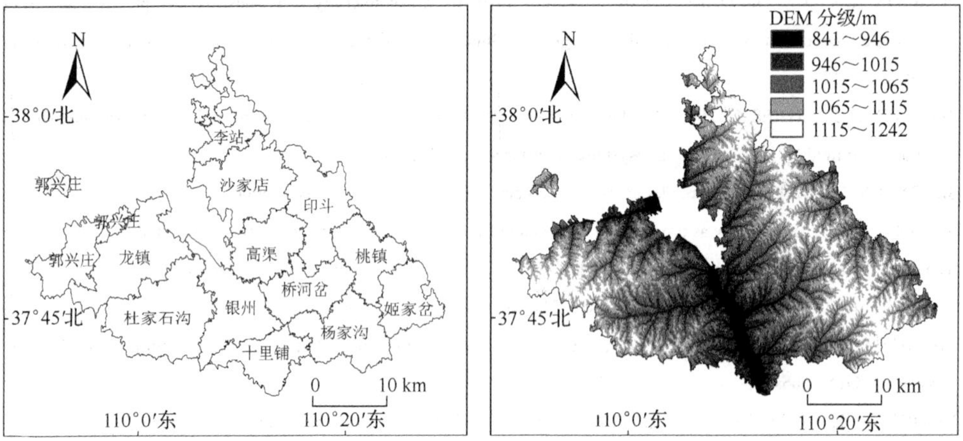

(a) 地理位置   (b) 高程

图2.1　米脂县地理位置及其高程

大地构造上，米脂县位于鄂尔多斯台坳的中部，中生代时期这里为较稳定的沉降区；新生代时期又整体抬升；第四纪黄土覆盖在中生界三叠系以及新生界上新统之上，最厚处达300m。在一些沟谷中有三叠纪砂岩、泥岩和新近系上新统砂岩、砾岩、紫色泥岩等出露。县内地质构造比较简单，为向西微倾的单斜构造，无较大的褶皱和断裂，地质活动相对稳定，崩塌和滑坡为主要的地质灾害。

米脂县属典型的黄土丘陵沟壑区，沟间地以黄土峁和黄土短梁为主；沟谷地为各类侵蚀沟与河谷，无定河大致纵穿该县南北，形成县内最大的河谷川道区。全县分为三种地貌区：①西北部受风沙影响的黄土梁峁丘陵区。该区与长城沿线沙质荒漠化区接壤，地表以黄土短梁、黄土峁以及间沟谷为主，风蚀、水蚀都很强烈，水土流失严重。该区面积约占全县面积的33%。②东南部黄土峁状丘陵沟壑区。该区沟间地以黄土峁为主，沟坡最深，地表十分破碎，水土流失严重。该区面积约占全县面积的 59%。③中部河谷川道区。无定河河谷中，沿河分布着 1～2km 宽的阶地、河漫滩与河床，地势平坦，水土流失轻微，是全县最主要的经济区，米脂县城就建在这里。该区面积占全县面积的 8%。

米脂县属温带半干旱大陆性季风气候，四季分明，日照充足；年平均气温8.5℃，1 月平均气温-9.9℃，7 月平均气温 23.5℃；极端最低气温-25.5℃，极端最高气温 28.2℃；无霜期较短，年平均 162 天；年平均降水量 451.6mm，主要集中在 7～9 月，大体上雨热同期；降水量不足且年际变化大，空间分布不均，自南向北递减；春季多风，以西北风为主，大风危害严重。

2.1.2　社会经济概况

米脂县所管辖范围包括 6 乡 7 镇，共 396 个自然行政村。截至 2015 年底，米脂县总人口为 22.19 万人，其中男性人口 11.63 万人，约占全县总人口的 52.41%；女性人口 10.56 万人，约占全县总人口的 47.59%；人口自然增长率为 1.23‰。农业人口约为 18.31 万人，约占全县总人口的 82.55%；农业劳动力约为 9.66 万人，约占全县总人口的 43.53%。

经济方面，米脂县 2015 年生产总值为 41.52 亿元（其中，第一产业 5.66 亿元，第二产业 13.76 亿元，第三产业 22.10 亿元），较 2014 年同期增长 5.2%；三大产业中，第二产业增长最多，为 10.4%。米脂县是榆林市能源盐化工基地，矿产资源丰富，尤其是岩盐资源探明储量为 1.3 万亿～1.8 万亿 t，占全国总储量 17%，盐层厚度 120～158m，钠盐含量达到 93.2%～98.8%，属高纯优质岩盐矿。天然气资源分布广泛，探明控制储量为 1382 亿 m^3，储量丰富，开采前景广阔。2008 年，米脂县成立盐化工循环经济工业园区。2009 年米脂县被确定为全省重点建设的县域工业园区。园区规划面积 13.8km^2，已入驻项目 5 个，引进项目资金 67.5 亿元。

米脂县素有"文化县""英雄县""美人县"之称，是貂蝉故里，闯王家乡。明清两代曾出现 24 名进士、105 名举人的盛况。近现代涌现出李鼎铭、杜斌丞、杜聿明、刘澜涛等一大批杰出人物。"米脂婆姨"更是以一种文化现象而享誉全国。米脂县是陕北地区唯一荣获"中国千年古县"称号的县区，文化积淀深厚，旅游资源丰富，现有文物遗存 904 处，是陕西省文物重点县。

2.1.3　样本区的选择

1. 姜兴庄村

姜兴庄村自 2000 年起执行退耕还林政策后，2005 年山地基本退耕或种植经济林，退耕面积约占总面积的 40%。目前，川地主要种植陕北红葱（为方便起见，本书简称红葱）、马铃薯等经济作物，谷子、豆子等粮食作物；坝地种植作物以玉米为主，也较为稳定。全村耕地约 61hm^2，果树约占 35%，玉米一般分布在村庄中部的坝地处,马铃薯和红葱分布在村庄西北部的川地上,杂粮主要分布在村庄西部和东部的川地;红葱、马铃薯、谷子和豆子 4 种作物所占比例分别为 16.4%、14.6%、20.3%、9.5%。

2. 高西沟村

高西沟村自 20 世纪五六十年代开始就将水土保持作为生态综合治理理念,土地治理面积达 78%,林草覆盖率达 64%。高西沟村主要土地利用类型为传统耕地、经济林和生态林以及人工及天然草地。目前,该村拥有耕地面积约为 100hm²,其中,果树面积占耕地总面积的 50.47%。传统作物种植主要有玉米、马铃薯、小杂粮(包括黄豆、谷子等)、红葱等,种植面积分别占总耕地面积的 15.34%、12.86%、6.26%、15.07%。近年来,该村农民收入来自农业、经济林以及劳务输出等,具有多样化特点,呈现不同特性,因此将高西沟作为样本区具有典型意义。

3. 冯阳坬村

冯阳坬村距离米脂县城 20km,位于 110°7′30″～110°10′0″E,38°0′30″～38°2′30″N,是中温带半干旱性气候区,平均降水量 451mm。该村耕地面积 93hm²,主要农作物有豆子、马铃薯和谷子,农户数约为 129 户,常住农户约 35 户,其中种地约 20 户。冯阳坬村地处米脂县最北端,地理环境相对比较恶劣,大量人口外出务工,人口耕地结构由原来的"人多地少"变为"地多人少"。考虑到以上自然和人文因素,冯阳坬村的耕地撂荒可能性较大,因此选择冯阳坬为研究区进行农户耕地撂荒现状分析以及模拟研究。该村耕地主要有山地、川地和坝地三种类型,由于研究区耕地撂荒只发生在山地和川地,之后的模型分析数据只涉及山地、川地,没有坝地。

4. 马蹄洼村

马蹄洼村位于高渠乡西北(110°09′29″～110°11′08″E、37°50′10″～37°51′29″N),该村是高渠乡发展红葱产业的典型村落之一。目前,该村土地总面积约 304hm²,其中,耕地面积约 100hm²,主要种植红葱、马铃薯、玉米、杂粮等作物。梯田及坡耕地主要种植红葱、马铃薯等经济作物以及谷子、豆类等粮食作物;相对于梯田,坝地种植较稳定,以种植玉米为主。红葱作为全村的主导经济产业,种植面积占耕种面积约 50%。2013 年该村成立了红葱种植专业合作社,该村农户类型多样。据 2016 年实地调研可知,全村共 130 户人,其中,打工户 70 户、兼业户 25 户、种植户 35 户。作为研究的样本区,马蹄洼村为探讨生态脆弱区农村经济发展的微观效应,阐明生态脆弱区农业发展和演变的微观机制提供了参考。

5. 高庙山村

高庙山村位于高渠乡东南(110°12′17″～110°14′36″E、37°48′46″～37°50′14″N)。目

前，该村土地总面积约 387hm^2，其中，耕地面积约 151hm^2，主要种植马铃薯、玉米、杂粮等作物。该村农户类型多样，据 2016 年实地调研可知，全村共有 156 户，其中，打工户 50 户、兼业户 15 户、种植户 78 户。米脂县十大旅游景点之一的常氏庄园位于高庙山村，该村重点以常氏庄园旅游文化、老爷庙、娘娘庙等寺庙文化为发展依托，旅游文化与传统农业相结合，推动该村可持续发展。该村没有合作经济组织，因此选取该村作为非合作组织的样本区，便于同有红葱合作经济组织的马蹄洼村进行比较分析。

6. 高渠乡

高渠乡是米脂县退耕还林典型乡镇，总面积为 72.4km^2，全乡有 20 个行政村。从 1999 年到 2006 年，林地和耕地年变化率分别为 3.32% 与 3.17%（郗静等，2009）。截至 2015 年，全乡耕地面积 4115hm^2，果园占耕地面积的 28.7%，农业种植主要以马铃薯、杂粮为主，并种植红葱、苹果等经济作物。红葱、马铃薯、玉米、杂粮等作物分别约占耕地面积的 24.9%、16.2%、12.5%、15.3%。随着红葱成为高渠乡特色的经济作物，高渠乡已于 2010 年被确定为陕西省农业厅第三批"一乡一业"示范乡镇，形成了以刘渠村、姜兴庄村、马蹄洼村等为代表的 14 个村将红葱作为主导产业，其他 6 个村形成以高西沟为代表的生态建设发展，继续发展马铃薯及杂粮种植。高渠乡红葱主导村落与非红葱主导村落分布如图 2.2 所示。

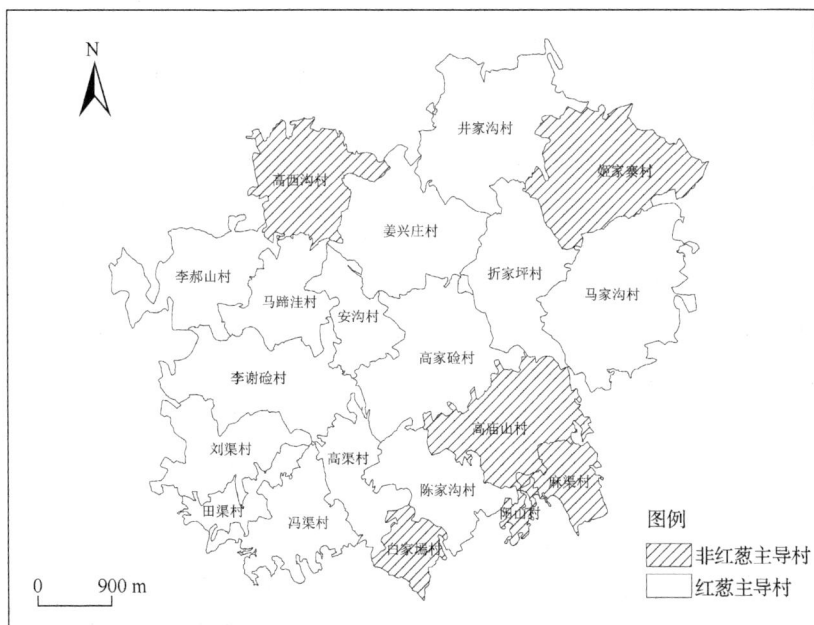

图 2.2 　高渠乡红葱种植村落类型划分图

2.2　土地集约利用与景观复杂性、村落专业化程度

在人口不断增加、土地面积不断减少的情况下，在满足人类日益增长的食物需求方面，土地集约利用起了十分重要的作用（陈银蓉等，2013；陈瑜琦等，2009；Matson et al., 1997）。联合国粮食及农业组织（Food and Agriculture Organization of the United Nations，FAO）的资料显示，农业增加投入，如新化肥和农药的投入、灌溉及高产种子投入使得近 40 年来全球谷物产量翻番。农业系统不仅可以提供食物、水等人类必需的资源，还可以提供诸多环境服务和景观功能（Verburg et al., 2009；Roschewitz et al., 2005）。但在国内外农业发展中，或多或少存在关注农业系统的产出较多，而其对景观结构和过程造成的影响关注较少的现象。能否在提高土地集约度和区域专业化程度的同时，增加景观的多样性就成为国内外许多学者关注的问题之一（于一尊等，2009；Thenail，2002）。

在探讨如何协调土地集约利用、区域专业化、景观复杂性三者相互作用之前，对三者关系有一个清晰的认识是十分必要的：是否土地集约利用程度增加会简化景观的结构，提高区域专业化程度？亦或土地集约利用与景观复杂性处在一个维度的两个相反端点，而与区域专业化程度处于相同的端点？目前，国内外有一个较为普遍的看法：土地集约利用程度的增加会简化景观结构的复杂性，提高区域专业化程度。对此，许多国外的学者开展了相关研究。Thenail 等（2004）、Thenail（2002）及其合作者以法国 Brittany 的村庄为例，探讨了小尺度上（长约 10km）不同农场系统与景观复杂性的关系，认为农场的生产条件、经济和技术水平随着灌木篱笆密度的增加而减少，同时发现农场的土地利用配置也与其灌木篱笆密度关系密切。梁小英等（2010）通过多元对应方法分析了不同农户类型与农业景观类型间的关系，认为农户类型与农业景观类型间存在密切的关系，且不同农户类型对不同景观类型的作用不同。但对于区域专业化程度和景观复杂性的关系，上述研究都没有探讨。Roschewitz 等（2005）和 Persson 等（2010）分别以德国北部的 Southern Lower Saxony 和瑞典南部的 Scania 为例，探讨了土地集约利用、区域专业化程度和景观复杂性的关系。尽管两种研究使用的方法各异，但均认为景观复杂性、区域专业化与土地集约程度间不存在简单的对应关系，且一致认为急需通过其他区域的对比研究来验证结论的正确性。

上述研究有两个共同特点：一是研究尺度较小，大都在 1000km^2 以下；二是农业的发展程度不高。研究尺度小的部分原因是可降低数据收集工作的强度，但更重要的原因在于小尺度是保护物种多样性，防止水污染的关键尺度，也是农户个体和群体对景观起关键作用的空间尺度（Steffan-Dewenter et al., 2002；

Deffontaines et al., 1995; Cook et al., 1994)。农业发展程度不高使研究区的景观和土地系统的利用方式多样，可为探索景观复杂性、区域专业化、土地集约利用间的关系提供良好的研究背景。米脂县地处黄土高原，是典型的生态脆弱区。退耕还林后，该县已由简单粗放的土地扩展转化为土地集约利用程度的提高，"一村一品，一乡一业"措施的实施改善了村落的专业化程度，加之多样性的景观，为本书研究提供了良好的实验平台。因此，本书以米脂县为例，首先分析表征景观复杂性和村落专业化程度指标的适用性；其次，分别探讨景观复杂性、村落专业化程度与土地集约利用程度各个指标间的相关性，揭示三者间的关系；最后，采用多元回归方法和多元对应分析方法，探索土地集约利用不同因素对村落专业化程度、景观复杂性的影响，并提出未来的研究方向，为今后生态脆弱区土地集约利用和景观格局优化提供理论和实践基础。

2.2.1　土地集约利用与景观复杂性分析方法

探讨土地集约利用与景观复杂性、村落专业化程度关系时，指标的选择需要满足两个条件：一是指标与两者相关，二是指标与两者单调相关。为此，本书在选取指标时，首先选用得到学者认可、取得较好效果的指标，这样做主要是为了对比研究；其次，对指标的适用性进行分析，主要考虑上述两个条件和当地的实际状况；最后，选择适用性好的指标进行分析。

在探讨三者关系的研究中，比较有代表性的是 Roschewitz 等（2005）和 Persson 等（2010）的研究，尽管他们使用的方法不同，但均选用景观中耕地比例来表达景观复杂性，农场中耕地的比例表征农场专业化，且两个指标并不相关。另外，选用表征景观复杂性的指标还包括香农-维纳指数与辛普森多样性指数、聚集度指数等。与国外农场相比，研究区村落面积相对较小，且多为不规则形状。因此，本书在计算景观中耕地比例时做了一些调整：以村落重心为圆心，以 1000m 为半径画一个圆，来计算圆中耕地的面积，以此表征景观复杂性。用地块大小、作物种类、化肥和农药施用量、作物产量等指标表达土地集约利用程度。村落专业化指标还包括畜禽的养殖数量，如饲养的牛、羊、猪、鸡等（Persson et al., 2010; Roschewitz et al., 2005）。同时，为了与研究区实际情况相结合，本书选用可有效表达农户土地利用决策的参数——土地利用方式的重要性来表征调研村落的专业化程度（Chen et al., 2013; 陈海等，2010）。该指标的计算公式为

$$I_{jkt} = \text{Areak}_{jkt} \cdot \text{Incomek}_{jkt} \bigg/ \sum_{k=1}^{n} \text{Areak}_{jkt} \cdot \text{Incomek}_{jkt} \qquad (2.1)$$

式中，I_{jkt} 为时间 t 村庄 j 的第 k 种土地利用方式的重要性；Areak_{jkt} 为村庄 j 时间 t 时第 k 种土地利用方式的面积；Incomek_{jkt} 为村庄 j 时间 t 时第 k 种土地利用方式的收益；k 为村庄的土地利用方式。

从式（2.1）可以看出，I_{jkt} 越大，表明第 k 种土地利用方式对村庄的重要性越大，即该村庄主要从事第 k 种土地利用方式的生产活动。由于村庄的土地利用方式多样，本书以村庄中 I_{jkt} 的最大值来代表该村的农业生产专业化程度。

2.2.2 研究区分析

本书研究区是陕西省米脂县，总面积 1212km^2，属典型的黄土丘陵沟壑区，地表破碎，水土流失严重。受退耕还林（草）政策实施和市场经济影响，农户间土地利用行为差异较大（陈海等，2009；郗静等，2009）。本书选择 17 个村落作为调研对象（图 2.3），于 2013 年 7 月 20 日至 2013 年 8 月 15 日对研究区进行调研。为减少景观复杂性与环境因素的相关性，就景观复杂性而言，调研村落在东西方向、南北方向都没有梯度增加或减少，同时尽可能覆盖研究区不同的景观复杂性类型。所调研的村落耕地比例从 13.07% 到 59.26%，林地比例从 0 到 30.36%，草地的比例从 16.55% 到 40.22%，农业生产包括种植业为主、畜牧业为主及各种过渡方式，主要作物包括谷子、马铃薯、玉米、杂粮豆等，可代表米脂县村庄的景观复杂性、村落专业化程度和土地集约利用的多样性。

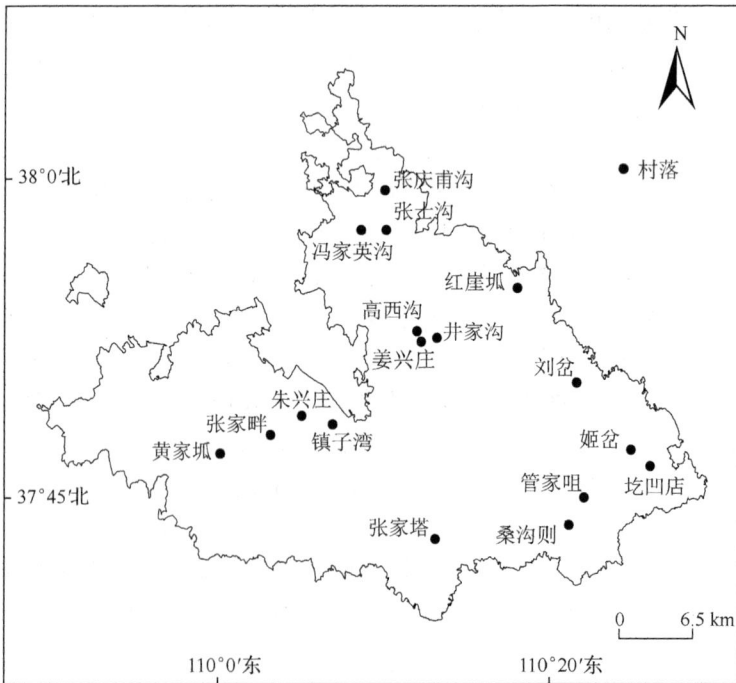

图 2.3　米脂县调研村落位置分布

采用实际调研方式，从两个层次收集数据：一是村庄整体，主要通过对村长、会计的调查和访谈，结合村庄现有的数据资料，对村庄整体的土地利用状况、平均地块大小、作物种类、化肥与农药整体施用量、村庄整体的养殖状况等信息进行收集；二是对农户个体进行调研，主要对农户个人信息、家庭状况、养殖情况、土地利用状况（类型和数量）、地块大小、作物种类及其产量、化肥和农药的施用量等信息进行收集。参与调研农户共 422 户，有效问卷 406 份（户），问卷有效率为 96.2%。采用两个层次的优点如下：

（1）农户数据与村庄调研数据可以相互印证。农户调研数据中，单个农户的化肥和农药的施用量数据不能代表其所在村庄的状况。为此，一方面，主要调研常年在家务农的种植户和兼业户（这两类农户分别占所调研农户的 79% 和 15%），这两类农户合计土地面积占村庄土地面积的平均比例约为 35%（这主要是农户间存在土地流转造成的）；另一方面，结合农户调研数据、村落农户总数及其分类，可以估计出村落农地的化肥和农药的施用量。村庄整体数据除有文字记录以外，大多是村长和会计根据个人实际农业生产经验估算获取的。因此，村庄化肥和农药施用量采用两个层次数据均值的方法，即以村庄整体数据和由农户个体数据推算的村庄整体数据两者的均值作为该村落化肥和农药的施用量的指标值，作为计算单位面积总投入的基础数据。

（2）村庄调研数据与土地利用现状数据可以相互印证。本书采用的土地利用数据是米脂县土地局提供的 2010 年 1∶10 000 的土地利用现状图。村庄整体数据给出了村庄土地利用的实际状况，2010 年土地利用现状图则给出了村庄土地利用及其各类型的总面积。通过二者对比，可以掌握目前调研村落土地实际利用和撂荒情况。本书将村落作为基本的分析单元，主要是由于米脂县村落大多是以血缘关系建立，村民彼此间较为熟悉，农业生产所使用的工具和农业生产习惯大体接近；不同村落由于道路和地形的原因，农业生产方式和生产习惯上存在一定的差异。

2.2.3　村落专业化程度和景观复杂性分析

1. 村落专业化程度和景观复杂性指标的选择

多样性指数是反映景观格局的众多指标之一，常被用来度量景观复杂性。Roschewitz 等（2005）对不同多样性指数进行对比分析，认为辛普森多样性指数是反映景观复杂性的有效指标。依据指标的选择标准，首先对景观中耕地比例与辛普森多样性指数的相关性进行分析。从图 2.4（a）可以看出，两者显著相关（$y=-0.9417x+1.9097$，$P=0.02<0.05$，在 0.05 水平上显著相关），且两者单调负相关，即随着景观中耕地比例的增大，辛普森多样性指数单调减少。因此，可用景观中耕地比例指标来表征研究区的景观复杂性。

　　国外相关研究中将村落中耕地面积比例作为反映其专业化程度的指标，但该指标在本书中与景观中耕地比例高度相关（$y=0.862x+0.0628$，$P<0.01$，在 0.01 水平上显著相关），不适合作为反映村落专业化程度的指标［图 2.4（b）］。产生该现象的主要原因是研究区和国外在农业生产环境、从事农业生产主体数量的差异：国外研究区处于平原地区，本书研究区处于黄土丘陵沟壑区；国外的农场往往由单一家庭为主进行生产，而本书的村落则是由众多农户进行生产。村落中耕地比例的高低，由于受地形和农户数量的影响，显然不能作为衡量村落专业化的有效指标。通过对景观中耕地比例与土地利用方式重要性相关性分析发现，两者不相关［图 2.4（c），$P=0.39$］。因此，土地利用方式重要性指标可作为分析村落专业化程度的备选指标。

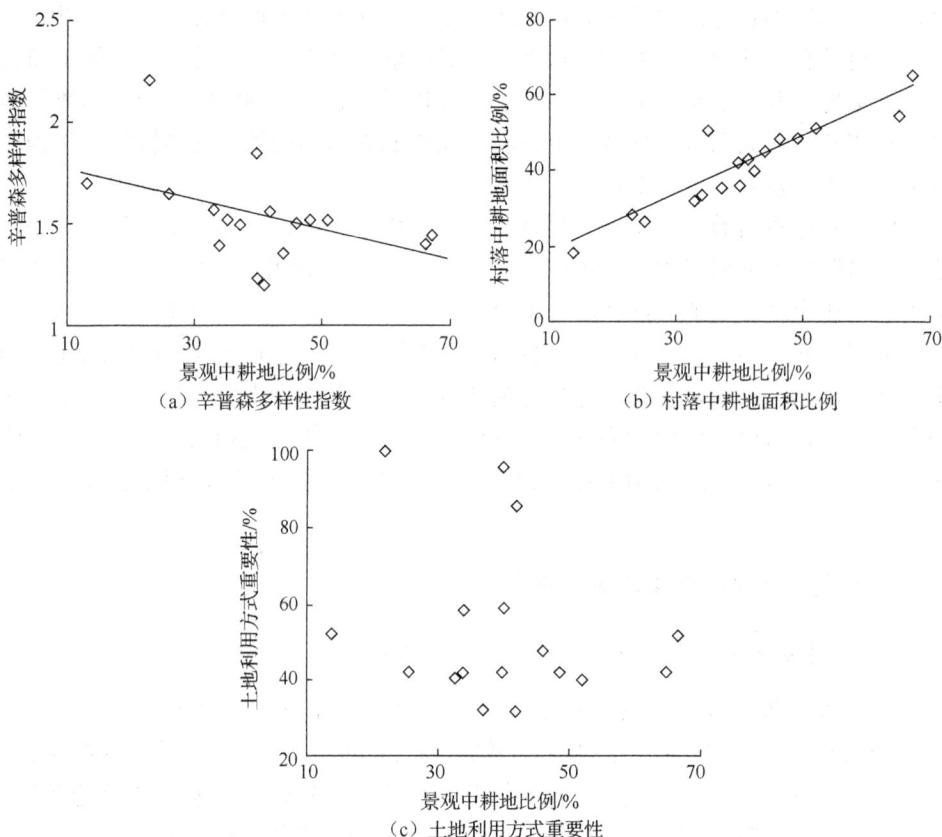

（a）辛普森多样性指数　　　　　　　　（b）村落中耕地面积比例

（c）土地利用方式重要性

图 2.4　米脂县景观中耕地比例与辛普森多样性指数、村落中耕地面积比例、
土地利用方式重要性的相关性分析

　　表 2.1 为调研村落基本情况。从表 2.1 可以看出，调研村落土地利用方式重要性指标差异较大，最小值 32.22%（黄家圪村），最大值为 100%（镇子湾村）；村

落中从事打工、兼业和种植的农户数量各异，表明村落类型各异；主要土地利用方式是依据式（2.1）计算得出的主要土地利用方式排序状况，可以看出调研村落主要土地利用方式多样，主要包括核桃、玉米、马铃薯、红葱、谷子和杂粮豆等。将土地利用方式重要性和主要土地利用方式结合起来，可看出土地利用方式重要性指标具有如下优点：

（1）该指标可反映对农户收入影响最大的土地利用方式。该指标反映了各个村落在不同土地利用方式上的"优势"和"劣势"。例如，对镇子湾村而言，玉米是该村种植户主要的收入来源，种植玉米是该村最主要的土地利用方式；对管家咀村和桑沟则村而言，虽然也种植玉米，但核桃对农户收入影响最大，种植核桃是两个村落的最主要土地利用方式。

（2）该指标可反映不同村落相同主要土地利用方式的差异。虽然管家咀村和桑沟则村均以种植核桃作为最主要的土地利用方式，但管家咀村核桃地重要性值为 95.41%，而桑沟则村的为 88.04%，这也与两个村落核桃种植的实际情况（管家咀村核桃种植面积大于桑沟则村的种植面积）相吻合。两个村落联合成立了核桃合作社，但以管家咀村为主。该指数间接表明了这种实际存在的差异。类似情况也存在于刘岔村和红崖圪村。

（3）该指标是作物收益和面积的综合反映，比单纯利用面积和作物收益来反映村落土地利用状况要客观和真实。例如，姜兴庄村虽然杂粮豆种植面积大于红葱的种植面积，但红葱却是该村主要的土地利用方式，这与农户将红葱作为家庭主要收入来源，且投入较大的实际生产情况相吻合。又如刘岔村，虽然也种植有收益较大的红葱，但由于面积较小，它对农户的重要性相对玉米和杂粮豆要低。

表 2.1　调研村落基本情况

村落名称及村落代码	土地利用方式重要性/%	劳动力比例/%			主要土地利用方式	其他
		打工	兼业	种植		
镇子湾村（1）	100	9.62	0.00	90.38	玉米	—
管家咀村（2）	95.41	36.50	45.25	18.25	核桃、马铃薯	核桃合作社
桑沟则村（3）	88.04	48.28	44.83	6.89	核桃、谷子	核桃合作社
高西沟村（4）	58.61	28.58	35.71	35.71	玉米、谷子	—
姜兴庄村（5）	57.44	52.94	0.00	47.06	红葱、杂粮豆	养鸡场
刘岔村（6）	52.17	13.82	76.96	9.22	玉米、杂粮豆	—
朱兴庄村（7）	50.59	62.50	0.00	37.50	玉米、马铃薯	—
张士沟村（8）	48.74	82.61	0.00	17.39	杂粮豆、马铃薯	—
井家沟村（9）	45.12	53.57	28.57	17.86	苹果、谷子	—
姬岔村（10）	43.99	35.71	0.00	64.29	谷子、马铃薯	—

村落名称及村落代码	土地利用方式重要性/%	劳动力比例/%			主要土地利用方式	其他
		打工	兼业	种植		
圪凹店村（11）	42.93	10.45	31.36	58.19	玉米、谷子	—
张家畔村（12）	42.69	48.00	28.00	24.00	玉米、马铃薯、杂粮豆	—
张庆甫沟村（13）	41.48	36.94	0.00	63.06	杂粮豆、马铃薯	—
红崖圪村（14）	41.06	37.31	0.00	62.69	玉米、杂粮豆	—
冯家英沟村（15）	39.92	78.95	0.00	21.05	谷子、马铃薯	—
张家塔村（16）	34.84	26.09	21.74	52.17	杂粮豆、马铃薯	养羊合作社
黄家圪村（17）	32.22	62.89	2.52	34.59	玉米、西瓜	—

　　因此，本书以景观中耕地比例、土地利用方式重要性指标作为度量景观复杂性和村落专业化程度的指标，并以此来探讨上述指标与众多表征土地集约利用的指标相关性，揭示土地集约利用、景观复杂性、村落专业化三者间的关系。

2. 村落与景观结构特征分析

　　从表 2.2 可以看出，就景观结构而言，调研村落以耕地和草地为主。其中，耕地的比例最高，最大值为 0.64，最小值为 0.14，均值为 0.39+0.13；其次为草地，其最大值为 0.51，最小值为 0.17，均值为 0.32+0.10。就村落的土地利用结构而言，与景观结构特征类似，也以耕地和草地为主，其中，耕地比例的最大值为 0.65，最小值为 0.15，均值为 0.41+0.12，草地比例则分别为 0.43、0.14 和 0.31+0.09。表 2.2 中调研村落主要土地利用方式的重要性是利用公式（2.1）计算得出的结果。在调研村落的专业化程度指标中，土地利用方式的重要性最大值为 1.00，最小值为 0.32，均值为 0.54+0.21。

表 2.2　调研村落及其景观结构与专业化程度特征表

指标		均值+标准差	最大值	最小值
景观结构域特征	耕地比例	0.39+0.13	0.64	0.14
	住宅比例	0.02+0.01	0.05	0.01
	园地比例	0.14+0.11	0.26	0.01
	林地比例	0.12+0.08	0.31	0.01
	草地比例	0.32+0.10	0.51	0.17
村落土地利用结构特征	耕地比例	0.41+0.12	0.65	0.15
	住宅比例	0.03+0.09	0.07	0.01
	园地比例	0.14+0.10	0.34	0.01
	林地比例	0.11+0.08	0.24	0.01
	草地比例	0.31+0.09	0.43	0.14
	地块面积/hm^2	2.53+0.97	4.10	1.10

指标		均值+标准差	最大值	最小值
	土地利用方式重要性	0.54+0.21	1.00	0.32
村落专业化程度	养殖牛数量/头	33+24	90	5
	养殖羊数量/只	287+194	800	0
	养殖鸡数量/只	2593+7435	30000	0
	养殖猪数量/头	47+60	200	0

2.2.4 土地集约利用对景观复杂性的影响

1. 土地集约利用与景观复杂性相关性分析

由图 2.5（a）可以看出，景观中耕地比例与地块平均面积不相关（$P=0.073>0.05$，在 0.05 水平上显著不相关）；由图 2.5（b）可以看出，景观中耕地比例与作物种类在 0.01 水平上显著正相关（$P=0.004<0.01$，$y=9.5766x+2.201$），随着景观中耕地比例的增加（即景观复杂性减少），作物种类在增多。这表明，随着研究区耕地比例的增加，农户更多地采用多样性种植，而非扩大单一种植规模。这与前期的研究结论相吻合：农户土地利用决策并非效益最大化，而是有限理性土地利用决策的具体表现（陈海等，2010）。研究区农户受地形破碎、自身生产能力的限制，更多采用多样化种植来减少单一种植所带来的风险，由此造成研究区景观复杂性减少，土地利用方式多样的现象。

由图 2.5（c）和（d）可以看出，景观中耕地比例与总产出、总投入不相关，两者的相关系数分别为 0.083 和 0.08。尽管与总投入不相关，但景观中耕地比例与种子投入呈负相关 [图 2.5（e），$P=0.041<0.05$，在 0.05 水平上显著相关]，即

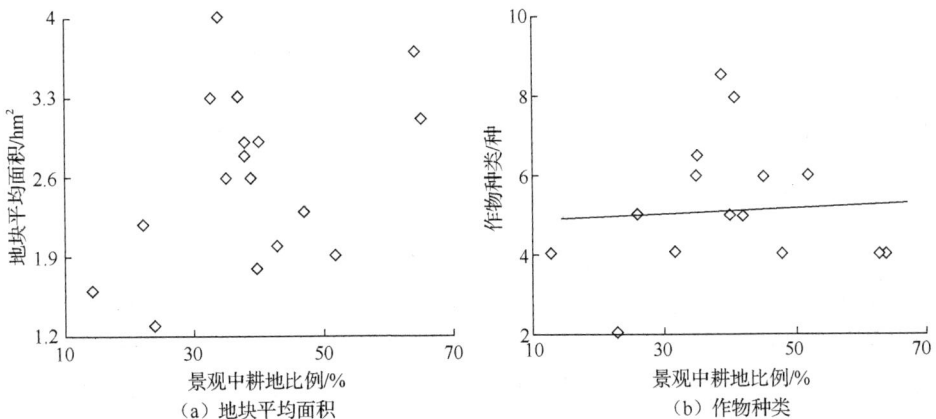

（a）地块平均面积   （b）作物种类

（c）总产出

（d）总投入

（e）种子投入

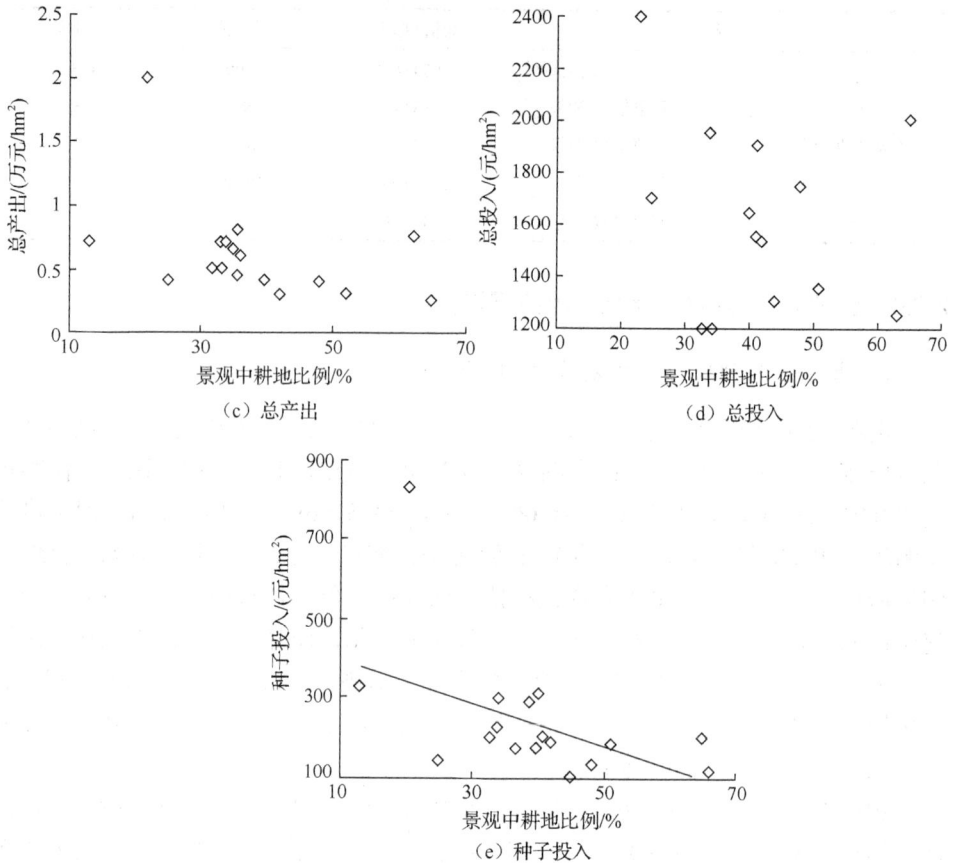

图 2.5　景观中耕地比例与土地集约利用指标相关性分析

单位面积种子投入越多，景观复杂性越高。与其他类型的投入一样，种子投入亦有规模效益递减的规律，随着耕地比例的增大，单位面积种子投入随之递减，即低的景观复杂性对应低的种子投入，这与该区域机械化程度低，主要依靠畜力进行农业生产相关。

2. 土地集约利用对景观复杂性的影响

在探讨了单个因素与景观复杂性的相关性后，还需进一步了解多种土地集约利用影响因素对景观复杂性影响的排序问题，即需要了解在该区域多种因素对景观复杂性的影响大小。利用 SPSS 19.0 软件，采用多元回归中向后筛选法，通过因素被剔除的先后顺序来确定影响的大小，即首先剔除影响小的变量，最后保留在方程中影响大的因素。由此得到土地集约利用指标对景观复杂性影响大小的排序：种子投入<作物种类。

2.2.5 土地集约利用对村落专业化程度的影响

1. 土地集约利用与村落专业化程度相关性分析

土地利用方式重要性与地块大小在 0.05 水平上显著不相关 [$P=0.98>0.05$, 图 2.6（a）]，这主要与研究区地处黄土丘陵沟壑区密切相关：由于坡度和高程的影响，现实中存在面积较大、高程较高的地块，其土地利用方式的重要性较小的现象，由此造成与村落专业化程度不相关的情况，这也充分表明地块的坡度、高程、面积多种因素对村落专业化程度均有影响。土地利用方式重要性与作物种类在 0.01 水平上显著负相关 [图 2.6（b）, $P=0.004<0.01$, $y=-0.0593x+9.1936$]，表明随着作物种类的增加，村落的专业化程度在减少。

土地利用方式重要性与总产出在 0.05 水平显著正相关 [$P=0.023<0.05$, $y=107.860x+189.050$, 图 2.6（c）]，村落的专业化程度越高，其产出越大。但研究区村落的总投入与土地利用方式重要性在 0.05 水平上显著不相关 [图 2.6（d）, $P=0.236>0.05$]，研究还对化肥、农药、种子、劳动力等投入与土地利用方式重要性的相关性进行分析，仅种子投入与土地利用方式重要性显著正相关 [图 2.6（e）, $P=0.005<0.01$，在 0.01 水平上显著相关，$y=5.1418x-35.572$]，与其他投入不相关。这表明在地形破碎、单一土地利用的规模效益难以实现的区域，通过增加种子投入来提高村落的专业化程度是可行的方式之一。这与研究区农户通过转向种子投入高的土地利用方式来提高自我收入水平状况相吻合（陈姗姗等，2012；陈海等，2009）。

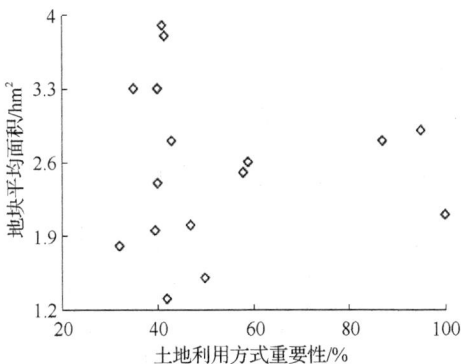

（a）地块平均面积　　　　　　　（b）作物种类

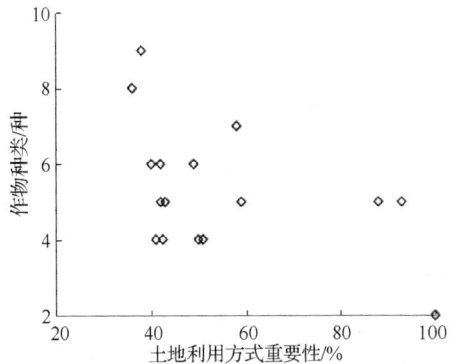

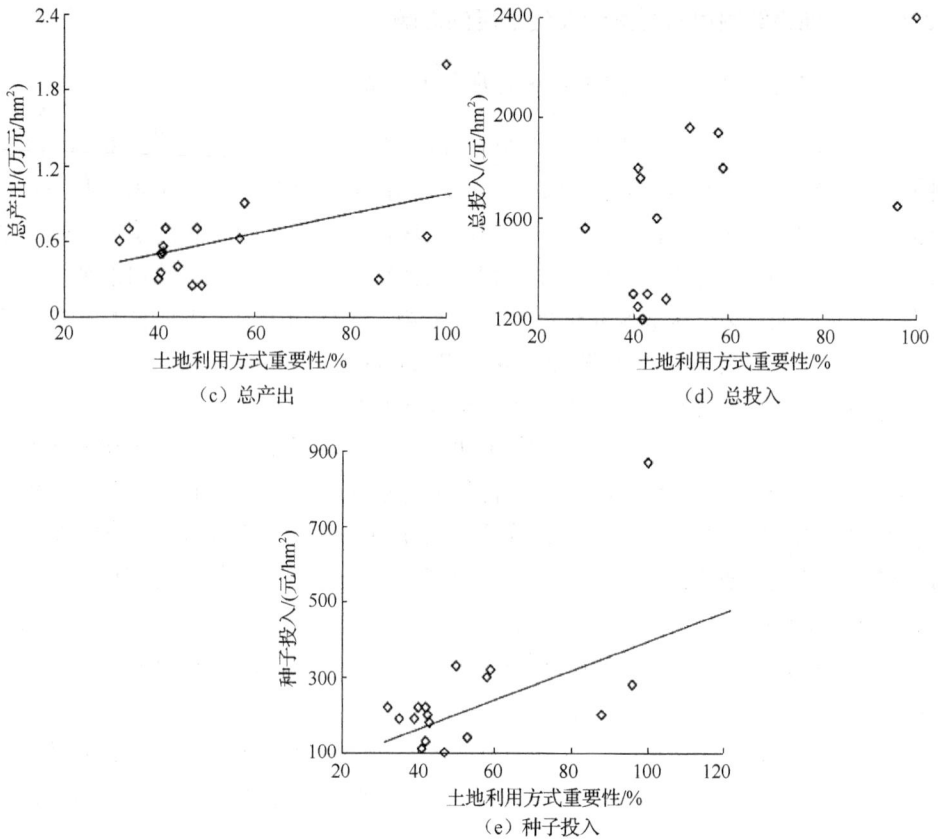

图 2.6　土地利用方式重要性与土地集约利用指标相关性分析

2. 土地集约利用对村落专业化程度的影响

与土地集约利用对景观复杂性的分析相同，由此得到土地集约利用指标对村落专业化程度影响大小的排序：总产出<种子投入<作物种类。

2.2.6　土地集约利用程度、景观复杂性、村落专业化程度关系分析

在上述分析的基础上，利用与景观复杂性和村落专业化程度均相关的土地集约利用因素对村落的土地集约利用程度进行系统聚类分析，得到研究区土地集约利用程度低、较低、较高、高等四种类型的村落，分别用 4、3、2、1 来代表；再将土地利用方式重要性指标、景观复杂性指标进行简单等分，将村落划分为 3 种专业化程度，集约化程度依次增大的顺序是 3、2、1，将村落划分为 4 种景观复杂性，复杂性依次增大的顺序是 4、3、2、1。在此基础上，利用多元对应分析

方法，对村落土地集约利用类型、专业化程度类型、景观复杂性类型三者间的关系进行分析［图 2.7（a）］，并对三者影响下村落分布状况进行分析［图 2.7（b）］。

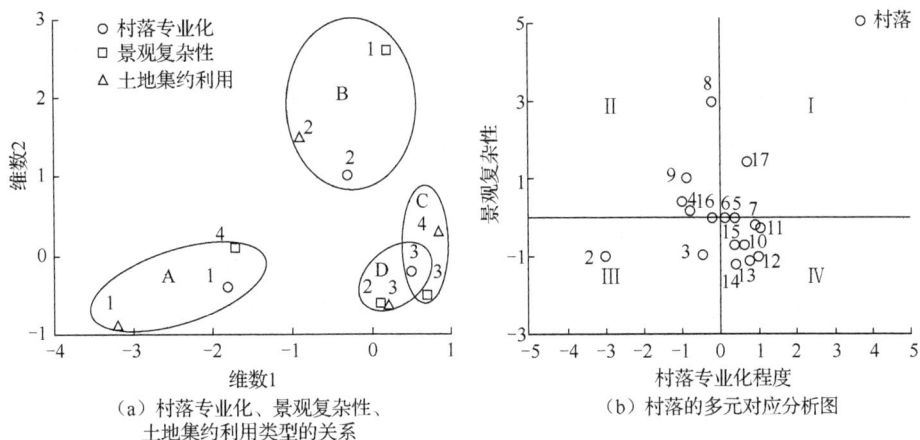

（a）村落专业化、景观复杂性、
土地集约利用类型的关系

（b）村落的多元对应分析图

图 2.7　村落专业化、景观复杂性、土地集约利用类型间关系及村落的多元对应分析图

图 2.7（a）为村落专业化、景观复杂性、土地集约利用三者间的关系。由图得出研究区三者间的复杂关系：

（1）研究区有四种组合类型：类型 A 具有土地集约利用程度和村落专业化程度高，景观复杂性低的特征；类型 B 的特征是村落土地集约利用程度较高，村落的专业化程度低，景观复杂性高；类型 C 和 D 的特征较为接近：土地集约利用较低（或低），村落的专业化程度低，景观复杂性较低。

（2）高土地集约利用的村落，其景观复杂性并非一定是低值，即现实中存在高土地集约利用与低景观复杂性并存的村落，也存在高土地集约利用与高景观复杂性并存的村落。同理，低土地集约利用的村落，其景观复杂性并非一定是高值。

（3）高土地集约利用的村落，其专业化程度并非一定是高值，即现实中存在高土地集约利用与高专业化程度并存的村落，也存在高土地集约利用与低专业化程度并存的村落。同理，低土地集约利用的村落，其专业化并非一定是高值。

图 2.7（b）为调研村落的多元对应分析图。图中数字代表实际调研村落，其中横坐标代表专业化程度的高低，由左向右逐渐变大；纵坐标代表景观复杂性，由下到上逐渐增大。不同象限代表不同的专业化程度和景观复杂性的组合。例如，象限 I 代表专业化程度低，且景观复杂性高的区域；象限 III 代表专业化程度高且景观复杂性低的区域；象限 II 和 IV 由此类推。

（1）村落 2 和村落 3 分布在象限 III，村落 2 和村落 3 的土地集约利用程度较高，尤其是村落 2，其土地集约利用程度在所调研的村落中最高。这表明处于该象限的村落，其土地集约利用程度和专业化程度高，但景观复杂性低。这与国内外对景观复杂性、村落专业化程度与土地集约利用程度间关系的认识是相符合的。同样,处在象限 I 的村落 17 具有低土地集约利用、低专业化程度和高景观复杂性的特点。

（2）依据土地集约利用高低,将处于象限 II 的村落分为两种类型:低土地集约利用、高景观复杂性且高专业化程度的村落（如村落 4）和高土地集约利用、高景观复杂性且高专业化程度的村落（如村落 1、8 与 9）。多种类型村落的存在表明:土地集约利用和景观复杂性并非处在一个维度的两个相反端点,与村落专业化程度亦非处于相同的端点。

（3）处于象限 IV 的村落具有低景观复杂性和低专业化程度、低土地集约利用的特点。虽然与村落专业化均处于低值,但景观复杂性也处于低值,表现出三者均处于一个维度的相同端点。上述分析说明:村落土地集约利用程度与景观复杂性、专业化程度间的关系较为复杂。研究区既存在符合人们一般认识的村落（土地集约利用程度高、专业化程度高,景观复杂性低的村落）,也存在与人们一般认识不一致的村落（既有土地集约利用程度高,专业化程度高,景观复杂性高的村落,也有土地集约利用程度低,专业化程度低,景观复杂性低的村落）。多样性村落的存在表明:简单认为土地集约提高会简化景观结构,提高村落专业化程度的说法是不成立的。

2.2.7　小结

本章以生态脆弱区米脂县为例,对土地集约利用程度、景观复杂性、专业化程度三者相关性进行分析,结论如下:

（1）土地利用方式重要性指标可以有效表征研究区村落的专业化程度。该指标是作物收益和面积的综合反映,可以反映村落主要的土地利用方式,表达不同村落间相同土地利用方式的差异。

（2）景观中耕地比例可以表征景观复杂性。景观复杂性仅与作物种类和种子投入呈显著相关,一方面表明研究区农户大多采用多样性种植策略来减少单一种植的风险,另一方面也表明增加单位面积种子投入会增加景观复杂性,且影响景观复杂性的因素的顺序为种子投入<作物种类。

（3）村落专业化程度仅与总产出、种子投入、作物种类相关。这一方面表明 3 个指标可作为衡量村落专业化程度的土地集约利用指标,另一方面表明研究区农户大多通过选择不同作物种类来改善和提高收入,而非简单扩大土地利用规模。

研究区多样与过渡景观的存在表明:土地集约利用程度和景观复杂性并非处在一个维度的两个相反端点,与村落专业化程度亦非处于一个维度的相同端点,表明在提高土地集约利用程度的同时,也能保持景观的多样性。这对于生态脆弱区的生态建设与可持续发展具有重要的指导意义。

　　土地集约利用对景观格局、区域专业化程度的影响是目前学者关注的问题之一，对于改善和优化农业的景观功能，实现区域可持续发展具有重要的意义。但三者均受多尺度因素的影响，加之单一尺度得出的结论不能简单外推到其他尺度上。因此，为了探索三者的关系，还需要进一步对不同尺度的土地集约利用变化，及其对不同尺度的景观格局和区域专业化程度的影响进行研究，以期对三者关系有更加深刻和完整的认识。

参 考 文 献

陈海, 王涛, 梁小英, 等, 2009. 基于 MAS 的农户土地利用模型构建与模拟——以陕西省米脂县孟岔村为例[J]. 地理学报, 64(12): 1448-1456.

陈海, 杨维鸽, 梁小英, 等, 2010. 基于 Multi-Agent System 的多尺度土地利用变化模型的构建与模拟[J]. 地理研究, 30(8): 1519-1527.

陈姗姗, 陈海, 梁小英, 等, 2012. 农户有限理性土地利用行为决策影响因素——以陕西省米脂县高西沟村为例[J]. 自然资源学报, 27(8): 1286-1295.

陈瑜琦, 李秀彬, 2009. 1980 年以来中国耕地利用集约度的结构特征[J]. 地理学报, 64(4): 469-478.

陈银蓉, 梅昀, 孟祥旭, 等, 2013. 经济学视角下城市土地集约利用的决策分析[J]. 资源科学, 35(4): 739-748.

梁小英, 杨明楠, 陈海, 2010. 农户类型与农业景观变化类型间相互作用研究——以陕西省米脂县高西沟村为例[J]. 水土保持通报, 30(1): 219-221.

郗静, 曹明明, 陈海, 2009. 退耕还林政策对农户土地利用行为的影响[J]. 水土保持通报, 23(3): 5-9.

于一尊, 王克林, 陈洪松, 2009. 喀斯特环境移民区适应性景观生态设计[J]. 农业现代化研究, 30(1): 90-94.

CHEN H, LIANG X Y, LI R, 2013. Based on a multi-agent system for multi-scale simulation and application of household's LUCC: A case study for Mengcha village, Mizhi county, Shaanxi province[J]. Springer Plus, 2(1): 1-8.

COOK E A, LIER H N, 1994. Landscape Planning and Ecological Networks: Developments in Landscape Management and Urban Planning[M]. Amsterdam: Elsevier.

DEFFONTAINES J P, THENAIL C, BAUDRY J, 1995. Agricultural systems and landscape patterns: How can we build a relationship?[J]. Landscape and Urban Planning, 31(1-3): 3-10.

MATSON P A, PARTON W J, POWER A G, et al., 1997. Agricultural intensification and ecosystem properties[J]. Science, 277(5325): 504-509.

PERSSON A S, OLSSON O, RUNDLO M, et al., 2010. Land use intensity and landscape complexity-Analysis of landscape characteristics in an agricultural region in Southern Sweden[J]. Agriculture Ecosystems & Environment, 136(1-2): 169-176.

ROSCHEWITZ I, THIES C, TSCHARNTKE T, 2005. Are landscape complexity and farm specialisation related to land-use intensity of annual crop fields?[J]. Agriculture Ecosystems & Environment, 105(1-2): 87-99.

STEFFAN-DEWENTER I, MÜNZENBERG U, BÜRGER C, et al., 2002. Scale-dependent effects of landscape structure on three pollinator guilds[J]. Ecology, 83(5): 1421-1432.

THENAIL C, 2002. Relationships between farm characteristics and the variation of the density of hedgerows at the level of a micro-region of bocage landscape. Study case in Brittany, France[J]. Agricultural Systems, 71(3): 207-230.

THENAIL C, BAUDRY J, 2004. Variation of farm spatial land use pattern according to the structure of the hedgerow network(bocage)landscape: A case study in northeast Brittany[J]. Agriculture Ecosystem & Environment, 101(1): 53-72.

VERBURG P H, STEEG J, 2009. From land cover change to land function dynamics: A major challenge to improve land characterization[J]. Journal of Environmental Management, 90(3): 1327-1335.

第 3 章　农户个体及群体土地集约利用
行为模型的构建与模拟

生态脆弱区土地利用与土地覆盖变化（land use and land cover change，LUCC）驱动机制的探讨已成为土地利用研究的重要方向之一（蔡运龙等，2009）。农户作为农业生产及土地利用活动的主体，其行为的发生、发展过程直接影响土地利用的数量、质量、结构和效率（陈海等，2009；乔家君等，2009；钟太洋等，2007；李小建，2002），而人地系统作为一个复杂耦合系统，将人的行为决策纳入到地表格局变化研究中，是研究人地关系复杂性的焦点问题之一（翟瑞雪等，2017）。目前，基于行为理论，通过模型模拟的方法来探讨农户行为对区域土地利用变化的微观响应，已经成为国内外研究的趋势之一（王艳妮等，2016；常笑等，2013；Mena et al.，2011；Valbuena et al.，2010），在智能体模型（agent based model，ABM）构建、理性与有限理性决策分析、个体间相互作用定量表达等方面积累丰富（黎夏等，2007；Purnomo et al.，2005；Ligtenberg et al.，2004；Verburg et al.，1999；Costanza et al.，1998）。比较有代表性的研究如 Ligtenberg 等（2004）基于 BDI 行为理论，构建微观主体效益最大化决策框架，探讨和分析微观主体决策的形成机制。

MAS 是模拟微观主体行为常用的手段之一。20 世纪 80 年代提出 MAS 概念时，最初只是计算机科学的一个比较新的分支；到 90 年代，随着认知科学、计算机以及人工智能等学科的发展，更加注重研究个体特性同时考虑个体间相互作用，因此 MAS 理论得到广泛的认同和发展（冯鹏飞等，2013；陈恒鑫，2005）。从字面意思可以很简单地理解为：MAS 是由多个 Agent 组成的一个复杂系统；单个 Agent 是组成 MAS 的基本单元，理解 Agent 的特征和性质是充分理解和使用 MAS 理论的重要前提和保障。

关于 Agent 的特性，国内外学者给出了很多解释说明（高波等，2005；Wooldridge et al.，1995）。总的来说，Agent 应具有以下两个主要特征：

（1）自治性。主要是指 Agent 具有独立性且有一定的学习能力。Agent 之间是相互独立存在的，都有其特点与区别，同时单个 Agent 能够通过一定的规则设计处理一些基本的信息；

（2）交互性。主要是指独立存在的 Agent 之间是相互联系，可以发生作用的。MAS 理论的核心重点是分析多个 Agent 个体间在相互交互、相互作用过程中"涌现"，分析个体 Agent 的行为与"涌现"之间的相互关系。

多智能体系统并不是多个 Agent 之间的简单组合，而是由多个 Agent 相互作用，既可以表现出单个 Agent 的特性，也可以体现 Agent 内部的相互联系以及相互作用，是"涌现"的 Agent 构成的一个复杂系统（高波等，2005）。

多智能体系统能够清楚地反映宏观世界中事物之间的相互联系和相互影响，是一个用于研究复杂系统且具有自下而上反馈特性的模型，它能够很好地揭示土地利用与土地覆盖变化的微观机理（陈海等，2011；余强毅等，2011；田光进等，2008；Jennings et al.，2003）。当前，MAS 模型在土地利用变化方面已经有很多研究（陈海等，2013；季民河等，2009；Ligtenberg et al.，2001），而利用各种决策理论来模拟农户决策已经成为研究趋势之一（陈海等，2009）。

在 MAS 模型中，如何更好地刻画 Agent 的信息处理过程（自治性）和 Agent 之间的相互作用方式（交互性）是最为核心和关键的环节。BDI 模型源于 1987 年 Bratman 对理性和意图的哲学分析，是一种分别刻画 Agent 在信念（Beliefs）、愿望（Desires）和意图（Intentions）等方面思维状态的认知结构（图 3.1）（马巧云，2006）。其中，信念是 Agent 对当前所处环境和自身能力的一种认知；愿望是 Agent 在其信念产生的基础之上希望达到或者希望保持的一种状态，表达了对未来环境状态和自身能力的一种期盼；意图是 Agent 在相应的信念和愿望作用下产生的行为决策意图，它是对将要实现目标和行动计划的确定和承诺（陈海等，2009；康小强等，1999）。

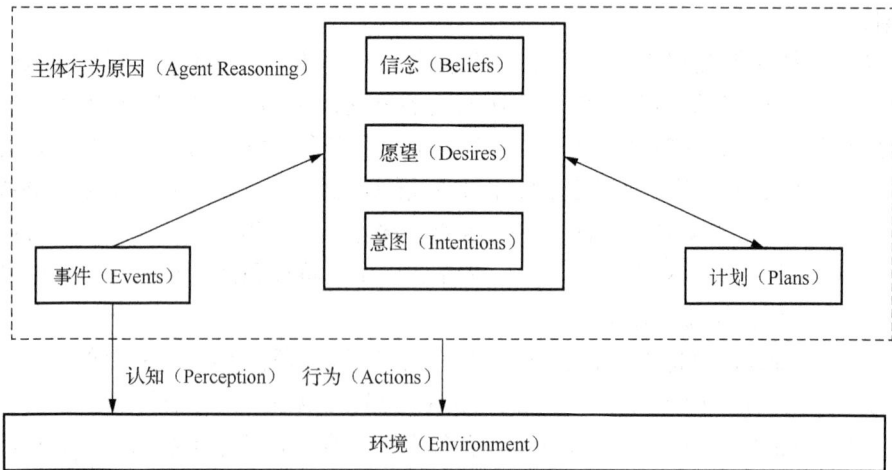

图 3.1　BDI 模型结构

在实际决策过程中，农户受到主观因素和其他多种因素的影响，其最终决策是一种有限理性决策，因此如何进一步揭示农户有限理性形成机理就成为研究农户行为和土地集约利用变化的关键问题之一。鉴于效益最大化模型对现实微观主体决策有限的解释力，如何有效表征微观主体有限理性及农户间的相互作用就成为进一步完善 BDI 决策框架的关键问题。

BDI 模型在表达 Agent 决策过程时有其独特的优势，在模拟微观主体行为有了长足进展，但是在表现 Agent 的有限理性及 Agent 间的相互作用方面不是很充分。因此，本章主要解决两个问题：一是通过增加参数或调整原有 BDI 模型，尝试表征农户个体在能力方面的有限性和农户间相互作用，构建农户个体土地集约利用决策模型；二是通过对农户个体决策转化机理的分析，探讨从农户个体决策到农户群体决策的转化机理，构建农户群体土地集约利用决策模型，以此来模拟农户群体的土地集约利用行为。

3.1　基于 CR-BDI 的农户有限理性决策模型的构建与模拟

以农户 Agent 的 BDI 模型为基础构建有限理性资源与能力（capability and resource BDI，CR-BDI）模型。采用自下而上的构建方式，以劳动力、经济效益因素作为资源与能力修正指数，选择市场影响、作物的重要性及农户间的相互影响作为影响因素构建模型。通过 NetLogo 模拟平台，模拟高渠乡典型村落以及高渠乡整体下年可能种植面积及空间配置，并对其进行验证，探讨农户 Agent 的有限理性行为，利用模拟平台模拟农户的土地利用行为来揭示农户土地利用决策变化的机制。

3.1.1　农户有限理性决策模型构建

1. 信念模型构建

本书在构建基于有限理性的 BDI 的信念模型时，参照陈海等（2014）对 BDI 信念的描述，认为信念是指 Agent 对目前系统状态的认识和未来状态的估计。表达式为

$$B_{ikt} = f\left\{P_{ikt}, \mathrm{IM}_{ikt}\right\} \tag{3.1}$$

其中，B_{ikt} 为目前农户 i 在时间 t 对种植作物 k 的信念；P_{ikt} 是农户 i 在时间 t 对种植作物 k 的自然环境及耕作条件的认识；IM_{ikt} 为时间 t 农户 i 种植作物 k 的重要性。

就研究区而言，影响该区域农户种植的自然因素主要为海拔、坡度以及距主要道路的距离；由于研究区耕地种植在修筑的梯田上，故坡度因素本书不做研究，主要将距主要道路距离、海拔作为主要影响因素。为定量化表示农户对自然条件的认识，本书拟以任一条件下某种作物的面积与该条件作物面积的比值来代表农

户对该种条件下作物种植的认知。因此，P_{ikt} 表达式为

$$P_{ikt} = \text{Area}_{D \& A_{iktsj}} \Big/ \sum_{i=1}^{4} \text{Area}_{D \& A_{iktsj}} \qquad (3.2)$$

式中，$\text{Area}_{D \& A_{iktsj}}$ 为自然条件 $D \& A_{ikts}$ 下作物 i 的面积；$D \& A_{iktsj}$ 为作物 k 距主要道路距离 s 与高度为 j 时的自然条件。农户依据距主要道路的距离与海拔等因素来综合判断自然条件对作物种植的影响。为了较精确地反映农户对自然条件的认识，同时降低计算的复杂性，本书将 Distance 与 Altitude 各分为 5 类，具体见表 3.1。为定量化表达自然条件，构建公式为

$$D \& A_{iktsj} = \text{Distance}_{ikts} \times 10 + \text{Altitude}_{ikts} \qquad (3.3)$$

式中，Distance_{ikts} 为地块到村庄主要道路的距离；Altitude_{ikts} 为地块的海拔。

表 3.1　Distance 和 Altitude 等级划分表　　　　　（单位：m）

指标	等级条件				
	1	2	3	4	5
Distance_{ikts}	0~99	99~220	220~330	330~455	>455
Altitude_{ikts}	971~990	990~1020	1020~1033	1033~1058	>1058

本书通过土地利用类型重要性 IM_{ikt} 来代表农户对土地利用的安排和认识。不同土地利用方式重要性可以表征不同土地类型对农户的重要性，为农户后续决策提供参考，该参数的公式为

$$\text{IM}_{ikt} = \text{Income}_{ikt} \Big/ \sum_{k=1}^{n} \text{Income}_{ikt(k=1,2,\cdots,n)} \qquad (3.4)$$

式中，IM_{ikt} 为时间 t 农户 i 第 k 种作物的重要性；$\sum_{k=1}^{n} \text{Income}_{ikt(k=1,2,\cdots,n)}$ 表示时间 t 农户 i 的农业总收入。IM_{ikt} 数值越大，表明第 k 种作物对于农户 i 越重要，改变第 k 种作物种植的可能性越小。

2. 愿望模型构建

农户愿望是农户希望达到的状态，通过农户扩大或者缩小种植规模来表现；传统 BDI 模型大多利用效益最大化模型（陈海等，2009），即农户通常会把对他而言收益最大的作物保留，并将其他作物转化为收益最大的作物，从而作为农户在现有条件下的种植"最优解"。为了表征农户的有限理性，真实反映其对市场和自身种植状况的认知，本书构建农户的愿望模型在传统愿望模型的基础上添加有限理性因素，表达式为

$$D_{ikt} = \text{IM}_{ikt} M_{ikt} \text{CR}_{ikt} \qquad (3.5)$$

式中，M_{ikt} 为时间 t 农户 i 认为市场对第 k 种作物的影响；CR_{ikt} 为时间 t 农户 i 种植第 k 种作物的能力与资源修正指数，以此来表征其实际的决策水平。其他参数含义如上。M_{ikt} 与 CR_{ikt} 的计算方式如下：

（1）市场对作物的影响。为了真实体现农户对市场信息的了解，结合调研的实际状况，本书选取 2014 年、2015 年不同作物出售价格的比值作为市场对不同作物的影响，计算公式为

$$M_{kt} = \text{Price}_{kt} / \text{Price}_{kt-1} \tag{3.6}$$

式中，Price_{kt} 表示时间 t 第 k 种作物的价格；Price_{kt-1} 表示 $t-1$ 年第 k 种作物的价格。如果 $M_{kt}>1$，表明第 k 种作物的价格上涨，农户一般会考虑扩大该种作物的种植；如果 $M_{kt}<1$，农户可能会缩小种植规模或改种其他收益作物。

（2）农户能力与资源修正指数。农户能力（Capability）与资源（Resource）指数（CR）构建为

$$CR_{ikt} = W_{1k} \cdot \text{Capability}_{ikt} + W_{2k} \cdot \text{Resource}_{ikt} \tag{3.7}$$

式中，W_{1k} 和 W_{2k} 为权重因子，分别为 Capability 和 Resource 的权重；Capability_{ikt} 为时间 t 农户 i 种植第 k 种作物的能力；Resource_{ikt} 为时间 t 农户 i 种植第 k 种作物的资源。W_{1k} 的计算公式为

$$W_{1k} = \beta_{1k} / \left(\beta_{1k} + \beta_{2k} \right) \tag{3.8}$$

$$\beta_{hk} = n_{hk} / n_{\text{sum}} \tag{3.9}$$

式中，n_{sum} 为被调查农户的总数；n_{hk} 是指种植第 k 种作物选择经济效益或劳动力因素的农户数量；β_{hk} 为种植第 k 种作物选择经济效益或选择劳动力的户数占被调查总户数的比例（常笑等，2013）；W_{1k} 表示归一化后的权重因子。可根据 $W_{1k}+W_{2k}=1$ 得出 W_{2k} 值。

Capability_{ikt} 为农户对经济效益的判断、政策把握及种植技术的掌握等方面的能力。调研发现，该区域的政策主要涉及退耕还林及耕地补贴等，但这些对农户的耕地决策行为影响不大；村中的作物均为世代耕作，不存在没有掌握种植技术的情况，故此两者书中不再讨论。本书构建的能力指数表达为经济效益（Profit_{ikt}），为时间 t 农户 i 种植第 k 种作物的经济效益指数。为体现不同作物的经济效益对农户行为的影响，本书采用时间 t 农户 i 种植第 k 种作物的平均利润占该农户所有作物平均利润的比例的方式来表达。一般而言，Profit_{ikt} 越大，表明农户种植该种作物的能力越高。Profit_{ikt} 构建如下：

$$\text{Capability}_{ikt} = \text{Profit}_{ikt} = P_{ikt} \left/ \sum_{k=1}^{n} P_{ikt(n=1,2,\cdots,23)} \right. \tag{3.10}$$

式中，$Profit_{ikt}$ 为时间 t 农户 i 种植第 k 种作物的经济效益指数；P_{ikt} 为时间 t 农户 i 种植第 k 种作物每亩地的平均利润；$\sum\limits_{k=1}^{n} P_{ikt(n=1,2,\cdots,23)}$ 为时间 t 农户 i 种植第 k 种作物每亩地的平均利润之和。

资源指数为劳动力 $Labor_{ikt}$ 影响因素，公式为

$$Resource_{ikt} = Labor_{ikt} = (L_{it} - L_{t\min})/(L_{t\max} - L_{t\min}) \qquad (3.11)$$

式中，$Labor_{ikt}$ 为时间 t 农户 i 的农业劳动人数对第 k 种作物的影响；L_{it} 表示时间 t 农户 i 的农业劳动人数；$L_{t\min}$ 表示时间 t 被调查农户农业劳动人数的最小值；$L_{t\max}$ 表示时间 t 被调查农户农业劳动人数的最大值。

3. 意图模型构建

意图是农户的最终决定，它除了受农户自身愿望影响外，还受种植作物收益大小的影响。最终意图构建如下：

$$I_{ikt+1} = f\{D_{ikt}\mathrm{In}_{ikt}\} = D_{ikt} \cdot \mathrm{In}_{ikt} \qquad (3.12)$$

式中，D_{ikt} 为时间 t 农户 i 种植第 k 种作物的种植愿望；In_{ikt} 表示为作物收益系数，本书用时间 t 所有农户第 k 种作物的收入与所有农户的所有作物收入和的比值表示，公式为

$$\mathrm{In}_{ikt} = \sum_{i=1}^{n} \mathrm{Income}_{ikt} \bigg/ \sum_{k=1}^{m} \sum_{i=1}^{n} \mathrm{Income}_{ikt} \qquad (3.13)$$

式中，$\sum\limits_{i=1}^{n} \mathrm{Income}_{ikt}$ 表示时间 t 所有农户种植第 k 种作物的总收入；$\sum\limits_{k=1}^{m} \sum\limits_{i=1}^{n} \mathrm{Income}_{ikt}$ 表示时间 t 所有农户种植作物的总收入。其中，n 指农户的数量，m 指种植作物的种类。In_{ikt} 值越大，表明该作物在研究区所占的收益比例越大，作物 k 的种植稳定性就越大；反之，改变种植的可能性就会较大。

3.1.2 实例分析

1. 姜兴庄

1）信念分析

基于式（3.2）和式（3.3）及相关假设，计算得出农户对自然条件的认知 P_{ikt}（图3.2）。

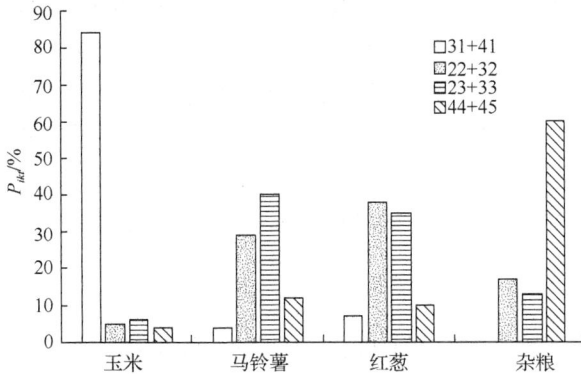

图 3.2　姜兴庄农户对自然条件的认知图

由图 3.2 可以看出，各种作物都有其适宜种植范围。玉米适宜种植在海拔较低的位置。例如，在 $D\&A_{iktsj}=$（31+41）即距道路距离>200m 且海拔<990m 的区域，其种植面积的比例为 84%。马铃薯适宜种植在距道路较近、海拔略高的位置。例如，在 99m<距道路距离<330m 且 990m<海拔<1033m，即在（22+32）、（23+33）条件下，种植面积比例为 71.3%。红葱的适宜种植范围与马铃薯相似，但更倾向于种植在海拔偏低的地区。杂粮适宜种植在距离道路较远、海拔较高的位置。例如，在 330m<距道路距离<445m 且海拔>1033m，即在（44+45）条件下，种植面积的比例为 62%。

由式（3.4）可计算出农户的土地利用方式重要性 IM_{ikt}。表 3.2 列出姜兴庄典型农户的 IM_{ikt}。

表 3.2　姜兴庄农户土地利用重要性

农户序号	玉米	马铃薯	红葱	杂粮
1	0.39	0.31	0.31	0.00
2	0.33	0.23	0.40	0.05
3	0.76	0.15	0.09	0.00
4	0.47	0.07	0.29	0.17
5	0.22	0.47	0.24	0.07
6	0.27	0.39	0.23	0.12
7	0.15	0.12	0.56	0.17
8	0.18	0.07	0.58	0.17
9	0.23	0.12	0.65	0.00
村庄均值	0.34	0.20	0.36	0.10

由表 3.2 看出，不同作物的重要性不同。就姜兴庄整体而言，红葱的重要性值最高，这与该村把红葱作为主导产业的现状相一致。其次是玉米和马铃薯，杂

粮的重要性最低（均值仅为 10%）。为了进一步分析农户的种植特征，本书依据主要作物（玉米、马铃薯和红葱）的重要性，将农户划分为两大类型：均匀种植农户和非均匀种植农户。前者主要是指玉米、马铃薯、红葱三者的重要性指数大体相等，如农户 1 和农户 2，农户 1 较为典型，3 种作物的重要性指数均大于 0.3。后者可进一步划分为 3 种类型：玉米重要性高的类型，如表 3.2 中的农户 3 和农户 4；马铃薯重要性高的类型，如农户 5 和农户 6；红葱重要性高的类型，如农户 7、农户 8 和农户 9。

2）愿望分析

根据式（3.6），通过 2014 年与 2013 年的市场价格计算得到 4 种作物的市场 M_{kt} 值分别为 1.18、0.93、0.86 和 0.93。

依据式（3.7）～式（3.11），计算得到研究区 4 种作物的 CR 指数权重，即能力指数与资源指数的比例分别为 51.5%∶48.5%，46.9%∶53.1%，52.6%∶47.4% 和 44%∶56%，以及有限理性 CR 指数（表 3.3）。

表 3.3　姜兴庄农户 CR 指数表

农户序号	能力（经济效益）指数				资源（劳动力）指数			
	玉米	马铃薯	红葱	杂粮	玉米	马铃薯	红葱	杂粮
1	0.15	0.16	0.15	0.00	0.21	0.27	0.20	0.28
2	0.09	0.11	0.14	0.10	0.43	0.53	0.41	0.56
3	0.16	0.14	0.16	0.00	0.21	0.27	0.20	0.28
4	0.12	0.12	0.14	0.08	0.21	0.27	0.20	0.28
5	0.09	0.13	0.15	0.11	0.21	0.27	0.20	0.28
6	0.09	0.14	0.16	0.10	0.21	0.27	0.20	0.28
7	0.12	0.13	0.16	0.08	0.21	0.27	0.20	0.28
8	0.10	0.11	0.16	0.12	0.21	0.27	0.20	0.28
9	0.15	0.14	0.20	0.00	0.21	0.27	0.20	0.28
均值	0.12	0.12	0.15	0.09	0.21	0.25	0.20	0.27

由表 3.3 看出：①从农户整体角度来看，在能力指数方面，红葱最高，马铃薯和玉米次之，杂粮的能力指数最低；这与该村以红葱种植为主相一致；在资源指数方面，杂粮最高，马铃薯、玉米和红葱次之。②CR 指数可进一步表征同一类农户间的差异性。相比较而言，能力指数对农户差异的分离度要大于资源指数的分离度。结合表 3.2 可知，农户 1 与农户 2 都为均匀种植农户，但农户 2 各种作物的能力指数有较大差异，农户 1 各作物能力指数较为接近。这表明，即使是同一类农户，其不同作物的能力指数也有较大差异。③不同类型农户在 CR 指数方面也表现出相似性。就能力指数而言，表中所有农户红葱的能力指数均最大。

根据式（3.5）可计算得到农户的愿望，表 3.4 为姜兴庄典型农户决策的愿望表。

表 3.4　姜兴庄典型农户决策的愿望表

农户序号	玉米	马铃薯	红葱	杂粮
1	0.15	0.11	0.11	0.00
2	0.21	0.12	0.17	0.03
3	0.30	0.06	0.04	0.00
4	0.17	0.02	0.11	0.06
5	0.07	0.14	0.06	0.03
6	0.09	0.11	0.06	0.05
7	0.06	0.05	0.20	0.06
8	0.07	0.03	0.14	0.06
9	0.04	0.01	0.09	0.00
均值	0.11	0.09	0.13	0.03

由表 3.4 看出：①从农户整体来看，研究区种植红葱的愿望最高，其次为玉米和马铃薯，杂粮的种植愿望最低；②从农户类型来看，虽然农户种植玉米的愿望较高，但与其他作物间的差距不是很大，相比较其他农户各类作物的差值，农户决策意愿仍较为平均。结合表 3.2，其他类型的农户种植愿望与种植信念基本一致。例如，红葱种植信念较高的农户，其种植愿望也较高。

3）意图分析

根据式（3.13）得到研究区玉米、马铃薯、红葱和杂粮 4 种作物的收益系数分别为 0.25、0.27、0.35 和 0.13。红葱的收益系数值最大，其次为马铃薯和玉米，杂粮的收益系数值最低。这表明，红葱在研究区占有十分重要的地位，农户一般不会考虑将红葱转变为其他作物，而将杂粮等收益系数小的作物转变为其他收益系数大作物的可能性较高。

由式（3.12）得到基于 CR-BDI 农户土地利用决策结果，结果如表 3.5 所示，其中括号内数字表示模拟值与实际面积的差值。

表 3.5　姜兴庄 CR-BDI 模型决策模拟结果

农户序号	面积/hm²				农户失误率合计/%
	玉米	马铃薯	红葱	杂粮	
1	0.39（−0.01）	0.26（−0.01）	0.29（0.02）	0.00（0.00）	5.05
2	0.73（−0.07）	0.42（0.02）	0.74（0.07）	0.05（−0.02）	9.30
3	0.58（0.05）	0.09（−0.05）	0.06（−0.01）	0.00（0.00）	13.19
4	0.72（0.05）	0.09（−0.05）	0.44（0.11）	0.09（−0.11）	23.17
5	0.35（−0.05）	0.68（0.01）	0.39（0.06）	0.05（−0.02）	9.30
6	0.47（−0.06）	0.63（−0.04）	0.42（0.15）	0.09（−0.05）	18.70
7	0.15（0.02）	0.10（−0.01）	0.53（0.06）	0.07（−0.06）	17.97
8	0.16（−0.04）	0.05（−0.01）	0.51（0.11）	0.07（−0.06）	27.97
9	0.22（−0.05）	0.09（−0.04）	0.62（0.09）	0.00（0.00）	18.81
村庄失误面积	1.34	1.12	2.07	0.80	8.43

由表 3.5 可以看出,在村庄的面积误差方面,模拟结果与 2015 年实际情况相对比,村庄整体面积误差率合计为 8.43%。红葱的村庄失误面积累计最高,为 2.07hm²;其次为玉米、马铃薯和杂粮。从农户类型来看,均匀种植户的失误率最低,模拟效果最好;非均匀种植户中,主要作物的预测较为准确,如以玉米种植为主的农户,玉米模拟的正确率相对其他作物较高。

4)模型验证

结合 2014 年和 2015 年的实际调研数据,利用 NetLogo 平台对 CR-BDI 模型与 BDI 模型的模拟结果进行对比研究。对比主要集中在两个方面:一是各地类模拟数量的对比,二是各地类空间位置的对比。前者包括两个层面,村庄整体层面与典型农户层面。BDI 模型决策模拟结果见表 3.6,两种模型失误分布见图 3.3。

表 3.6　姜兴庄 BDI 模型决策模拟结果

序号	面积/hm²				农户失误率合计/%
	玉米	马铃薯	红葱	杂粮	
1	0.34(−0.07)	0.28(0.02)	0.32(0.05)	0.00(0.00)	14.07
2	0.63(−0.17)	0.52(0.12)	0.58(−0.09)	0.26(0.19)	23.28
3	0.27(−0.26)	0.21(0.08)	0.15(0.09)	0.00(0.00)	43.12
4	0.42(−0.25)	0.34(0.21)	0.33(0.08)	0.15(−0.05)	34.27
5	0.44(0.04)	0.40(−0.27)	0.40(0.06)	0.19(0.12)	26.80
6	0.48(−0.06)	0.44(−0.23)	0.32(0.05)	0.20(0.06)	26.08
7	0.27(0.14)	0.22(0.11)	0.36(−0.11)	0.10(−0.04)	48.09
8	0.25(0.04)	0.21(0.14)	0.35(−0.05)	0.10(−0.03)	35.55
9	0.34(0.07)	0.27(0.13)	0.44(−0.10)	0.00(0.00)	32.84
村庄失误面积	1.85	2.52	1.53	1.52	16.73

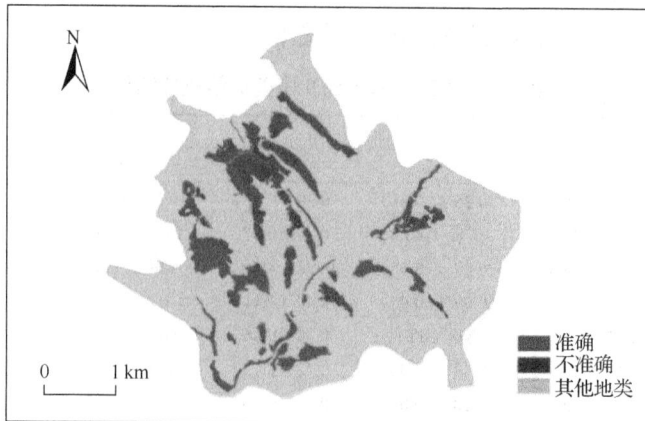

(a)CR-BDI模型

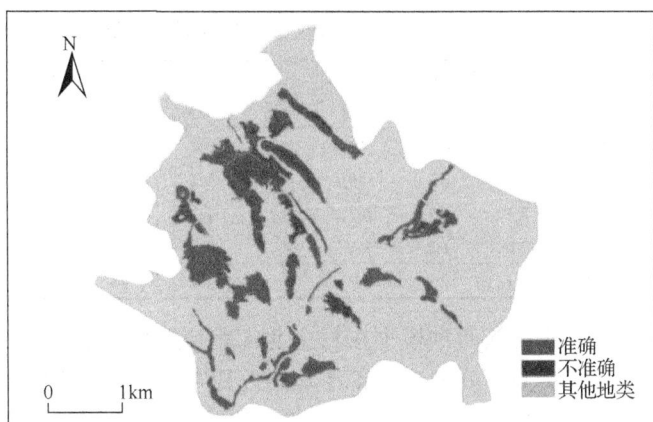

（b）BDI模型

图 3.3　姜兴庄 CR-BDI 与 BDI 模型失误分布图

　　结合表 3.5 和表 3.6 可看出，从村庄整体来看，BDI 模型的整体失误率为 16.73%，高于 CR-BDI 模型。但 BDI 模型红葱的模拟结果优于 CR-BDI 的模拟结果。对比表 3.5 和表 3.6 可知，BDI 模型红葱失误面积比 CR-BDI 少 0.54hm^2；其他作物如玉米、马铃薯和杂粮的村庄失误面积累计分别比 CR-BDI 模型高 0.51hm^2、1.41hm^2 和 0.72hm^2。

　　从农户类型来看，与 CR-BDI 模型相比，采用 BDI 模型失误率较高，均匀种植农户的失误率相对其他农户类型较低；非均匀农户的失误率同样比 CR-BDI 模型要高。说明从整体上来看，CR-BDI 模型能更好地表达农户的行为决策，也表明姜兴庄农户在土地利用时并不是简单追求效益最大化——采用"理性经济人决策"，而是呈现有限理性的特点，即决策趋向于"满意"。

　　图 3.3 中，CR-BDI 空间分布的正确率为 78.8%，BDI 模型的正确率为 69.2%。从图 3.3 可以看出，两种模型的模拟失误都主要集中在村庄西北部和中东部地区。为了具体分析两种模型在不同自然条件下的优劣，对失误较大的自然条件进行分析（表 3.7）。就作物类型而言，两种模型中马铃薯和红葱的失误率较大，分别占到各自总失误的 70% 和 65%，杂粮次之，玉米失误最小。两种模型相比，玉米、马铃薯、杂粮等作物都是采用 CR-BDI 模型时失误较低，特别是对杂粮和马铃薯的模拟效果比较明显，从红葱的模拟效果来看，BDI 模型要优于 CR-BDI 模型的模拟结果：前者红葱面积失误累计为 2.07hm^2，后者红葱面积失误累计为 1.53hm^2。通过对红葱重要性高的农户分析发现，对该类农户红葱种植的模拟效果 BDI 模型要优于 CR-BDI 模型，两者红葱面积失误累计分别为 0.55hm^2、1.21hm^2。由此看出，以红葱种植为主的农户，其追求效益最大化决策的程度要高于其他农户。

表 3.7　姜兴庄两种模型主要自然条件下失误表　　（单位：%）

自然条件	CR-BDI 模型					BDI 模型				
	玉米	马铃薯	红葱	杂粮	合计	玉米	马铃薯	红葱	杂粮	合计
31 + 41	0.2	0.3	0.3	0	0.8	0.4	1.1	0.5	0	2
22 + 32	0.9	1.8	2.7	0.9	6.3	1.4	2.4	2.3	1.8	7.9
23 + 33	0.7	2.2	3.1	0.7	6.7	1.2	3.1	2.7	1.4	8.4
44 + 45	0.3	0.8	1.2	1.6	3.9	0.9	1.4	0.9	2.9	6.2
整体失误	2.1	5.1	7.3	3.2	—	3.9	8	6.4	6.1	—

从主要的自然条件看，两种模型在村庄北部距道路距离较近，海拔略高（即自然条件类型为 23 和 33）及村庄中部距离道路距离略远，海拔较低的（即自然条件类型为 22 和 32）失误率较高，在村庄中部距道路较远，海拔较低（即自然条件类型为 31 和 41）区域总失误率及各种作物的失误最小（表 3.7）。造成差异及模拟失误的原因主要有：①马铃薯和红葱在种植位置上比较难以量化区分，从实际调研来看，农户一般会有意识地将马铃薯种植在距道路较远处，红葱种植在距道路较近处，但在农户实际种植时，面对自然条件差异不大的地块，选择的随机性较大，因此增加了模拟的难度；②农户会通过轮作方式保持土壤肥力及减少病虫害发生的可能性，会在主要适宜马铃薯和红葱的土地上改种杂粮，这也是模拟失误率产生的原因。

2. 高西沟

1）信念分析

基于式（3.2）和式（3.3）及相关假设，计算得出农户对自然条件的认知 P_{ikt}（图 3.4）。

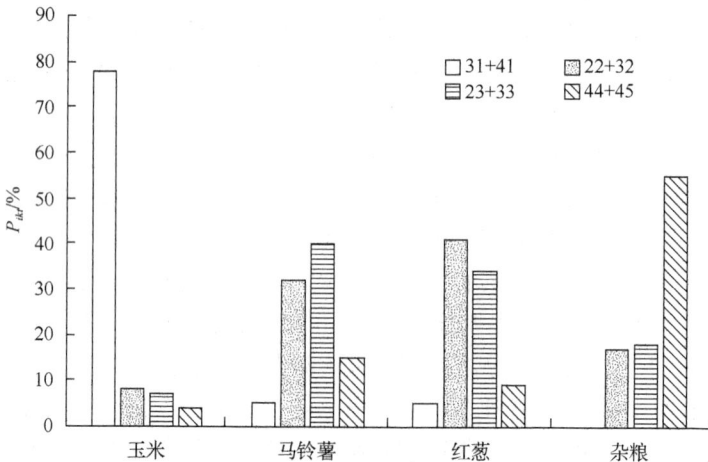

图 3.4　高西沟农户对自然条件的认知图

由图 3.4 可以看出，高西沟作物适宜种植范围与姜兴庄基本一致。玉米适宜种植在海拔较低的位置，如在 $D\&A_{iktsj}$=（31+41）条件的种植面积的比例为 80%；马铃薯在（22+32）和（23+33）条件下的种植面积比例为 73.18%；红葱也更倾向于种植在海拔偏低的地区；杂粮适宜种植在距离道路较远、海拔较高的位置，在自然条件为（44+45）地区种植面积的比例为 57.25%。

由式（3.4）计算得到农户的土地利用方式重要性 IM_{ikt}，表 3.8 列出典型农户的 IM_{ikt}。

表 3.8　高西沟农户土地利用重要性

农户序号	玉米	马铃薯	红葱	杂粮
1	0.23	0.23	0.33	0.20
2	0.21	0.26	0.33	0.20
3	0.33	0.33	0.00	0.33
4	0.40	0.21	0.08	0.30
5	0.58	0.36	0.00	0.06
6	0.24	0.52	0.00	0.24
7	0.10	0.70	0.00	0.20
8	0.13	0.20	0.00	0.67
9	0.28	0.17	0.00	0.55
均值	0.29	0.31	0.13	0.23

由表 3.8 看出，就高西沟整体而言，马铃薯的重要性值最高，其次是玉米和杂粮，红葱的重要性最低（均值仅为 13%）。同样为了进一步分析农户的种植特征，依据主要作物（玉米、马铃薯和杂粮）的重要性状况，将农户划分两大类型，均匀种植农户和非均匀种植农户。农户 1、农户 2 和农户 3 为均匀种植户；玉米重要性高的类型，如表中的农户 4 和农户 5；马铃薯重要性高的类型，如农户 6 和农户 7；杂粮重要性高的类型，如农户 8 和农户 9。

2）愿望分析

根据式（3.6）计算得到，4 种作物的市场 M_{kt} 值分别为 0.97、0.90、0.96 和 1.10。

依据式（3.7）～式（3.11），计算得到研究区 4 种作物的 CR 指数权重，即能力指数与资源指数的比例分别为 46.2%：53.8%，48.6%：51.4%，42.9%：57.1% 和 57.1%：42.9%，有限理性 CR 指数见表 3.9。

表 3.9　高西沟农户 CR 指数表

农户序号	能力（经济效益）指数				资源（劳动力）指数			
	玉米	马铃薯	红葱	杂粮	玉米	马铃薯	红葱	杂粮
1	0.08	0.12	0.24	0.09	0.46	0.49	0.43	0.57
2	0.08	0.14	0.20	0.09	0.23	0.25	0.22	0.29
3	0.14	0.13	0.00	0.22	0.00	0.00	0.00	0.00
4	0.12	0.18	0.15	0.07	0.23	0.25	0.22	0.29
5	0.17	0.25	0.00	0.00	0.23	0.25	0.00	0.29
6	0.14	0.28	0.00	0.08	0.23	0.25	0.00	0.29
7	0.17	0.19	0.00	0.14	0.23	0.25	0.00	0.29
8	0.07	0.10	0.00	0.29	0.23	0.25	0.00	0.29
9	0.15	0.18	0.00	0.16	0.23	0.25	0.00	0.29
均值	0.12	0.16	0.09	0.14	0.23	0.23	0.09	0.26

　　由表 3.3 和表 3.9 看出，非红葱主导种植村与红葱主导种植村存在较大差异。从农户整体角度来看，在能力指数方面，高西沟马铃薯最高，杂粮和玉米次之，红葱的能力指数最低；在资源指数方面，杂粮最高，马铃薯、玉米次之，红葱最低。但非红葱主导种植村和红葱主导种植村不同农户间的 CR 指数，特别是能力指数同样存在差异性，如高西沟均匀农户中农户 1、2 的能力指数与姜兴庄均匀农户 1、2 存在较大差异，而资源指数相差不大。

　　根据式（3.5）可计算得到农户的愿望，表 3.10 为典型农户的愿望表。

表 3.10　高西沟典型农户决策的愿望表

农户序号	玉米	马铃薯	红葱	杂粮
1	0.12	0.13	0.20	0.16
2	0.06	0.09	0.11	0.09
3	0.04	0.04	0.00	0.08
4	0.13	0.08	0.03	0.13
5	0.21	0.16	0.00	0.03
6	0.08	0.25	0.00	0.10
7	0.11	0.20	0.00	0.15
8	0.04	0.06	0.00	0.46
9	0.10	0.07	0.00	0.29
均值	0.11	0.12	0.06	0.11

　　由表 3.10 看出，从农户整体来看，高西沟种植马铃薯、玉米和杂粮的愿望较高，种植红葱的愿望较低；从农户类型来看，高西沟均匀种植农户种植红葱的愿望较高；跟姜兴庄类似，高西沟其他类型的农户种植意愿与种植信念基本一致。例如，以马铃薯种植信念较高的农户，其种植愿望也较高。

3）意图分析

根据式（3.13）得出高西沟村玉米、马铃薯、红葱和杂粮 4 种作物的收益系数分别为 0.28、0.29、0.18 和 0.23。马铃薯的收益系数值最大，其次为玉米和杂粮，红葱的收益系数值最低，这表明，马铃薯和玉米在高西沟村占有十分重要的地位，农户一般不会考虑将这些作物转变为其他作物，而将红葱等收益系数小的作物转变为其他收益系数大作物的可能性较高。

由式（3.12）得到高西沟基于 CR-BDI 农户土地利用决策结果，结果如表 3.11 所示。

表 3.11　高西沟 CR-BDI 模型决策模拟结果

农户序号	面积/hm²				农户失误率合计/%
	玉米	马铃薯	红葱	杂粮	
1	0.14（0.01）	0.14（0.01）	0.18（−0.02）	0.11（0.01）	8.20
2	0.13（−0.01）	0.18（0.01）	0.19（−0.01）	0.10（0.00）	5.02
3	0.06（−0.01）	0.05（0.01）	0.00（0.00）	0.06（0.00）	13.16
4	0.22（−0.05）	0.13（0.06）	0.03（0.00）	0.12（−0.01）	16.76
5	0.30（0.01）	0.21（0.00）		0.02（−0.01）	5.24
6	0.03（0.00）	0.08（0.01）		0.02（−0.01）	18.37
7	0.03（−0.02）	0.22（0.02）		0.05（−0.02）	10.63
8	0.02（−0.01）	0.02（0.00）		0.03（0.01）	18.85
9	0.12（−0.01）	0.08（0.01）	0.00（0.00）	0.20（0.00）	4.60
村庄失误面积	1.38	1.36	1.01	1.19	10.87

注：括号内数字表示模拟值与实际面积的差值。

由表 3.11 可以看出，在村庄的面积误差方面，模拟结果与 2015 年实际情况相比，村庄整体面积误差合计为 10.87%，玉米和马铃薯的村庄失误面积累计较高，分别为 1.38hm² 和 1.36hm²；其次为杂粮，红葱的失误面积最少。与姜兴庄作物类型相比较，高西沟均匀种植户的失误率最低，模拟效果最好。但对于非均匀种植户，高西沟村杂粮的模拟准确率相对其他作物较高。

4）模型验证

对于高西沟，同样结合 2014 年和 2015 年的实际调研数据，利用 NetLogo 平台对 CR-BDI 模型和 BDI 模型的模拟结果进行对比研究。对比集中在各地类模拟数量和各地类空间位置两方面。前者包括两个层面，村庄整体层面与典型农户层面。BDI 模型决策模拟结果见表 3.12，两种模型失误分布对比见图 3.5。

结合表 3.12 和表 3.13 可看出：从村庄整体来看，BDI 模型的整体失误率为 17.46%，高于 CR-BDI 模型，各种作物的失误率也高于 CR-BDI 模型。从农户类型来看，与 CR-BDI 模型相比，采用 BDI 模型失误率普遍较高。同样说明从整体上来说，CR-BDI 模型能更好地表达农户的行为决策，也表明高西沟农户在土地利用呈现有限理性的特点，即决策趋向于"满意"。两种模型模拟的空间差异如图 3.5 所示。其中，CR-BDI 空间分布的正确率为 84.6%，BDI 模型的正确率为 74.2%。

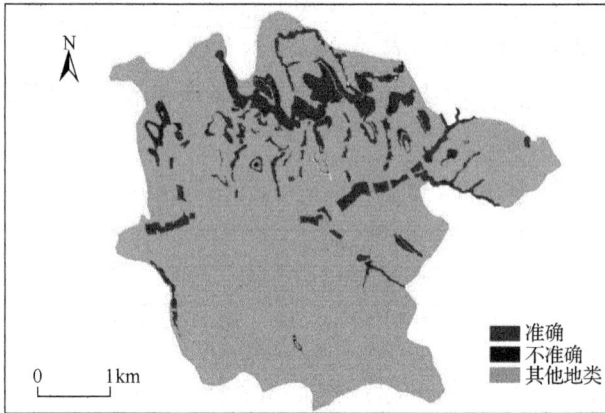

（a）CR-BDI模型

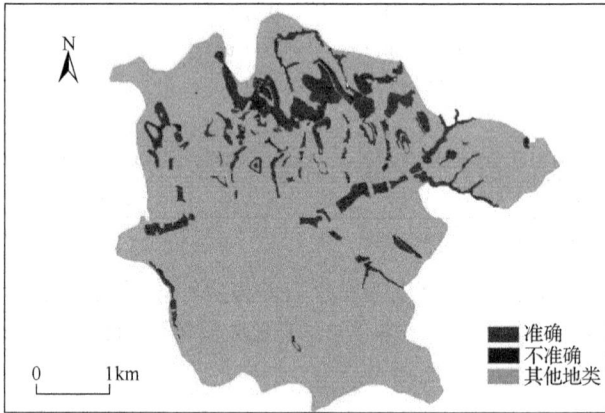

（b）BDI模型

图 3.5　高西沟 CR-BDI 与 BDI 模型失误分布图

从图 3.5 可以看出，两种模型的模拟失误都集中在村庄北部地区。不同于姜兴庄，高西沟两种模型模拟结果失误率较高的作物是玉米和马铃薯，红葱和杂粮次之。从整体失误情况看，高西沟农户在决策时普遍存在有限理性决策方式，并未一味追求效益最大化。

从主要的自然条件看（表 3.7，表 3.13），高西沟失误率较高的情况基本跟姜兴庄一致，也是发生在距道路距离较近，海拔略高（即自然条件类型为 23 和 33）及距离道路距离略远，海拔较低的（即自然条件类型为 22 和 32）北部地区，在村庄中部距道路较远，海拔较低（即自然条件类型为 31 和 41）区域总失误率最小。造成差异及模拟失误的原因主要有：①高西沟红葱种植面积较小，故失误率也相对较低；②高西沟养殖业发达，对玉米需求量大，农户为了满足需要，除了在坝地种植玉米外，还会在山地上与其他作物轮作种植，从而增加模拟难度；③从两种模型整体来看，高西沟的模拟正确率要高于姜兴庄，这与两村的种植模式有很大关系，使得高西沟对作物种植的自然条件的判断更为准确。

表 3.12　高西沟 BDI 模型决策模拟结果

| 序号 | 面积/hm² | | | | 农户失误率合计/% |
	玉米	马铃薯	红葱	杂粮	
1	0.16（0.03）	0.14（0.01）	0.16（-0.04）	0.10（0.00）	13.47
2	0.15（0.02）	0.17（0.00）	0.17（-0.03）	0.10（0.00）	9.37
3	0.06（0.00）	0.06（0.02）	0.00（0.00）	0.05（-0.02）	24.85
4	0.23（-0.04）	0.11（0.04）	0.03（0.00）	0.13（-0.01）	17.79
5	0.32（0.03）	0.18（-0.02）	0.00（0.00）	0.02（-0.01）	12.39
6	0.02（-0.01）	0.09（0.02）	0.00（0.00）	0.03（-0.01）	24.89
7	0.02（0.00）	0.20（-0.03）	0.00（0.00）	0.05（-0.02）	12.43
8	0.02（-0.01）	0.01（-0.01）	0.00（0.00）	0.03（0.02）	40.64
9	0.14（0.01）	0.07（0.01）	0.00（0.00）	0.19（-0.01）	8.90
累计	2.37	2.42	1.83	2.11	17.46

表 3.13　高西沟 CR-BDI 模型主要自然条件下失误表　　（单位：%）

| 自然条件 | CR-BDI 模型 | | | | | BDI 模型 | | | | |
	玉米	马铃薯	红葱	杂粮	合计	玉米	马铃薯	红葱	杂粮	合计
31 + 41	0.6	0.2	0.1	0.1	1	0.4	0.6	0.3	0.2	1.5
22 + 32	1.6	1.5	0.8	0.8	4.7	1.8	2.1	1.4	1.4	6.7
23 + 33	1.7	1.9	0.8	0.6	5	1.6	2.2	1.6	1.2	6.6
44 + 45	0.9	0.7	0.9	1	3.5	1.4	1.1	1.1	2.1	5.7
整体失误	4.8	4.3	2.6	2.5	—	5.2	6	4.4	4.9	—

3. 高渠乡

通过 NetLogo 平台对高渠乡两类共 20 个村庄进行模拟，模拟的用地规则和土地转化规则利用 CR-BDI 模型的相关设定进行（参考姜兴庄和高西沟）。对于有问卷调查数据的村庄按照调研结果计算得到，没有问卷调查数据的村庄，按照作物种植面积和种植比例、用地规则和土地转化规则进行模拟。需要指出的是，通过 CR-BDI 模型模拟姜兴庄 2015 年玉米、马铃薯、红葱，杂粮的面积分别为 9.39hm²、

9.6hm²、11.49hm²、6.4hm²，较 2014 年分别变化-4.57%、9.6%、-5.65%和12.28%。高西沟村 2015 年 4 种作物的模拟面积为 14.5hm²、12.1hm²、6.5hm² 和 14.5hm²，较 2014 年分别变化-2.68%、-1.63%、4.84%和2.11%。计算得到 2015 年高渠乡玉米、马铃薯、红葱、杂粮、其他作物以及其他地类的面积分别为 502hm²、710hm²、952hm²、682hm²、82hm² 和 4655hm²。利用 NetLogo 平台最终得到 2015 年高渠乡模拟图以及与 2015 年勘误图，如图 3.6 所示。

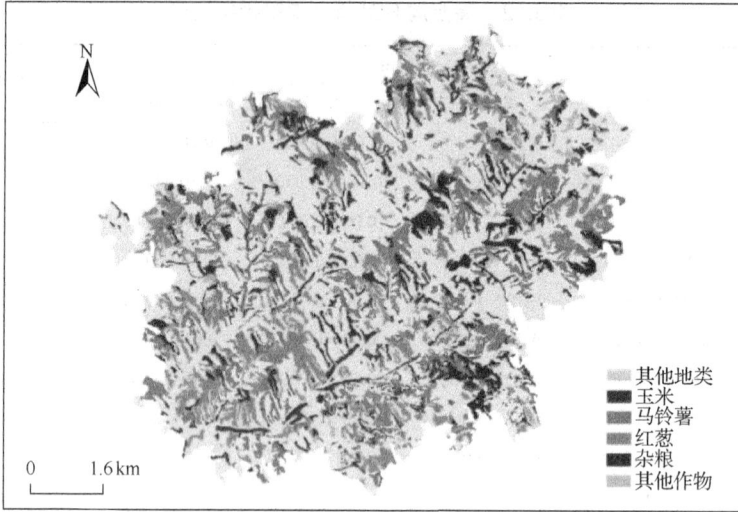

（a）模拟图

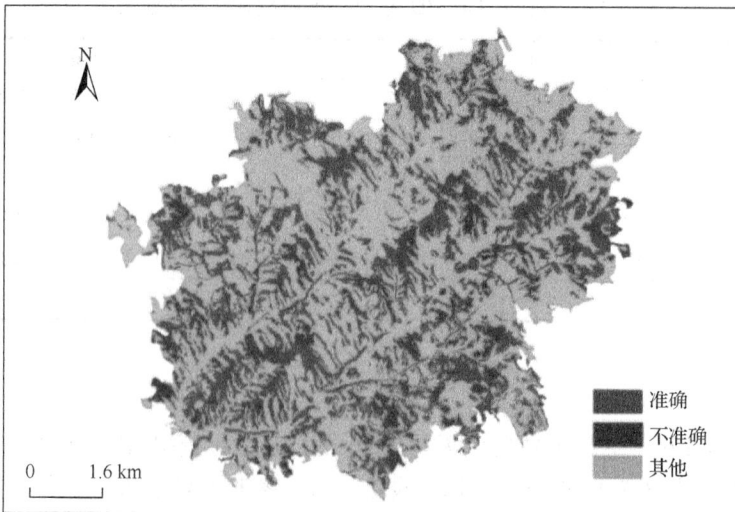

（b）勘误图

图 3.6　高渠乡 2015 年模拟图及勘误图

从图 3.6 分析，以红葱种植为主导的村庄，如刘渠村、高渠村、马蹄洼村等的有限理性模拟结果中红葱的面积比例保持较高，非红葱主导种植村庄的种植结构继续保持比例均衡。通过 NetLogo 平台对 CR-BDI 模型模拟的总正确率为70.9%，其中，模拟的失误主要集中在红葱主导的村落，失误数量占到总失误的64.4%。各作物在不同自然条件下的失误率如表 3.14 所示。

表 3.14　高渠乡主要自然条件下失误率　　　（单位：%）

自然条件	玉米	马铃薯	红葱	杂粮	合计
31 + 41	0.3	0.5	0.3	0.2	1.3
22 + 32	1.5	2.4	2.8	1.1	7.8
23 + 33	1.8	2.8	1.9	1.3	7.8
44 + 45	1.2	1.4	1.1	2.2	5.9
整体失误率	4.8	7.1	6.1	4.8	—

从表 3.14 可以看出，高渠乡整体体现出在距道路距离较近、海拔略高（即自然条件类型为 23 和 33）及距离道路距离略远、海拔较低的（即自然条件类型为22 和 32）区域失误较高，在距道路较远、海拔较低（即自然条件类型为 31 和 41）区域总失误率最小。同时，马铃薯和红葱的失误比例高于玉米和杂粮。

3.1.3　小结

（1）本节构建了 NetLogo 模拟平台，并以 BDI 模型为基础，添加了能力与资源修正指数的有限理性 CR-BDI 模型。以姜兴庄和高西沟为代表，探索了以种植红葱为主的村庄与非红葱主导的两类村庄及高渠乡整体的基于 NetLogo 平台的农户土地利用行为。

（2）不同村庄作物种植的自然条件基本一致，一般玉米适宜种植在海拔较低的位置；马铃薯适宜种植在距道路较近、海拔略高的位置；红葱的适宜种植范围与马铃薯相似，但更倾向于种植在海拔偏低的地区；杂粮适宜种植在距离道路较远、海拔较高的位置。

（3）姜兴庄农户下年种植红葱的愿望最高，其次为玉米和马铃薯，杂粮的种植愿望最低；高西沟村庄农户的种植愿望表现为种植马铃薯、玉米和杂粮的愿望较高，红葱的愿望较低。

（4）从农户最终决策意图来看，通过添加了有限理性因子即能力与资源系数的结果更符合 2015 年实际土地利用情况。从数量与空间模拟角度整体来看，两类村庄都表现为 CR-BDI 模拟结果优于 BDI 模型。

（5）从整个高渠乡的模拟结果来看，通过 NetLogo 平台对 CR-BDI 模型的模拟结果不如单个村庄的模拟准确率高，模拟的失误主要集中在大葱主导的村落，失误数量占到总失误的 64.4%；失误的作物主要集中在马铃薯和红葱。

3.2　CBDI 模型的构建和实现

3.2.1　CBDI 的概念建模

MAS 即为多个相互作用的 Agent 组成的系统,这些 Agent 之间可以相互作用,也可以与环境相互作用。构建基于 MAS 的 Agent 决策模型,主要考虑以下几个问题(陈海等,2009):

(1) Agent 的决策机理与结构。主要解决单个独立的 Agent 是如何进行决策以及决策内容和过程。本节在模拟 Agent 决策时,采用的基于传统 BDI 决策模型优化的决策模型,主要是考虑到 BDI 决策结构能够清晰有序地反映 Agent 的决策过程和组成,并且易于模型构建与实现;

(2) Agent 相互作用的种类和方式。Agent 的任何一个行为,不仅与自身状况有关而且与所处环境 Agent、系统内的其他 Agent 有密切的关系,因此明确分析 Agent 所具备的属性特征和与其他 Agent 相互作用方式对分析单个 Agent 的决策结果和宏观上多个 Agent 的"涌现"尤为重要;

(3) Agent 相互联系作用的规则。MAS 模型的核心之一是分析 Agent 之间的相互交互,如何定性且定量地分析多个 Agent 之间的相互交互规则是 MAS 模型构建成功的关键所在。

1. Agent 决策的结构及其表示

本书农户个体 Agent 的决策采用基于农户类型相互作用的 CBDI(category-BDI)模型。相比传统的 BDI 决策结构,CBDI 结构中明确地给出来自其他 Agents 的影响,即农户在耕地决策过程中会受到其他同类和不同类农户的影响。CBDI 的结构框架如图 3.7 所示。

Agent 通过对环境的认识产生一定的信念(Beliefs),进而产生愿望(Desires),然后 Agent 会将自己的 Beliefs 和 Desires 综合表达为意图(Intentions),最终制订相应的行为计划(Plans),通过计划的实施来影响环境,依次形成一个决策循环不断修正完善 Agent 决策。

对于目标 Agent,Beliefs 是其对周围环境的认识,受主体自身条件的限制,如学历、年龄、身份等;因为主体之间是存在交流的,所以在产生 Desires 时会受到其他农户主体(包括同类和不同类)的影响,其他 Agents 对目标 Agent 一般是通过农户之间的模仿行为、心理对比来产生作用,直接作用于目标 Agent 的决策愿望(Desires)进而影响目标 Agent 最终的决策意图;在 Beliefs 和 Desires 基础之上,

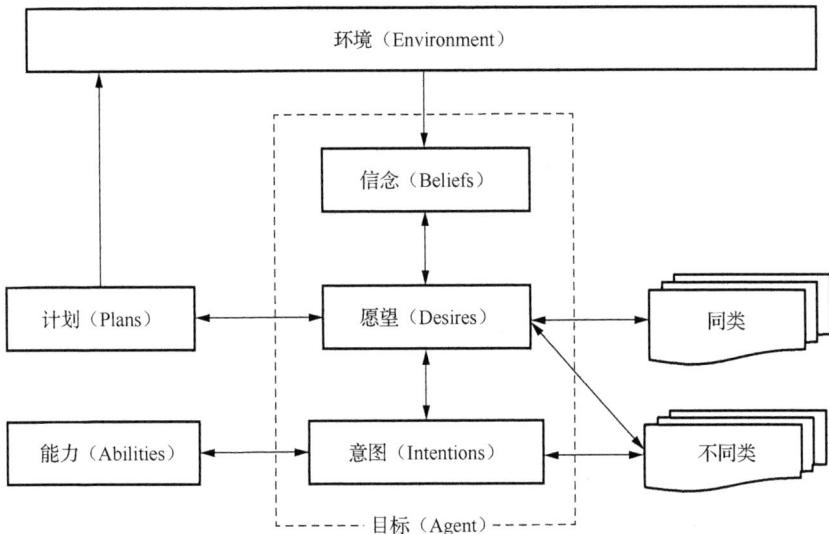

图 3.7　CBDI 结构框架图

目标 Agent 会综合考虑各因素产生相应的最终耕作意图。由于本书中分析目标农户与其他不同类农户之间存在租种耕地的行为，其他不同类农户的决策结果也会影响目标农户的最终意图大小。著者的研究工作主要集中在同类 Agent 与目标 Agent 之间的直接影响，在之后的模型量化方面也只涉及同类 Agent 影响的量化。不同类 Agent 的间接影响及其量化是今后研究工作的重点之一。

2.　Agent 相互作用的种类和方式

结合本节研究尺度、农户调查情况、各 Agent 土地利用方式的特点，依据 Bockstael 和 Evans 的研究（马巧云等，2005；Evans et al.，2004），按照种地面积大小以及农户年龄，将研究区农户 Agent 划分为：A 类农户、B 类农户、C 类农户。其中，A 类农户指务工型农户，常年在外打工不回来种地；B 类农户指耕种型农户，种地量较大；C 类农户指选择型农户，少量种地或者不种地。

MAS 是由多个相互关联的 Agents 组成的一个复杂系统，任何个体 Agent 的一个行为，除了与自身特征相关以外，与其他相关的 Agents 也有密切的关系。本书主要研究 Agent 与 Agent 之间、Agent 与环境之间的关系，各 Agent 相互作用如图 3.8 所示。

所有类型的农户都会受到外界环境、政府、市场以及同类其他农户的影响。除此之外，各类农户间也有相互作用：A 类农户会通过土地被租种间接地影响 B 类和 C 类农户的种地总量，但不会直接地影响到 B 类和 C 类农户的耕地撂荒；B 类农户可能会通过租种 A 类和 C 类农户的土地而直接影响他们的耕地撂荒情况；C 类

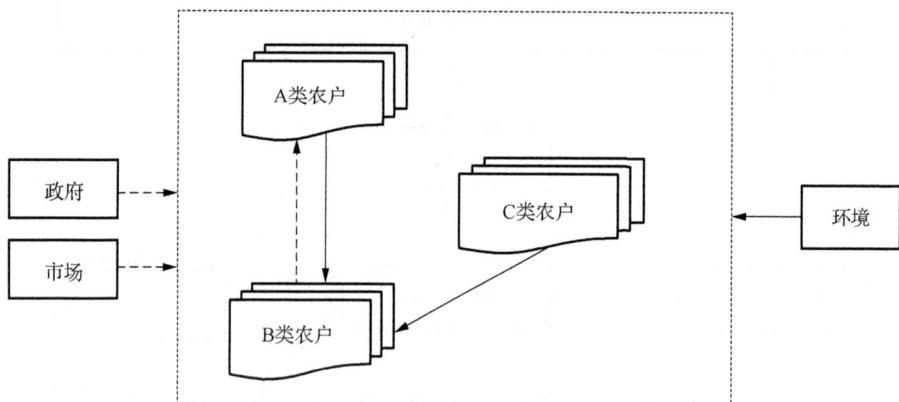

图3.8　研究区各 Agent 相互作用图

农户可能会通过租种 A 类农户的土地影响他们的耕地撂荒。考虑到 C 类农户的劳动能力的问题，认为 C 类租种土地的可能性比较低，故 C 类农户对 A 类农户的耕地撂荒影响是间接的。

　　考虑到 A 类农户常年不在家，C 类农户种地很少，B 类农户是村子主要种地者，因此研究区耕地的撂荒与否很大程度取决于 B 类农户的耕地行为。本节微观 MAS 模型重点在于模拟分析 B 类农户的选择性耕地行为对研究区耕地撂荒的影响。

3.2.2　基于 CBDI 的 B 类农户土地利用决策模型

1. Beliefs 模型

　　借鉴 Wooldridge 等（1995）对信念的定义，认为 Agent 的 Beliefs 是主体对于环境的认知和评价，因此，Beliefs 模型构建为

$$B_t = \{P_t\} \qquad (3.14)$$

式中，B_t 为农户在 t 时刻的信念；P_t 为农户在 t 时刻对环境的认知，其公式为

$$P_t = \{\alpha\} \qquad (3.15)$$

式中，α 为农户对环境的认知系数，即农户对地块地理环境的认知状况。

　　影响 α 的因素主要有高程、距道路距离、坡向和坡度等。因此，可将研究区农户环境认知系数 α 表示为

$$\alpha = \sum_{i=1}^{n} w_i \cdot F_i \qquad (3.16)$$

式中，F_i 为第 i 个影响因子；w_i 为第 i 个影响因子的影响权重。

　　由于研究区的道路条件较好，道路通达性好，地块高程和距道路的距离对农

户的影响相对较小；山体的坡度影响着梯田面积的大小以及耕作的难易程度；坡向影响着耕地水分持有。综上，影响 α 的主要因素是坡向和坡度。为研究简便，将 α 表示为

$$\alpha = 0.5a + 0.5s \qquad (3.17)$$

式中，a 代表坡向影响种植的可能性；s 代表坡度影响种植的可能性。

由于研究区耕地都是旱地，无灌溉条件，结合实际调研，农户种植最先考虑的是水分因素，农户在阴面坡地比阳面坡地种植面积大很多，即阳面坡地闲置可能性远远大于阴面。结合对研究区的阳坡与阴坡撂荒土地面积的实际调研，暂将阴面与半阴面对种植的影响定为 0.8，阳面和半阳面定为 0.2。公式为

$$a = \begin{cases} 0.8（阴面、半阴面） \\ 0.2（阳面、半阳面） \\ 1（平面） \end{cases} \qquad (3.18)$$

坡度影响土壤的水、肥、气、热等肥力因素，坡度越大，地块闲置的可能性越大。根据研究区实际情况、农户经验以及《中华人民共和国水土保持法》相关规定，现将研究区耕地坡度（slope）分为 6 级，并给定不同坡度类型影响种植的可能性。

$$s = \begin{cases} 1（0° \leqslant 坡度 \leqslant 5°） \\ 0.8（5° < 坡度 \leqslant 8°） \\ 0.6（8° < 坡度 \leqslant 12°） \\ 0.4（12° < 坡度 \leqslant 15°） \\ 0.2（15° < 坡度 \leqslant 25°） \\ 0（坡度 > 25°） \end{cases} \qquad (3.19)$$

2. Desires 模型

Desires 是由 Beliefs 产生的，它是对 Beliefs 的表达，Desires 模型可构建如下：

$$D_t = \{B_t, C_t\} \qquad (3.20)$$

式中，D_t 是 t 时刻目标 Agent 在 B_t 的基础之上产生的愿望，即 Agent 希望在 t 时刻达到的状态；C_t 是 t 时刻同类 Agent 对目标 Agent 的影响，C_t 的公式为

$$C_t = \beta \qquad (3.21)$$

式中，β 为 t 时刻其他农户对目标农户决策的影响系数。同类农户对目标 Agent 的 Desires 影响是通过模仿行为和心理对比发生作用。同类农户间的相互影响比较复杂，可能有种植总量、地块距离、种植技术等多个因素。对于此处主要是分析

研究区同类农户种植意愿大小,而地块距离或种植技术等因素更侧重影响农户种植种类的不同(冯鹏飞等,2013)。本书使用同类型农户最终种地面积的比值来表示种植意愿的强弱,其计算公式为

$$\beta_1 = 1 - \text{Area}_{jkt} / \max\{\text{Area}_{jkt, j=1,2,\cdots}\} \qquad (3.22)$$

式中,Area_{jkt}表示第k类农户j在t时间的耕地面积。

对于研究区不同类农户,其对目标农户的影响有两种方式:

(1)模仿行为和心理对比。由于C类农户年龄和耕地能力的限制,其家庭收入一般较低,C类农户对B类农户的Desires影响较小,忽略不计,主要考虑A类农户对B类农户的作用。A类农户主要是外出务工,因此用A类农户的家庭收入和B类农户的家庭收入进行比较较合理,其计算公式为

$$\beta_2 = 1 - \text{Income}_{jkt} / \max\{\text{Income}_{jkt, j=1,2,\cdots}\} \qquad (3.23)$$

式中,Income_{jkt}表示第k类农户j在t时间的家庭收入。

(2)其他类农户不同的决策意图对B类农户最终决策的影响与A类和C类农户弃耕量有直接关系,即如果其他类农户种地决策小,B类农户在耕地决策时可耕种的土地面积相对就大;如果其他类农户种地决策大,B类农户在耕地决策时可耕种的土地面积相对就小,此时可以用B类农户是否存在租种行为来表示。β_3的计算公式为

$$\beta_3 = \text{Area}_{jkt0} / \text{Area}_{jkt} \qquad (3.24)$$

式中,Area_{jkt0}表示农户j在t时期租种的耕地面积。

综上,可将Desires模型量化公式简化为

$$D_t = (\beta_1 + \beta_2 + \beta_3) \times B_t \qquad (3.25)$$

3. Intentions模型

农户个体的决策意图(Intentions)可构建为

$$I_t = \{B_t, D_t, A_t\} \qquad (3.26)$$

式中,I_t表示在t时刻农户个体的决策意图;A_t表示在t时刻农户对自身耕地能力的认识,A_t的表达示为

$$A_t = \text{Input}_{jkt} / \text{Income}_{jkt} \qquad (3.27)$$

式中,Input_{jkt}为第k类农户j在t时期的农业投入。

由于不同类农户中A类农户常年外出务工,考虑到数据可获取性,此构建目标农户主体的最终决策不考虑不同类之间的模仿影响,即忽略β_2。综上,可将农户个体最终决策意图的模型构建为

$$I_{jkt} = (\beta_1 + \beta_2) \times \alpha \times (\text{Input}_{jkt} / \text{Income}_{jkt}) \qquad (3.28)$$

式中，I_{jkt} 表示第 k 类农户 j 在 t 时间的种地意图，其值越大说明农户种植意图越强，耕地撂荒的可能性就越小，反之则耕地撂荒的可能性就大。

3.2.3　实例分析

1. 验证样区的选择

本书中的 MAS 模型验证样区选择米脂县李站乡冯阳圪村（图 3.9）。

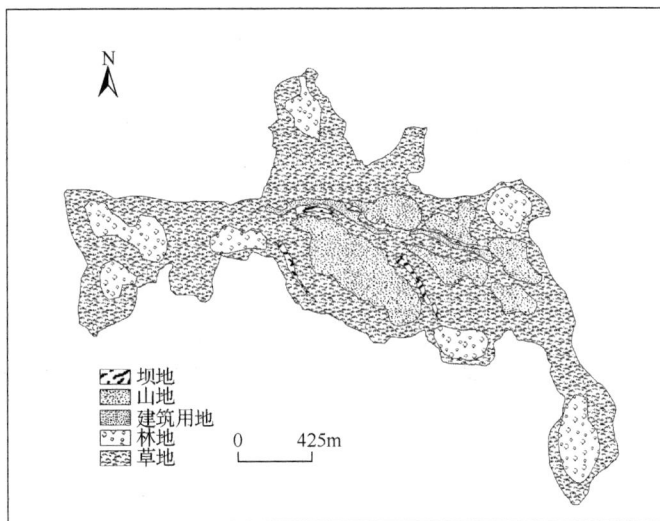

图 3.9　冯阳圪村用地类型分布图

2014 年对该村农户实地调查，并利用影像数据、GPS 测量获得该村耕地分布图，为之后的空间相关性分析做数据基础。2015 年重新回访，通过访谈问卷形式，了解耕地利用情况，为模型验证做数据准备。经统计，农户问卷总共 33 份（2014年和 2015 年），有效问卷 32 份，问卷内容主要是关于农户农业投入、产出以及家庭经济情况等。

根据农户访谈和问卷数据，结合 Agent 分类规则，将研究农户进行如下分类：A 类农户年龄一般在 50 岁以下；B 类农户包括两种类型，B1 类为兼职种地，年龄基本都在 50～60 岁，B2 类为专职种地，年龄基本在 60～70 岁；C 类农户年龄一般在 70 岁以上。

2. 农户间相互作用影响系数

1）同类农户相互作用影响系数

根据式（3.22），并结合问卷中家庭耕地数据，选取 13 个典型 B 类农户，计算可得同类农户影响系数见表 3.15。

表 3.15　同类农户相互影响系数

项目	农户序号						
	1	2	3	4	5	6	7
耕地面积/亩*	7	3.5	20	55	9	12	9
影响系数β_1	0.8727	0.9364	0.6364	—	0.8364	0.7818	0.8364

项目	农户序号					
	8	9	10	11	12	13
耕地面积/亩	4	32	13	24	30	37
影响系数β_2	0.9273	0.4182	0.7636	0.5636	0.4545	0.3273

*1 亩 ≈ 666.67m².

农户 4 的耕地面积最多是 55 亩,根据式（3.22）,B 类农户主要受农户 4 的影响。其他农户的影响系数与目标农户耕地面积成反比,即目标农户耕地面积越大,农户 4 对其影响越小。同类农户间的行为模仿越小,农户耕地意愿越小,耕地撂荒可能性越强。其中,农户 2 受到的影响最大,β_1=0.9364;农户 13 受到的影响最小,β_2=0.3273。

2）不同类农户相互影响系数

根据式（3.24）,并结合问卷中家庭耕地数据,对有租种行为的 B 类农户计算可得不同类农户影响系数,见表 3.16。

表 3.16　不同类农户相互影响系数

项目	农户序号			
	4	11	12	13
租种面积/亩	30	3	8	10
影响系数β_3	0.545	0.125	0.267	0.270

注：表中未列出的农户没有租种。

3. 基于 CBDI 的农户耕地能力

根据式（3.27）,结合问卷中农业投入和家庭收入数据,计算可得农户耕地能力系数,见表 3.17。

表 3.17　农户耕地能力系数

项目	农户序号						
	1	2	3	4	5	6	7
年龄/岁	63	58	70	55	58	63	70
耕地能力系数	0.3214	0.0800	0.1333	0.1556	0.0714	0.2222	0.1889

项目	农户序号					
	8	9	10	11	12	13
年龄/岁	61	58	66	60	65	55
耕地能力系数	0.2667	0.1111	0.1667	0.1111	0.2381	0.2500

由上述农户分类规则可知，农户 2、4、5、9、11 属于 B1 类农户（兼职种地），其他农户属于 B2 类农户（专职种地）。通过表 3.17 可以发现，B1 类农户的耕地能力系数普遍偏低，主要是因为 B1 类农户的主要精力在打工上，在耕地方面的精力分配比较少，在耕地方面的投资相对较少。将 B2 类农户的耕地能力系数与其年龄进行回归分析，得 $R^2 = 0.6715$，表明 B2 类农户的耕地能力系数与其年龄成反比，符合实际情况。

4. CBDI 决策模型的实现

利用美国西北大学开发的 NetLogo 平台，采用基于 Java 搭建的 Logo 语言进行二次开发，构建基于 CBDI 决策结构的 MAS 模型。主要工作流程如下：①利用 ArcGIS 处理坡度、坡向、权属等数据，转为 ASCII 格式做数据输入准备；②调研 NetLogo 平台的 GIS Extension 模块，开发一个 CBDI 决策结构；③结合真实历史数据统计验证模型精度。具体处理过程及结果如下。

1）环境认知系数的计算

利用 ArcGIS 10.2 软件对研究区 5m×5m 的 DEM 数据进行地形表面分析，提取坡度 Slope 和坡面 Aspect。对 Slope 进行重分类，分为 6 类，依次为[0°，5°）、[5°，8°）、[8°，12°）、[12°，15°）、[15°，25°）、25° 以上，分别占山地面积比例为 15.56%、21.87%、27.52%、14.23%、19.18%、1.63%；对 Aspect 进行重分类，分为 3 类，依次是平面、阴坡、阳坡，分别占山地面积为 12.31%、43.53%、44.16%。将处理之后的 Slope 和 Aspect 数据转化为 ASCII 格式，为 NetLogo 软件做数据输入准备。根据式（3.14）～式（3.19），结合 NetLogo 编程可得环境系数如图 3.10。

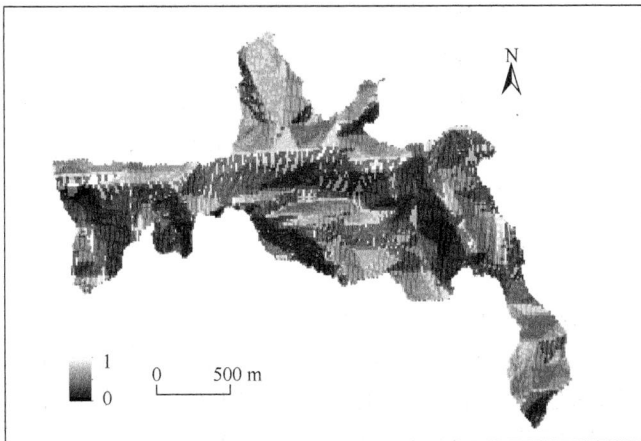

图 3.10　研究区环境认知系数图

图 3.10 中，颜色越亮表明农户 Agent 对该区域的自然环境认知度越高，最亮为白色区域，α 值为 1，表明农户 Agent 对该区域的地理环境认知度比较高；最暗为黑色区域，α 值为 0，表明农户 Agent 对该区域的地理环境认知度比较低。通过图 3.10 可以发现，农户对环境认知度较低的区域主要分布在村落的西部和中部。根据调查，西部主要是坡度较大的山，没有耕地；中部主要是居民点，耕地也很少。

2）农户 Agent 摞荒可能性计算

通过相应的编程将计算的农户 Agent 耕地能力系数赋值给 NetLogo 中的模拟农户 Agent，结合式（3.22）、式（3.24）、式（3.27），在 NetLogo 中利用权属一致性，即每个农户仅耕作自己的土地，建立模型中农户与地块相互作用交互关系，计算结果如图 3.11。

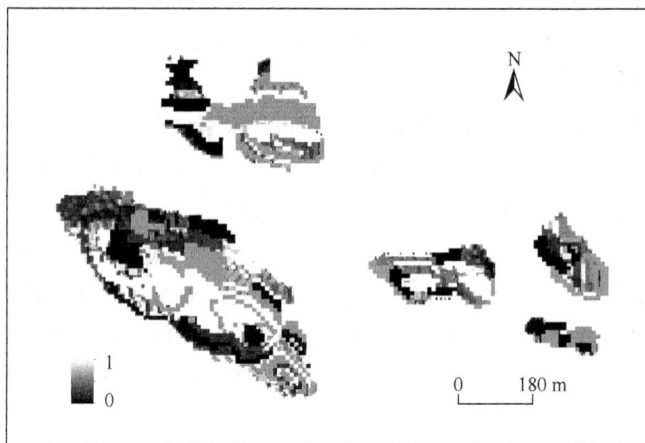

图 3.11　2013 年耕地摞荒可能性分布

图 3.11 中，颜色由黑色到白色渐变，颜色越亮，表明耕地利用潜力越大，摞荒的可能性就越小，反之则大。可以看出，摞荒可能性较大的区域主要分布在山的阳面。通过在 NetLogo 软件中添加数据监视器和统计函数，计算得到山阳面的摞荒可能性概率均值为 0.0496，远大于阴面摞荒可能性 0.0183。

5. 模型验证与分析

1）与实际情况对比验证

通过图 3.11 计算结果统计，所有山地摞荒转化可能性均值为 0.0349。现规定，当农户 Agent 耕地意愿大于 0.0349 时，即 $I > 0.0349$，就会发生摞荒行为。利用编程将模型模拟结果与实际情况叠加，结果如图 3.12。

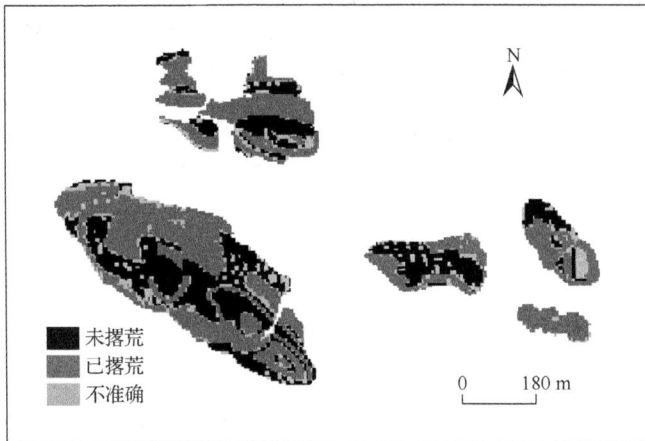

图 3.12　2013 年耕地实际情况与 CBDI 模型结果对比

图 3.12 中，黑色表示模型结果和实际情况一样均未撂荒的区域；深灰色区域表示模型结果和实际情况一样都发生撂荒的区域；浅灰色表示模型结果和实际情况不相符的区域。经统计可知：已撂荒地块占 32.54%，主要分布在山的阳面和坡度较高区域；未撂荒地块占 54.65%，主要分布在山阴面、山顶和坡度较小区域，分布在山顶主要是因为山顶的坡度很小且有面积大的梯田，比较适合耕种；不准确地块占 12.81%，主要分布在地块较小的区域，主要是因为地块较小，地形变化相对比较复杂，考虑到地形数据精度等问题，对于该类型区域模拟拟合不是很好。综上，模型准确度计算为 87.19%。

2）与 BDI 模型对比验证

应用以上模型原理，不考虑同类农户相互作用 β 系数的影响，即基于 BDI 决策结构的 MAS 模型运行结果如图 3.13 所示。

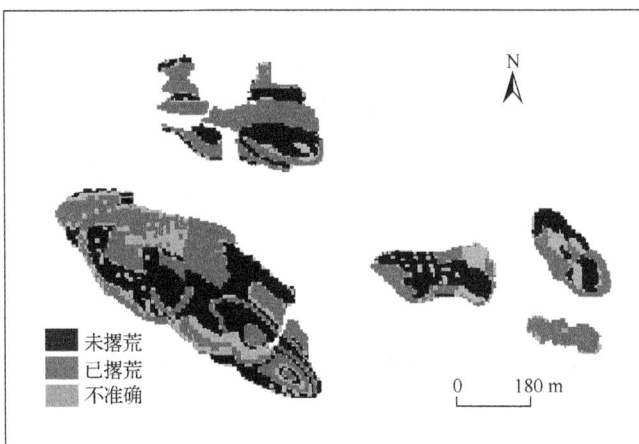

图 3.13　2013 年耕地实际情况与 BDI 模型结果对比

图 3.13 中图块所代表意义与图 3.12 一致。经统计，基于 BDI 决策结构的
MAS 模型与基于 CBDI 决策结构的 MAS 模型精度如表 3.18 所示。

表 3.18　MAS 模型精度对比　　　　　　　　（单位：%）

模型	11	10	01	00	模型准确率
CBDI 模型	32.54	8.69	4.12	54.65	87.19
BDI 模型	27.54	8.37	9.12	54.97	82.51

注：11 表示模拟是撂荒，实际也是撂荒；10 表示模拟是撂荒，实际是未撂荒；01 表示模拟是未撂荒，实际
是撂荒；00 表示模拟是未撂荒，实际也是未撂荒。

由表 3.18 可以看到，BDI 决策结构与 CBDI 决策结构在模拟未撂荒地块精度
差别不大。通过图 3.12 和图 3.13 可以清楚地看到，两者模拟的未撂荒地块在空间
位置上基本一致，未撂荒地块大多分布在山地的阴面、山地面积较大且坡度很小
的台地上，与实际调研结果相符。整体上，因为 CBDI 模型中充分考虑了同类农
户对目标农户种地行为的影响，理论上 CBDI 模拟结果中撂荒地块应该大于 BDI
模拟结果。表 3.18 统计结果中 BDI 模型模拟误差较大的是对 01 地块的模拟，而
CBDI 模型模拟的误差相对较小，也表明了 CBDI 的整体撂荒地块大于 BDI 的结
果。为具体表明两种模型在模拟结果上的差异，选择差异较大且耕地面积较大的
农户 9 和农户 12 进行对比，结果如表 3.19。

表 3.19　典型农户模型模拟对比（栅格数）

模型	农户 9		农户 12	
	模拟撂荒	实际撂荒	模拟撂荒	实际撂荒
CBDI 模型	307	372	135	231
BDI 模型	280	372	116	231

农户 9 2013 年实际耕地撂荒的栅格块数为 372 块，CBDI 模型模拟其撂荒了
307 块，BDI 模型模拟其撂荒了 280 块，显然 CBDI 模拟撂荒地块的数量上更接
近实际情况；农户 12 2013 年实际耕地撂荒的栅格块数为 231 块，CBDI 模型模拟
其撂荒了 135 块，BDI 模型模拟其撂荒了 116 块，同样 CBDI 模拟的撂荒地块的
数量上更接近实际情况。

综上，基于 CBDI 的 MAS 模型对传统的 BDI 决策模型进行了一定的优化，
模拟精度有一定的提高，表明此模型能够较好地反映微观耕地撂荒利用决策过程，
为下一步的模型预测提供理论基础。

3.3　HBRDM 农户个体有限理性决策模型的构建及模拟

目前，利用 ODD（overview，design concept and detail）框架进行 ABM 模型的构建已经得到国内外学者的认可（Grimm et al.，2010）。采用 ODD 框架构建 ABM 模型，利于不同研究的对比，方便学者的阅读和理解，易于看清文章的逻辑和框架（余强毅等，2013；Grimm et al.，2010）。因此，本节采用 ODD 框架来构建农户土地利用决策框架，并在该框架下综合多种影响因素，构建可反映农户有限理性决策模型（household bounded rationality decision-making model，HBRDM）模型；基于 NetLogo 平台，模拟农户有限理性土地利用行为决策，旨在通过 ODD 框架，增强研究的可比性，进一步揭示生态脆弱区土地变化的微观驱动机理。

3.3.1　相关概念与理论

1. ODD 建模程序框架

为了使 ABM 模型建模具有标准化范式，Grimm 等（2006）起初提出 ODD 标准化建模框架。ODD 框架不仅能对 Agent 模型实现较为真实的描述，且能够按顺序合理组织信息，是一种易于快速掌握的基于 Agent 模型的建模框架，已在生态学和社会科学领域得到大多数学者的认可。为了进一步规范 Agent 建模标准，Grimm 等（2010）对最初的 ODD 框架进行了更深层次的改进，为 Agent 建模研究提供了一种清晰的思考方式和描述方法。

ODD 框架包括"概述（overview）、设计概念（design concept）和细节（detail）"三大方面，描述 Agent 模型的 ODD 程序框架如表 3.20 所示（Grimm et al.，2006）。其中，概述主要是从：①目的；②模型的实体、状态变量和尺度；③过程概述和运行步长，三个基本元素层面来说明模型是什么以及模型设计的基本情况；设计概念主要基于④概念设计模块，从模型的基本原理、涌现过程、学习、预测、感知环境、随机特性、观测等角度对概念模型进行描述；细节主要从⑤初始化；⑥数据输入；⑦子模块（主要包括 Agent 生成、Agent 简化与分类和 Agent 决策分析等方面）三个基本要素层面对模型的参数等细节问题进行描述。

表 3.20　描述 Agent 模型的 ODD 程序框架

ODD 框架	ODD 程序框架基本要素
概述（overview）	目的（purpose）
	实体、状态变量、尺度（entities, state variables, scales）
	过程概述和运行步长（process overview and scheduling）
概念设计（design concept）	概念设计（design concepts）
	基本规则（basic principles）
	涌现（emergence）
	适应（adaptation）
	目标（objectives）
	学习（learning）
	预测（prediction）
	感知（sensing）
	相互作用（interaction）
	随机性（stochasticity）
	总体（collectives）
	观测（observation）
细节（detail）	初始化（initialization）
	输入（input）
	子模块（submodels）

2. NetLogo 平台简介

NetLogo 是一个用来对自然和社会现象进行仿真的可编程建模环境，尤其对随时间演化的复杂系统进行建模具有较强优势（余强毅等，2011）。其中，NetLogo 基于底层 Java 的 Logo 语言进行编程，相较而言，Logo 语言编程易上手，且 NetLogo 有 GIS 的 Extension 模块，能够和 ArcGIS 平台进行无缝对接。因此，本书基于 NetLogo 5.3.1 平台对农户个体及其群体的土地利用行为进行模拟，并通过 NetLogo、ArcGIS 平台对农户土地利用行为结果进行空间可视化表达。

NetLogo 5.3.1 平台界面如图 3.14 所示，主要包含说明模块、界面模块和程序模块三大部分。其中，界面模块主要设计模型的运行界面，可添加按钮等方式增加参数；说明模块主要是对该模型进行相应的说明，便于模型共享应用；程序模块则主要是对模型进行编码的可操作性空间环境，是 NetLogo 平台的重要组成部分。NetLogo 主要包含 4 种 Agent 类型，即：① Mobile agents—Turtles（海龟），是 NetLogo 中可以移动的主体，可以对其进行属性设定，进一步通过制定相应的行为规则使得主体进行行为模拟；② Patches（瓦片），通过平面格网构建虚拟世界，在界面模块中进行“世界”查看；其次，Patches 不仅可以和 Turtles 进行 T-P 交互，还可以和 Patches 之间进行 P-P 交互，从而进一步表达微观主体行为的宏观

"涌现"；③ Links（链），是连接两个或多个 Turtles 主体的有效方式；④ Observer（观察员），能够以"上帝视角"来观察整个模型的运行情况，观察员也可以通过指令中心控制模型中的全局变量等。

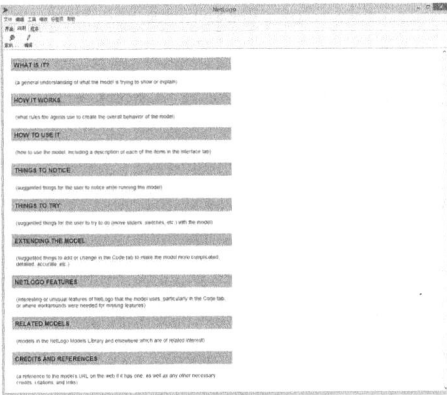
（a）说明模块

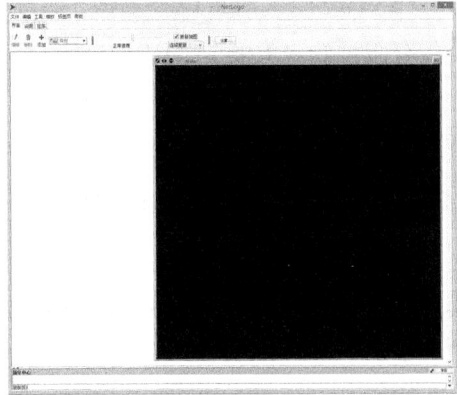
（b）界面模块

（c）程序模块

图 3.14　NetLogo 平台界面

通过 NetLogo 平台进行主体行为模拟，主要包括 Agent、行为空间和行为规则三个主要部分。其中，Agent 是模拟土地行为决策的主体，在本书研究中，即农户个体和农户群体；行为空间是主体行为活动的环境，即模型结果可视化的空间；行为规则作为模型模拟的关键环节，是对主体行为模拟的相应程序过程的说明。本书基于 Logo 语言在 NetLogo 平台上进行二次开发，构建农户有限理性决策模型（HBRDM 模型），主要过程包括以下几方面。

（1）基础数据的处理。通过 ArcGIS 10.2 对研究区的高程、耕地地块距道路的距离、模拟期初期末实际土地利用图以及农户耕地地块权属等数据进行数据格式转化，即统一转换为 ASCII 格式，为 NetLogo 基础数据加载作准备。

（2）GIS Extension 模块调用。通过 NetLogo 的 GIS Extension 模块，构建农户个体有限理性决策模型（HBRDM 模型）。

（3）模型的检验及验证。通过实际调研数据对 HBRDM 模型进行精度验证与误差分析。

3.3.2　基于 ODD 的农户有限理性决策模型的构建

基于 Grimm 等（2010，2006）对 Agent 建模要求的规范，结合 ODD 框架建模的优势，本小节根据 ODD 建模标准从模型概述、概念框架和细节设计三大方面 7 个基本元素层面对 HBRDM 模型的构建进行描述。

1. HBRDM 模型概述

1）目的

HBRDM 模型的目的是利用 BDI 行为理论，综合考虑多种因素及农户间相互作用对农户 Desires 和 Intention 的约束，基于 NetLogo 平台来模拟农户有限理性种植行为决策，揭示生态脆弱区土地变化的微观驱动机理。

2）模型的实体、变量和尺度

该模型中实体是农户 Agent，其包含农户分类、耕地面积、地块权属及有限理性系数等属性信息；状态变量是农户种植行为以及影响因素；模拟尺度是村域耕地地块尺度。格网大小根据研究区边界的大小进行设置。

3）模型过程概述及运行步长

HBRDM 模型的模拟过程主要基于基础地理数据，通过设置农户种植行为规则，进行农户与地块之间的交互，得到最终耕地空间种植格局变化结果图。Agent 模拟时间步长及状态变量更新时间为 1 年。

2. 模型的概念框架

借鉴传统 BDI 决策理论框架，HBRDM 模型通过探讨影响因素来调整农户的愿望和意图；虽然前期在该方面有所研究，但综合考虑多种因素对农户愿望和意图影响的研究还比较欠缺。例如，王艳妮等（2016）仅考虑农户种植能力与资源系数对传统 BDI 框架的有限修正，却未考虑农户间相互作用的影响；宋世雄等（2016）虽侧重探讨同类农户间的相互作用对农户耕地撂荒行为的影响，但没有顾及其他因素对主体愿望的影响。因此，结合上述建模中的优势和不足，HBRDM

模型除综合考虑农户种植能力与资源 CR 指数和农户间相互作用的影响外，还进一步探讨同类和不同类农户间的相互作用。

图 3.15 为 HBRDM 模型的结构框架图。由图 3.15 可知，在政策和市场的影响下，农户 Agent 对自然条件和作物重要性具有一定的认知，从而产生作物种植信念；在信念基础上形成种植愿望时，受自身种植能力与资源的影响，在有限理性系数下修正其种植愿望；在形成种植意图时，不仅受到作物收益的影响，农户间还存在交流，即通过农户间相互作用进一步修正农户意图，最终形成其真正的种植意图；最后，农户 Agent 做出决策后形成新的耕地空间种植格局。同时，新的种植格局对农户信念的形成具有反馈作用，从而不断更新农户 Agent 的种植信念。

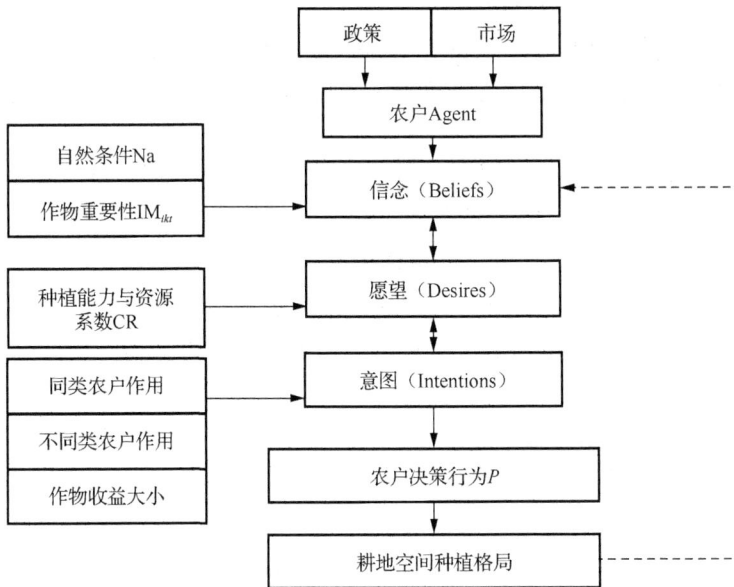

图 3.15 HBRDM 模型的结构框架图

3. 模型的细节设计

模型的细节设计主要包括模型的初始化、数据输入和子程序三个部分。其中，HBRDM 模型初始化为模拟期初研究区的典型农户基础属性数据及其种植作物空间格局情况；数据的输入主要包括农户 Agent 的属性输入、模拟期初耕地类型作物空间分布图的加载等；耕地地块和农户属性之间通过农户权属相互关联；子程序包括 HBRDM 模型的子模块和重要参数的说明，下面重点进行阐述。

1）农户 Agent 生成模块

基于已有的多源 GIS 数据、统计数据、典型农户社会调研数据和权属数据，得到农户 Agent 的属性信息；通过多源 GIS 数据将农户 Agent 与其地块建立关联；地块是模型模拟的基本单元，且每个地块每年只对应一种作物类型。

2）农户 Agent 的简化与分类模块

依据 Evans 等（2004）的研究，按照农户年龄和作物种植面积将研究区农户 Agent 划分为三类，即打工型农户、种植型农户和自给型农户。其中，打工型农户常年在外打工；种植型农户包括兼业户，主要以种植为主；自给型农户年龄偏大或劳动能力弱，种地少或不耕种。打工型和种植型农户之间通过土地租种来相互影响，即打工户的耕地被种植户租种。由于打工户常年不在家，自给户种地很少，种植户是该村主要耕种者，因此本节将重点研究种植户的作物种植行为。

3）农户 Agent 决策分析模块

基于 BDI 决策框架，农户 Agent 决策分析模块主要包括信念模块、愿望模块和意图模块。模型细节设计以及计算参考本书第 3.1.1 小节，以下仅对于模型关键部分进行阐述。

（1）信念模块构建。参照陈海等（2014）对 BDI 信念的描述，结合研究区实际情况，本节信念（B_{ikt}）的公式为

$$B_{ikt} = \{\mathrm{IM}p_{ikt}, P_{ikt}\} \tag{3.29}$$

式中，B_{ikt} 表示目前农户 i 在时间 t 时对影响其第 k 种种植类型的环境因素的感知；$\mathrm{IM}p_{ikt}$ 表示农户 i 在时间 t 时对土地种植作物 k 的重要性认识；P_{ikt} 反映农户对于不同自然环境条件的认知。

（2）愿望模块构建。愿望由信念产生，它是信念的现实表达。结合农户能力和资源修正系数对农户愿望的约束，从而表达农户有限理性下的真实愿望。愿望（D_{ikt}）的计算公式为

$$D_{ikt} = \{B_{ikt}, \mathrm{IM}p_{ikt}, M_{ikt}, \mathrm{CR}_{ikt}\} \tag{3.30}$$

式中，D_{ikt} 是农户 i 在 t 时刻 B_{ikt} 的基础上产生种植作物 k 的愿望，即 Agent 在时刻 t 所表现的一种状态；M_{ikt} 是时间 t 农户 i 认为市场对第 k 种作物的影响；CR_{ikt} 是时间 t 农户 i 认为种植第 k 种作物的能力与资源修正指数；其他参数含义如上。

（3）意图模块构建。由图 3.15 可知，农户意图是在信念和愿望基础上的最终表达，它不仅受到作物收益大小的影响，而且由于农户间存在交流学习的过程，还受到其他农户间（同类和不同类）的相互作用影响。因此，为更加合理表达农户有限理性，本节进一步通过同类和不同类农户间的相互作用系数来对农户意图进行约束。农户的决策意图（$I_{ik,t+1}$）计算公式如下：

$$I_{ik,t+1} = \{B_{ikt}, D_{ikt}, C_t, \mathrm{In}_{ikt}\} = D_{ikt} \times C_t \times \mathrm{In}_{ikt} \tag{3.31}$$

式中，In_{ikt} 表示作物种植效益指数；C_t 表示 t 时刻其他农户 Agent 对目标农户 Agent 的影响；其他参数如上。为模型简化，同类和不同类农户间相互作用采取等权重进行量化，C_t 的计算公式为

$$C_t = \beta_1 + \beta_2 \tag{3.32}$$

式中，β_1 为时刻 t 其他同类农户 Agent 对目标农户 Agent 决策的作用系数；β_2 为时刻 t 不同类农户 Agent 对目标农户 Agent 决策的作用系数。

本书认为，对于同类农户间的相互作用，通过对农户特定作物重要性与同类农户中该类作物最大值的比较，以此来量化农户间相互作用的大小；比值越大，农户间相互作用越小。对于不同类农户间的相互作用，通过是否存在租种行为来定量化表征。通过对上述两种相互作用的分析来修正农户真实的种植意图，做出有限理性的决策。

对于同类农户 Agent 间相互作用，计算公式为

$$\beta_1 = I_{i \to jkt} = \left(1 - \text{IM}p_{jkt} / \max\left\{\text{IM}p_{jkt,k=1,2,\cdots,n,k\geqslant 2}\right\}\right) \times \text{IM}p_{jkt} \tag{3.33}$$

式中，$I_{i \to jkt}$ 表示时间 t 农户 j 受到同类其他农户 i 影响后第 k 种土地利用方式；其他参数含义同上。

在耕地总量一定的条件下，其他类农户不同的意愿对种植型农户最终的决策是有影响的，即如果其他类农户种植意愿小，种植型农户可种植作物的面积相对就大，反之该类农户可种植作物面积相对就小，则可用种植型农户是否存在租种行为来表示不同类农户影响系数，计算公式为

$$\beta_2 = \text{Area}_{jkt0} / \text{Area}_{jkt} \tag{3.34}$$

式中，Area_{jkt0} 表示农户 j 在时间 t_0 租种的耕地面积；Area_{jkt} 表示农户 j 在时间 t 耕种总面积。

3.3.3　实例分析

1. 马蹄洼

1）农户信念分析

由信念模块计算得到农户对自然条件的认知。图 3.16 为农户对自然条件认知图，其中自然条件包含两个方面，即耕地地块距道路距离（近、中、远分别用 L、M、H 表示），海拔（低、中、高分别用 L、M、H 表示）。LH 表示地块距道路近、海拔高的自然条件；MH 为距道路适中、海拔偏高条件；HH 是距道路远、海拔高的条件。由图 3.16 可知，马蹄洼村马铃薯主要种植在距道路近、海拔较高的位置，在距道路较近、海拔较高的区域（LH），马铃薯的种植面积比例为 42%；红葱主要种植在距离道路适中、海拔较高（MH）的位置（40%），杂粮主要种于距离道路适中、海拔较高（MH）的位置（41%）。

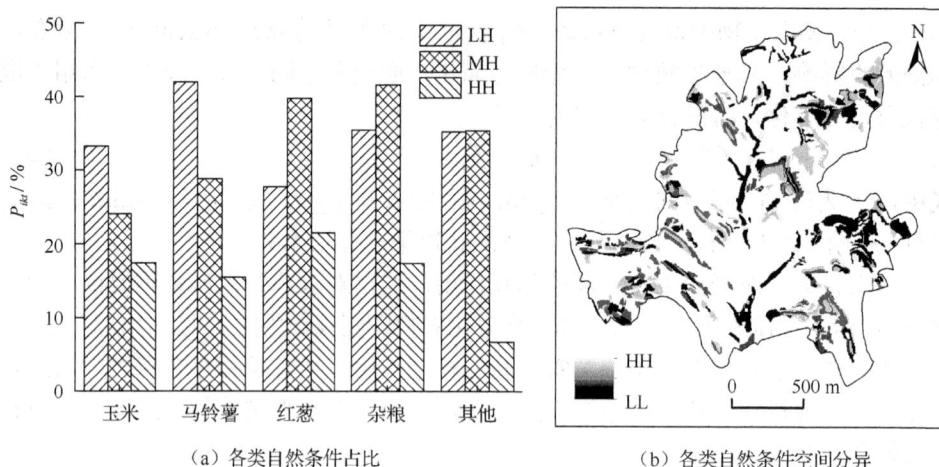

| （a）各类自然条件占比 | （b）各类自然条件空间分异 |

图 3.16　马蹄洼村农户对自然条件的认知图

2）农户愿望分析

表 3.21 为典型农户决策经 CR 指数修正与否的种植愿望表。从表 3.21 可以看出，就农户整体层面而言，修正前后马蹄洼村均以种植红葱的愿望最高，其次为马铃薯和玉米，杂粮的种植愿望最低。但农户个体层面则存在较明显差异，如农户 1 未经 CR 指数修正，种植红葱愿望大于马铃薯，修正后则种植两者愿望相等；农户 4 修正前种植红葱的愿望高于马铃薯，修正后种植马铃薯愿望高于红葱；农户 7 修正前马铃薯略高于杂粮，受 CR 指数修正影响，种植杂粮的愿望略高于马铃薯。由此可以看出，村庄均值仅能反映村庄内农户种植愿望的均值，而 CR 指数不仅可揭示农户整体的愿望，而且可对单个农户种植愿望进行有效表征，也说明 CR 指数对于厘清农户愿望差异的重要性。

表 3.21　典型农户决策经 CR 指数修正与否的种植愿望表

农户序号	种植愿望			
	玉米	马铃薯	红葱	杂粮
1	0.07（0.21）	0.12（0.37）	0.12（0.71）	0.04（0.13）
2	0.04（0.16）	0.07（0.21）	0.36（1.20）	0.01（0.04）
3	0.08（0.25）	0.23（0.66）	0.00（0.00）	0.10（0.26）
4	0.02（0.07）	0.21（0.53）	0.14（0.62）	0.07（0.25）
5	0.04（0.14）	0.17（0.48）	0.18（0.68）	0.04（0.15）
6	0.02（0.08）	0.20（0.46）	0.49（1.09）	0.01（0.04）
7	0.44（0.64）	0.01（0.08）	0.10（0.24）	0.04（0.07）
8	0.05（0.20）	0.07（0.24）	0.22（0.73）	0.06（0.21）
9	0.04（0.14）	0.26（0.66）	0.10（0.49）	0.04（0.15）
10	0.02（0.08）	0.29（0.75）	0.05（0.24）	0.10（0.28）
村庄均值	0.10（0.23）	0.15（0.42）	0.23（0.56）	0.06（0.15）

注：括号内数字表示未经 CR 指数修正的农户种植愿望值。

3）农户意图分析

表 3.22 为同类和不同类农户间相互作用系数影响下的种植意图表。其中，同类农户间相互作用影响系数为 β_1，不同类农户影响系数为 β_2。由表 3.22 可以看出：租种面积占总耕地面积越大，农户的租种行为对于其他类农户影响也就越大。同时，只有综合考虑 β_1 和 β_2，才能真实表达农户的实际土地利用决策。例如，农户 4 在仅受 β_1 影响时，其马铃薯和红葱的种植意图相同，但综合考虑 β_1 和 β_2，其红葱的种植意图则高于马铃薯；农户 7 在仅受同类影响时，其马铃薯和杂粮的种植意图较小，但综合考虑 β_1 和 β_2，其马铃薯和杂粮的种植意图有较大提升。综上可见，只有综合考虑农户间相互作用影响（同类和不同类），才能较为准确地表达农户实际的土地利用决策。

表 3.22　同类和不同类农户间相互作用系数影响下的农户种植意图

农户序号	租种面积/亩	系数 β_2	玉米		马铃薯		红葱		杂粮	
			种植意图	系数 β_1	种植意图	系数 β_1	种植意图	系数 β_1	种植意图	系数 β_1
1	14	0.538	0.012 (0.003)	0.180	0.022 (0.005)	0.180	0.037 (0.010)	0.210	0.003 (0.000)	0.100
2	25	0.500	0.006 (0.001)	0.150	0.011 (0.002)	0.110	0.098 (0.024)	0.160	0.001 (0.000)	0.040
3	15	0.455	0.011 (0.004)	0.200	0.040 (0.014)	0.240	0.000 (0.000)	0.000	0.006 (0.001)	0.100
4	15	0.500	0.002 (0.000)	0.070	0.037 (0.011)	0.220	0.039 (0.011)	0.200	0.005 (0.001)	0.110
5	10	0.500	0.005 (0.001)	0.140	0.031 (0.009)	0.210	0.053 (0.016)	0.210	0.003 (0.000)	0.100
6	12	0.444	0.003 (0.000)	0.080	0.030 (0.010)	0.210	0.119 (0.038)	0.190	0.001 (0.000)	0.040
7	20	0.667	0.081 (0.013)	0.130	0.002 (0.000)	0.050	0.032 (0.005)	0.110	0.004 (0.000)	0.060
8	6	0.400	0.006 (0.002)	0.170	0.010 (0.002)	0.130	0.055 (0.019)	0.210	0.004 (0.001)	0.110
9	10	0.455	0.005 (0.001)	0.130	0.044 (0.015)	0.240	0.025 (0.007)	0.180	0.003 (0.001)	0.110
10	—	—	0.000 (0.000)	0.080	0.018 (0.018)	0.250	0.002 (0.002)	0.110	0.001 (0.001)	0.100
村庄均值	8	0.28	0.013 (0.003)	0.140	0.024 (0.009)	0.160	0.046 (0.013)	0.130	0.003 (0.001)	0.070

注：括号内表示仅考虑同类农户间影响系数下的农户种植意图值。

此外，经计算得到马蹄洼村玉米、马铃薯、红葱和杂粮这 4 种主要作物的收益系数分别是 0.23、0.25、0.41 和 0.11。其中，收益系数中红葱最高，马铃薯和玉米次之，杂粮最低。由此说明，红葱在当地耕地类型中所占比例比较大，农户一般不会轻易考虑将红葱转变为其他的种植类型，而低收益系数的杂粮等作物转变为其他收益系数较高类型作物的可能性较大。

2. 高庙山

1) 农户信念分析

由信念模块计算得到农户对自然条件的认知。图 3.17 为农户对自然条件的认知图。自然条件包括两个方面，即耕地地块距道路距离（近、中、远分别用 L、M、H 表示）和该地海拔（低、中、高分别用 L、M、H 表示）；则 LM 表示地块距道路近、海拔适中的自然条件；ML 为距道路适中、海拔偏低条件；HM 是距道路远、海拔适中的条件）。由图 3.17 可知：高庙山村玉米主要种植在距道路近、海拔适中（LM）的区域，种植面积比例约为 59%；马铃薯主要种于距道路近、海拔适中（LM）的区域（50%）；红葱主要种植在距离道路适中、海拔偏低（ML）的区域（54%），果树主要种在距道路近、海拔适中（LM）的区域（97%）；杂粮对自然条件普适性较高，主要种于距离道路较近、海拔适中（LM）的区域（39%）。

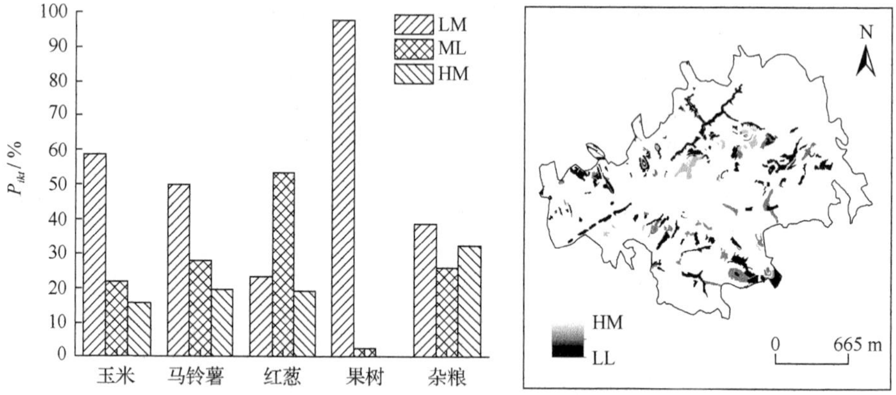

（a）各类自然条件占比　　　　　　　　（b）各类自然条件空间分异

图 3.17　高庙山农户对自然条件的认知图

2) 农户愿望分析

表 3.23 为典型农户决策经 CR 指数修正与否的种植愿望表。从表 3.23 可以看出，就农户整体层面而言，经 CR 指数修正前后高庙山村均以种植马铃薯的愿望最高，其次为玉米；而未经 CR 指数修正，红葱的种植愿望最低，经过 CR 指数修正后，农户红葱种植愿望则略高于杂粮。在农户个体层面则差异较为明显，如农户 10 未经 CR 指数修正，种植红葱愿望高于马铃薯，修正后则种植红葱和马铃

薯的愿望相同；农户 9 修正前还有种植马铃薯的愿望，经 CR 指数修正后种植马铃薯的愿望消除，反而增强了种植红葱的愿望。由此可以看出，村庄均值仅能反映村庄内农户种植愿望的均值，而 CR 指数不仅可揭示农户整体的愿望，而且可对单个农户种植愿望进行有效表征，也说明 CR 指数对于厘清农户愿望差异的重要性。

表 3.23　典型农户决策经 CR 指数修正与否的种植愿望表

农户序号	种植愿望			
	玉米	马铃薯	红葱	杂粮
1	0.25（0.25）	0.91（0.90）	0.00（0.00）	0.00（0.00）
2	0.00（0.00）	1.07（1.09）	0.00（0.00）	0.04（0.08）
3	0.61（0.61）	0.19（0.20）	0.00（0.00）	0.02（0.05）
4	0.48（0.48）	0.41（0.42）	0.00（0.00）	0.02（0.04）
5	0.14（0.14）	0.26（0.26）	0.00（0.00）	0.15（0.29）
6	0.33（0.33）	0.08（0.08）	0.00（0.00）	0.15（0.31）
7	0.23（0.23）	0.74（0.74）	0.00（0.00）	0.04（0.08）
8	0.34（0.34）	0.55（0.55）	0.00（0.00）	-0.08（0.08）
9	0.07（0.07）	0.00（0.01）	1.10（1.08）	0.00（0.00）
10	0.18（0.18）	0.24（0.25）	0.24（0.35）	0.12（0.17）
村庄均值	0.19（0.20）	0.45（0.48）	0.07（0.10）	0.06（0.13）

注：括号内数字表示未经 CR 指数修正的农户种植愿望值。

3）农户意图分析

表 3.24 为高庙山村同类和不同类农户间相互作用系数影响下的种植意图表。其中，同类农户间相互作用影响系数为 β_1，不同类农户影响系数为 β_2，表中括号内数字表示只考虑同类农户间相互作用影响下农户的种植意图。由表 3.24 可以看出：租种面积占总耕地面积越大，农户的租种行为对于其他类农户影响也就越大。同时，只有综合考虑 β_1 和 β_2，才能真实表达农户的实际土地利用决策。例如，农户 10 在仅受 β_1 影响时，其马铃薯的种植意图高于玉米，但综合考虑 β_1 和 β_2 后，其玉米的种植意图则略高于马铃薯；农户 6 在仅受同类农户影响时，其玉米的种植意图比杂粮高，但综合考虑 β_1 和 β_2，其玉米和杂粮的种植意图相同。可见，综合考虑农户间相互作用影响（同类和不同类）后，才能较为准确地表达实际的农户土地利用决策。

此外，经计算得到高庙山村玉米、马铃薯、红葱和杂粮这 4 种主要作物的收益系数分别是 0.25、0.24、0.36 和 0.15。其中，收益系数中仍是红葱最高，玉米和马铃薯次之，杂粮最低。由此说明，红葱和马铃薯作为经济作物，在当地耕地类型中所占比例较大，农户一般不会轻易考虑将红葱、马铃薯转变为其他类型的种植类型，而低收益系数的杂粮等作物转变为其他收益系数较高类型作物的可能性较大。

表 3.24　同类和不同类农户间相互作用系数影响下的农户种植意图

农户序号	租种面积/亩	系数β_2	玉米		马铃薯		红葱		杂粮	
			种植意图	系数β_1	种植意图	系数β_1	种植意图	系数β_1	种植意图	系数β_1
1	1	0.286	0.036 (0.018)	0.280	0.116 (0.054)	0.250	0.000 (0.000)	0.000	0.000 (0.000)	0.000
2	4	0.286	0.000 (0.000)	0.000	0.115 (0.041)	0.160	0.000 (0.000)	0.000	0.003 (0.002)	0.260
3	30	0.789	0.158 (0.037)	0.240	0.043 (0.007)	0.150	0.000 (0.000)	0.000	0.003 (0.001)	0.150
4	13	1.300	0.195 (0.038)	0.310	0.151 (0.025)	0.260	0.000 (0.000)	0.000	0.004 (0.000)	0.150
5	6	0.333	0.037 (0.007)	0.190	0.037 (0.016)	0.260	0.000 (0.000)	0.000	0.018 (0.011)	0.490
6	5	0.278	0.050 (0.026)	0.320	0.007 (0.001)	0.080	0.000 (0.000)	0.000	0.017 (0.011)	0.490
7	10	1.000	0.074 (0.016)	0.270	0.228 (0.051)	0.290	0.000 (0.000)	0.000	0.008 (0.001)	0.240
8	—	0.000	0.027 (0.027)	0.320	0.038 (0.038)	0.290	0.000 (0.000)	0.000	—0.003 (—0.003)	0.260
9	30	0.750	0.015 (0.002)	0.100	0.001 (0.000)	0.010	0.338 (0.040)	0.100	0.000 (0.000)	0.000
10	2	0.286	0.024 (0.011)	0.230	0.027 (0.010)	0.180	0.046 (0.020)	0.230	0.012 (0.007)	0.400
村庄均值	4	0.237	0.031 (0.013)	0.200	0.053 (0.028)	0.240	0.017 (0.004)	0.020	0.005 (0.003)	0.280

注：括号内表示仅考虑同类农户间影响系数下的农户种植意图值。

3. 模型空间化验证

两个村庄的农户行为，从种植信念、种植愿望和种植意图等方面分析后，存在一定的差异性。例如，马蹄洼村对于红葱种植的面积、种植农户数及种植意愿方面明显高于高庙山村。为了进一步直观再现农户决策行为的空间格局，本小节将以马蹄洼村为例，进一步结合 NetLogo 平台对农户个体有限理性种植行为进行模型空间化表达及分析。

结合 2015 年农户调研数据，利用 NetLogo 平台基于 Logo 语言进行二次编程开发，通过 HBRDM 模型对马蹄洼村 2016 年土地利用进行模拟，并对 HBRDM

模型的模拟效果和仅考虑相互作用（C_t）和能力和资源指数（CR）的模拟结果进行对比。表 3.25 和图 3.18 分别为三种模型（即模型 a 表示 HBRDM 模型，模型 b、c 则分别表示该模型仅考虑 CR 或 C_t）的模拟失误率表和勘误图。

表 3.25　不同模型模拟失误率　　　　　（单位：%）

种植类型	CR+C_t（模型 a）	CR（模型 b）	C_t（模型 c）
玉米	0.0	0.0	0.0
马铃薯	64.5	66.8	72.6
红葱	17.2	28.5	34.5
果树	0.0	0.0	0.0
杂粮	38.1	38.9	40.3
其他	0.0	0.0	0.0
整体	20.2	24.9	28.7

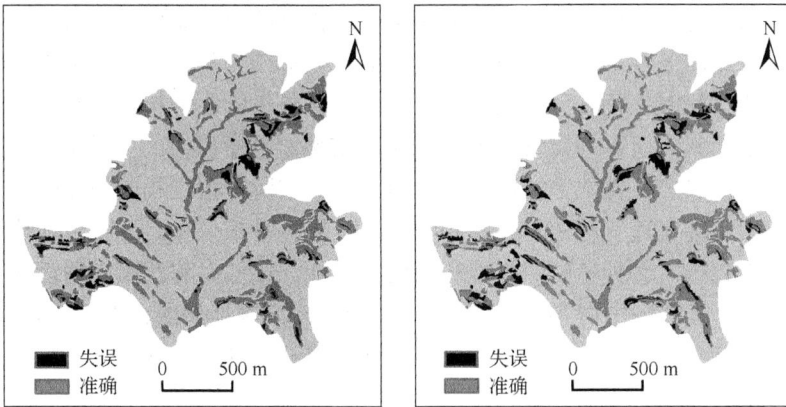

（a）HBRDM模拟结果　　　　　（b）CR-BDI模拟结果

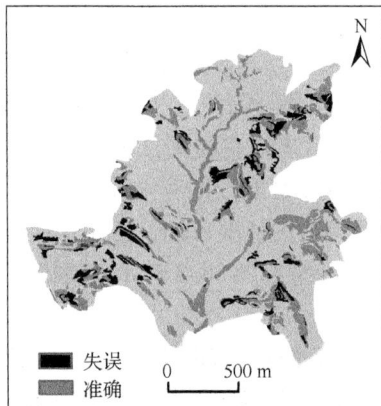

（c）CBDI模拟结果

图 3.18　不同模型模拟勘误图

结合表 3.25 和图 3.18 可知：

（1）HBRDM 模型的模拟效果最佳，在综合考虑 CR 和 C_t 的条件下，整体失误率最低，为 20.2%，即 HBRDM 模型的准确率为 79.8%；若分别仅考虑 CR 和 C_t 条件，模拟失误率分别为 24.9%和 28.7%，分别比 HBRDM 模型的模拟效果差 4.7%和 8.5%。

（2）不同参数对耕地类型变化的解释力不同。就研究区而言，农户间相互作用对该区耕地变化的解释力较低，其次是资源和能力指数，最后是两种因素的综合。例如，红葱种植在仅考虑相互作用时失误率为 34.5%；在仅考虑资源和能力系数时失误率为 28.5%，准确率提高 6.0%；当同时考虑两种因素时，失误率则进一步减少到 17.2%。很显然，综合考虑多种影响因素对于红葱种植的解释力要显著优于单因素考量。马铃薯、杂粮也是如此。

（3）结合自然条件的分析揭示 HBRDM 模型模拟失误可能的原因。对于模拟失误率较高的马铃薯而言，失误主要集中在海拔高的自然条件下。其中，在距道路近、海拔高的条件下实际种植马铃薯的地块模拟结果为红葱，其失误占马铃薯总失误率的 23.2%；而在距道路适中、海拔高条件下实际种植马铃薯的地块模拟结果为杂粮，其失误占马铃薯总失误率的 21.3%。之所以会产生模拟失误，主要原因包括：①农户保持地力的需要。当地农户在实际种植过程中通过轮作方式保持土壤肥力，会在适宜种植马铃薯和红葱的地块上种植杂粮。这是造成模拟失误的主要原因之一。②种植的随机性和规则的刚性。模拟时将距离道路近作为种植红葱、马铃薯等经济作物"刚性"条件，但由于研究区地块的自然条件较为接近，农户在种植时会将"理应"种植马铃薯的地块栽种为红葱，这种种植的随机性也是造成模拟失误的主要原因之一。

3.3.4　小结

按照 ODD 标准化建模程序，基于 BDI 结构，构建农户个体有限理性决策 HBRDM 模型，并以陕西省米脂县马蹄洼村和高庙山村为例，进一步结合 ArcGIS、NetLogo 平台进行农户种植行为模拟空间化表达，得出以下结论：

（1）HBRDM 模型可有效表征农户的有限理性决策。通过对比分析仅考虑农户间相互作用和能力与资源指数的情况可知，HBRDM 模型的模拟效果最好，分别比其他两种方式的模拟效果高 4.7%和 8.5%，这表明农户决策更多地趋向"满意"的有限理性决策。

（2）"刚性"的模拟规则和种植的随机性是造成模拟失误的主要原因；"刚性"规则虽然关注到多数自然条件下耕地的变化，但由于地块自然条件的差异较小，加之农户种植存在一定程度的随机性，造成了部分作物在特定自然条件下的失误率较高。

（3）基于 ODD 构建的 HBRDM 模型，有利于不同研究的对比，方便学者的阅读和理解，同时易于看清模型的逻辑和框架。

通过对两个村庄农户个体有限理性种植决策行为进行实例结果分析，对于是否存在合作经济组织的不同村庄农户个体而言，一方面，在种植意愿方面表现出差异性，另一方面，目前已有研究对土地利用主体与土地利用变化间的相互作用进行探讨，但在尺度的推演上大多采用简单村庄类型推演法进行模拟（王艳妮等，2016），没有考虑不同村庄类型和合作经济体在尺度转化方面的影响（宋世雄等，2016）。因此，深入探讨不同农户个体决策向农户群体决策的转化、村庄类型在土地利用决策方面的差异，以及合作经济组织在土地利用决策方面的影响，就成为未来研究中需要解决的主要问题之一。

3.4 群体决策模型的构建及模拟

个体决策与群体决策间相互影响一直是学者们关注的热点。作为特殊的新型农业土地利用主体，农民合作经济组织与传统农户主体之间相互影响，这种复合型不同层次下的主体决策行为对于土地利用变化的响应机理研究成为学者们关注的焦点问题之一。基于合作组织视角，提高不同层次主体决策对实际主体行为的解释力就成为准确评估主体行为对区域土地集约利用变化影响的基础（陈海等，2014），通过多层次主体决策行为来探讨乡村土地集约利用变化微观机制，对于进一步揭示乡村重构微观驱动机制和相似区域乡村重构模式提供了新的研究思路与方法。

本节主要基于 HBRDM 农户有限理性决策模型，考虑群体中加入合作经济组织与否，对农户进行不同尺度下类型划分，并借鉴合作组织与主体间相互影响的研究，总结适合研究区的多层次主体决策转化规则，结合群决策和个体决策之间的决策转化方法进一步构建基于农户群体决策 GMAS（groups-multi-agent-system）模型，并基于 NetLogo 平台对农户土地利用行为进行空间情景模拟预测，提高决策对实际主体行为的解释力。结合复杂系统理论、社会网络理论和群决策理论等，分析农民合作经济组织对乡村土地集约利用变化的影响，进一步揭示乡村重构的微观驱动机制。这些可以为合理引导农户群体土地利用行为，规范农民合作经济组织建设，优化政府规制水平，促进区域土地资源可持续发展利用提供理论依据。

3.4.1 相关概念与理论

1. 复杂适应系统

复杂适应系统理论是 1994 年由 Holland 提出的。该理论认为，复杂适应系统是由主体组成的系统，这些主体具有适应性、异质性和相互作用性，能够随外界环境变化而做出相应的适应性变化（Holland，1995）。其理论核心是"适应性造就复杂性"，即可以理解为复杂现象由简单规则涌现而来。该理论为揭示复杂系统中的动力学行为提供了一种自下而上的建模方法，即主要通过主体 Agent 以相应的规则及其相互作用，利用计算机仿真来重现和预测真实世界的复杂现象。复杂适应系统理论已逐渐成为复杂系统研究的理论基础（翟瑞雪等，2017；廖守亿等，2015；余强毅等，2011）。

农业土地利用系统作为一个具有自我调节能力和相关功能及结构的典型复杂系统，需要通过复杂适应系统理论及方法对该系统的动力学特征进行解释和模拟。

2. 社会网络

社会网络理论（social network theory，SNT）作为一种新的社会学研究范式，即把"网络"看作是联结行动者的一系列社会联系，其稳定的模式构成社会结构（Wellman et al.，2003）。社会网络的行动者可以是个人或群体等多层次主体。该理论分析视角主要有两方面，一是关系要素角度，即从行动者之间的社会关系出发，通过社会联结的密度、强度和规模等来说明特定的行为和过程；二是结构要素视角，通过主体在社会网络中的位置，分析多个主体和第三方之间的关系所映射出的社会结构及其形成演变模式（Wellman et al.，2003）。

农户之间存在社会互动，即农户与农户、农户与群体、群体和群体等不同层次主体之间会通过社会网络进行相互作用（李小建，2009）。借鉴社会网络理论，不仅有利于揭示农户行为决策在社会互动过程中的相互作用机理，更有助于分析合作组织下乡村结构的形成及演变模式。

3. 群决策

群决策理论的核心是将个人决策偏好集结为群体决策偏好。Arrow（2012）提出的社会选择理论是群决策的理论基础，主要探讨群体决策形成的内在机制和分析如何保证群决策的合理性。经过群决策问题的不断涌现，一方面，群决策理论侧重于从人的心理决策意愿等复杂系统角度研究决策主体的偏好问题；另一方面，Simon（1955）将其扩展到组织的决策问题研究，主要研究决策者的决策偏好对决策结果的影响，群决策的层级方式及群体结构对群决策过程的影响。随着信息技术的发展，群决策理论得到进一步丰富，结合人工智能，群决策支持系统突出表现为对群体成员之间的交流及群成员决策偏好的集结过程和方法的支持（朱佳俊等，2009）。

群决策中权威决策者与一般决策者之间存在偏好差异和权重差异，且不同层次主体间相互影响。群决策作为多属性决策之一，决策者对于各属性有一定的期望要求，主要基于期望效用函数理论视角分析问题（徐泽水等，2007）。群决策数学集结方法主要通过概率集结方式，群效用函数是有效的方式之一。而决策转化系数的确定是影响群决策多尺度转化的关键（张珍花等，2006；杨雷等，1998；Prelec，1998；Bacharach，1975）。

借鉴群决策理论基础，通过对农户决策偏好进行数量集结，得到合作经济组织群体和非合作组织群体等不同群体决策偏好，可以进一步为揭示群体决策行为对土地利用变化的影响奠定基础。

4. 农村合作经济组织

农村合作经济组织能够克服人类认知的局限性和理性的有限性，约束和规范组织成员的行为（李小建，2009；Simon，1955）。为了应对"小农户，大市场"的农业市场经济发展问题，农民合作经济组织应运而生。该合作组织是采取农户自愿加入的形式，以特定农产品生产经营活动为导向，向农户提供相应的服务，是基于核心农户发展的、为农户规避市场风险的合作群体。其形成机制可总结为两大方面：一方面，表现在分工协作、节约交易费用和规模经济；另一方面则主要在于政府政策引导、基于社会网络的合作等（徐旭初等，2010；李小建，2009；Wellman et al.，2003）。

合作经济组织作为一种特殊的群体，具有组织的约束力，对于农户的决策行为，具有一定的规范作用。因此，在农户群体类型划分过程中，是否加入合作经济组织将作为划分的准则之一，同时，这也为进一步探讨不同层次主体土地利用行为的驱动机理奠定了基础。

3.4.2　基于 GMAS 的农户群体模型框架

1. 群体概念模型框架图

基于 GMAS 的农户群体概念模型框架如图 3.19 所示：该模型主要基于 3.3 节中个体农户有限理性决策模型（HBRDM 模型），得到个体农户有限理性决策 P_i，在农户群体类型划分的基础上，通过不同主体的转化系数，得到不同群体农户决策 P_j。一方面，群体农户决策 P_j 为 GMAS 模型空间化模拟规则的设定提供参考；另一方面，P_j 通过农户个体—农户群体—农户整体之间的多层次转化机理，结合合作组织群体和非合作组织群体的作用，得到村域以及乡域层面整体农户的种植决策偏好。最后，基于研究区实际的自然条件以及历史土地利用等数据，结合 ArcGIS 和 NetLogo 模拟平台，对 GMAS 模型进行模拟及空间化表达，从而得到

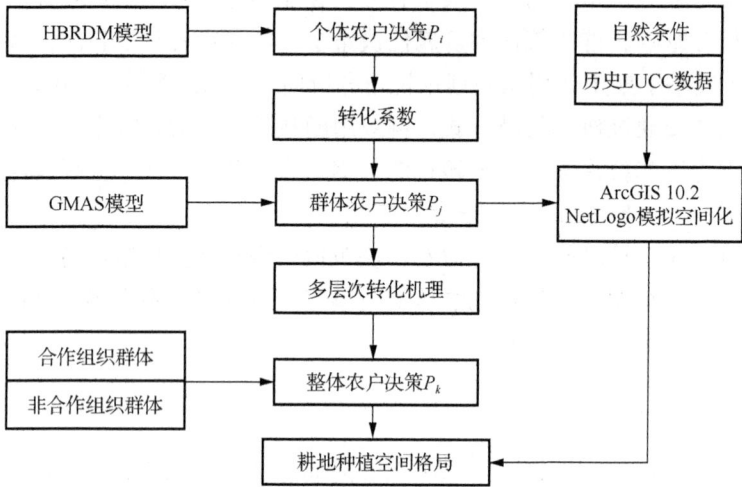

图 3.19　基于 GMAS 的农户群体概念模型框架图

耕地种植空间格局，为进一步优化土地利用空间格局和当地可持续发展提供科学参考。

2. 不同群体多尺度决策转化机理

本节构建的群体决策主要包含两个层面和三个方面。其中两个层面是指个体向群体决策转化、不同群体决策间的转化。三个方面是指：第一，合作组织的群体决策；第二，非合作组织的群体决策；第三，合作组织与非合作组织的群体决策。群体决策转化示意图如图 3.20 所示。

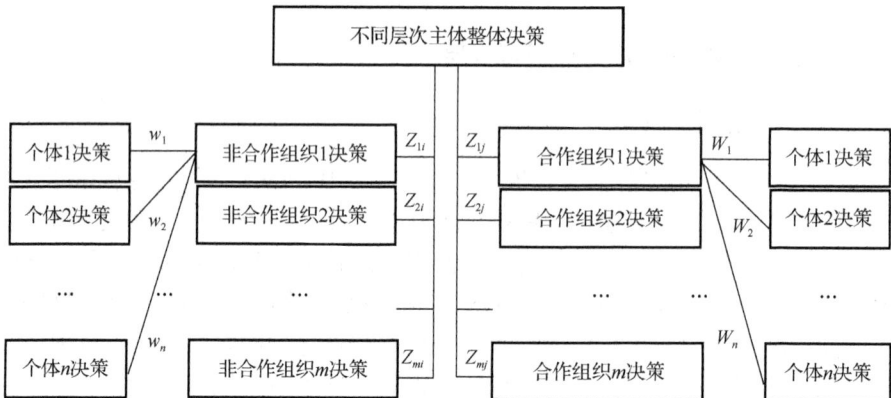

图 3.20　群体决策转化示意图

决策转化系数是群体决策转化中关键因素。其中，第一方面中个体决策对群体决策的影响主要是通过个体在合作组织中地位与作用来体现，一般通过其在合作组织中资金占有比例来决定其在组织中的地位，即主体在组织中所占的资金比例越大，其对区域土地利用的认知获得认可的可能性就越大；第二方面及第三方面中，群体决策通过个体（或群体）所占土地面积的比例来决定其在群体决策的作用。因此，从个体向群体决策转化的影响系数模型构建为

$$\text{Collective\_coef}_{ijt} = \begin{cases} W_{ijt}（合作组织） \\ w_{ijt}（非合作组织） \end{cases} \tag{3.35}$$

式中，W_{ijt} 是在时间 t 时群体 j 中主体 i 的资金所占比例；w_{ijt} 是在时间 t 时群体 j 中主体 i 的土地面积所占比例。

群体与群体间决策转化的影响系数，其计算公式为

$$Z_{it} = \text{Area}_{ijt} \bigg/ \sum_{i=1}^{n} \text{Area}_{ijt} \tag{3.36}$$

式中，Z_{it} 表示（非）合作组织 j 中群体 i 在时间 t 时占所有群体土地面积的比例；Area_{ijt} 表示（非）合作组织 j 中群体 i 在时间 t 时拥有的土地面积。

3. 模型的细节设计

1）不同层次的主体划分

不同层次的土地利用行为主体不同，本节涉及农户个体—农户群体—农户整体三个层次，其中农户群体层面重点探究农户合作经济组织群体的土地利用行为对区域土地利用变化的影响。

依据农户决策的类型、种植面积的大小、农户年龄、加入合作组织与否，通过决策树分类法，对不同层次主体类型进行划分，如图 3.21 所示。自上而下划分，按照村域是否成立合作组织，乡域农户整体分为有合作组织村庄和无合作组织村庄；有合作组织村庄按照农户加入合作组织与否，分为合作组织群体和非合作组织群体；合作组织群体主要包含种植大户个体，非合作组织群体主要指未加入合作组织农户，即以自给型和兼业型为主。而无组织村庄则进一步划分为三大农户群体，即种植型、兼业型和自给型农户。不同层次主体的划分，对于进一步分析多尺度转化机理具有重要作用。

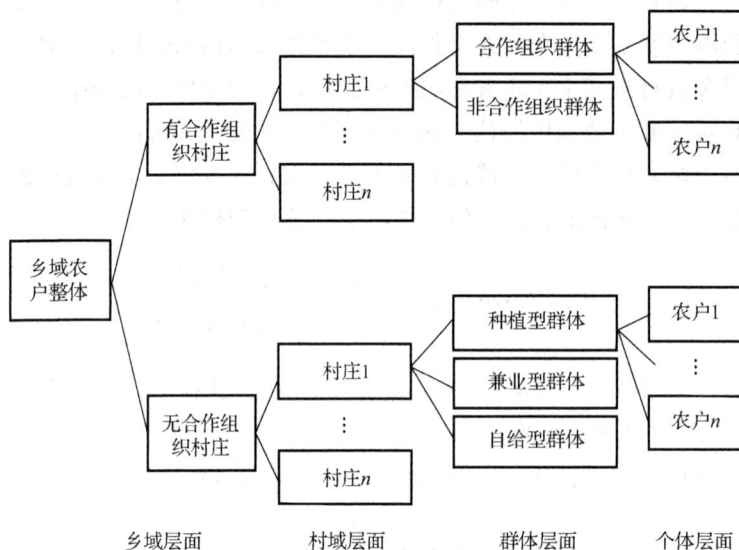

图 3.21　不同层次主体类型划分示意图

2）个体转化系数

决策转化系数是群体决策转化中关键因素。其中，在合作组织群体中，个体决策对群体决策的影响主要是通过个体在合作组织中地位与作用来体现，一般通过其在合作组织中资金占有比例来决定其在组织中的地位，即主体在组织中所占的资金比例越大，其对区域土地利用的认知获得认可的可能性就越大，其公式为

$$W_{ijt} = \text{Funds}_{ijt} \Big/ \sum_{i=1}^{n} \text{Funds}_{ijt} \qquad (3.37)$$

式中，W_{ijt} 表示合作组织群体 j 中农户 i 在时间 t 的个体转化系数；Funds_{ijt} 表示合作组织群体 j 中农户 i 在时间 t 的资金。

在非合作组织群体中，个体决策的影响主要是个体农户的种植面积在群体中的比例来体现该农户的作用，即个体农户在群体中的种植面积越大，其对土地利用的应用能力就越强，在群体中的影响力也就越大，故非合作组织群体中，个体转化系数模型构建如下：

$$W_{ipt} = \text{Area}_{ipt} \Big/ \sum_{i=1}^{n} \text{Area}_{ipt} \qquad (3.38)$$

式中，W_{ipt} 表示非合作组织群体 p 中农户 i 在时间 t 的个体转化系数；Area_{ipt} 表示非合作组织群体 p 中农户 i 在时间 t 的耕地面积。

3）（非）合作组织群体决策模型

不同群体的决策是基于不同群体内个体农户的决策。借鉴期望效用函数理论，综合实际研究区情况，合作组织群体决策模型构建如下：

$$Coop\_decision_{jt} = \sum_{i=1}^{n} P_{ijt} \times W_{ijt} \tag{3.39}$$

式中，$Coop\_decision_{jt}$ 表示合作组织群体 j 在时间 t 的种植决策；P_{ijt} 表示合作组织群体 j 中农户 i 在时间 t 的种植决策；其他参数含义如上。

非合作组织群体决策模型构建如下：

$$Group\_decision_{pt} = \sum_{i=1}^{n} P_{ipt} \times W_{ipt} \tag{3.40}$$

式中，$Group\_decision_{pt}$ 表示非合作组织群体 p 在时间 t 的种植决策；P_{ipt} 表示非合作组织群体 p 中农户 i 在时间 t 的种植决策；其他参数含义如上。

4）群体转换系数

农户群体之间相互交流，相互学习，群体之间的种植决策最终表现在种植地块层面，因此本节将村域层面不同群体种植总面积与全部群体种植总面积的比值作为群体转化系数，其计算公式如下：

$$\theta = Z_{pt} = Area_{pjt} \bigg/ \sum_{p=1}^{n} Area_{pjt} \tag{3.41}$$

式中，θ 表示群体转化系数；Z_{pt} 表示（非）合作组织 j 中群体 p 在时间 t 时占所有群体耕地面积的比例；$Area_{pjt}$ 表示（非）合作组织 j 中群体 p 在时间 t 的耕地面积。

5）村域整体决策模型

在村庄层面，不同的群体决策通过群体转换系数进一步转化成整体农户的决策，则有合作组织的村庄整体农户决策模型构建如下：

$$Village\_dec_{sjt} = \sum_{j=1}^{n} Coop\_decision_{sjt} \times \theta + \sum_{p=1}^{n} Croup\_decision_{spt} \times \theta \tag{3.42}$$

式中，$Village\_dec_{sjt}$ 表示有组织群体 j 的村庄 s 整体农户在时间 t 的决策；$Coop\_decision_{sjt}$ 表示村庄 s 中合作组织群体 j 在时间 t 的决策；$Group\_decision_{spt}$ 表示村庄 s 中非合作组织群体 p 在时间 t 的决策；θ 表示群体转换系数。

无合作组织的村庄整体农户决策模型构建如下：

$$Village\_dec_{spt} = \sum_{p=1}^{n} Group\_decision_{spt} \times \theta \tag{3.43}$$

式中，$Village\_dec_{spt}$ 表示无合作组织不同群体 p 的村庄 s 整体农户在时间 t 的决策；

Group_decision$_{spt}$ 表示村庄 s 中群体 p 在时间 t 的决策；θ 表示群体转化系数。

6）乡域群体决策模型

在乡域层面，有无合作组织的村庄在土地利用等方面的资源配置是不同的，有合作经济组织的村庄则集合为一个大的群体，无合作组织的村庄则可以视为另一类潜在群体，则在乡域层面有合作组织的村庄群体决策模型构建如下：

$$\text{Com\_coop}_{jt} = \sum_{s=1}^{n} \text{Village\_dec}_{sjt} \times \mu \qquad （3.44）$$

式中，Com_coop$_{jt}$ 表示合作组织群体 j 在时间 t 的种植决策；μ 为乡域群体转化系数；其他参数含义同上。

在乡域层面无合作组织的村庄群体决策模型构建如下：

$$\text{Com\_group}_{pt} = \sum_{s=1}^{n} \text{Village\_dec}_{spt} \times \mu \qquad （3.45）$$

式中，Com_group$_{pt}$ 表示非合作组织群体 p 在时间 t 的种植决策；其他参数含义同上。

乡域群体转化系数 μ，其计算公式如下：

$$\mu = \text{Area}_{spjt} \bigg/ \sum_{p=1}^{n} \text{Area}_{spjt} \qquad （3.46）$$

式中，μ 表示乡域群体转化系数，即（非）合作组织 j 中群体 p 所在村庄 s 在时间 t 时占所有群体所在村庄 s 耕地面积的比例；Area$_{spjt}$ 表示（非）合作组织 j 中群体 p 所在村庄 s 在时间 t 的耕地面积。

7）乡域整体决策模型

乡域层面的整体农户决策，将个体农户—群体农户—整体农户不同层次间农户的决策进行尺度上升，基于乡域群体决策模型，结合乡域整体转化系数，乡域整体决策模型构建如下：

$$\text{Com\_dec}_{yt} = \sum_{j=1}^{n} \text{Com\_coop}_{jt} \times \varphi + \sum_{j=1}^{n} \text{Com\_group}_{jt} \times \varphi \qquad （3.47）$$

式中，Com_dec$_{yt}$ 表示乡镇 y 在时间 t 的整体决策；φ 表示乡域整体转化系数；其他参数含义同上。

乡域整体转化系数 φ，其计算公式如下：

$$\varphi = \text{Area}_{yspjt} \bigg/ \sum_{p=1}^{n} \text{Area}_{yspjt} \qquad （3.48）$$

式中，φ 表示乡域整体转化系数，即乡镇 y 中（非）合作组织 j 中群体 p 所在村庄 s 在时间 t 时总的耕地面积占全乡 y 所有群体所在村庄 s 耕地面积总和的比例；$Area_{yspjt}$ 表示乡镇 y 中（非）合作组织 j 中群体 p 所在村庄 s 在时间 t 的总耕地面积。

3.4.3　实例分析

为了更好地说明 GMAS 模型的可行性，本小节以陕西省米脂县高渠乡为例进行研究。高渠乡作为重点发展红葱集聚产业的典型乡镇，刘渠村有二百多年红葱种植历史，形成了以刘渠村、李谢硷村和马蹄洼村等为代表的红葱种植典型村落，并逐步成立了红葱种植专业合作经济组织，以此推动当地红葱产业的深入发展。本小节以 2016 年高渠乡农户调研数据作为样本数据，结合农户个体有限理性决策模型（HBRDM 模型），构建 GMAS 群体农户模型，并进行相关分析。

1. GMAS 农户群体行为模拟

结合群体类型划分，基于 HBRDM 个体决策值，由式（3.35）～式（3.38）可得，（非）合作组织群体农户作物种植决策偏好值，如表 3.26 所示。由表 3.26 可知，（非）合作组织群体对于红葱的种植决策偏好明显高于其他作物类型，对于加入合作组织的群体而言，红葱种植偏好更加明显。由于合作组织是基于村域尺度成立的组织，所以受到合作组织群体的影响，非组织群体的红葱种植偏好相对于其他作物倾向也较为突出。

表 3.26　（非）合作组织群体农户作物种植决策偏好

村庄	群体	种植偏好			
		玉米	马铃薯	红葱	杂粮
刘渠	合作组织群体 1	0.0010	0.0189	0.1906	0.0004
	非组织群体 1	0.0019	0.0609	0.0989	0.0007
李谢硷村	合作组织群体 2	0.0082	0.0059	0.1704	0.0004
	非组织群体 2	0.0047	0.0013	0.1496	0.0003
姜兴庄	合作组织群体 3	0.0071	0.0016	0.0362	0.0032
	非组织群体 3	0.0136	0.0051	0.0384	0.0004
井家沟	合作组织群体 4	0.0066	0.0021	0.1055	0.0076
	非组织群体 4	0.0065	0.0024	0.0710	0.0102
马蹄洼	合作组织群体 5	0.0101	0.0167	0.0785	0.0012
	非组织群体 5	0.0030	0.0171	0.0415	-0.0001
均值	—	0.0063	0.0132	0.0981	0.0024

　　对于无合作组织的村庄的不同群体而言，经计算得到无合作组织的群体农户作物种植决策偏好值，如表 3.27 所示。由表 3.27 可知，就平均水平而言，无合作组织的群体农户种植玉米的决策偏好较大，其次是马铃薯和红葱，杂粮最小。不过对于不同村落的同一群体而言，同一种作物的种植偏好也有较大差异，如马家沟的群体 2 和白家焉的群体 2，对于种植红葱而言，白家焉明显高于马家沟。而对于同一村落的不同群体，其作物种植决策偏好也表现出差异性，如麻渠村群体 1 偏向红葱种植，群体 2 偏向玉米种植，群体 3 则偏向马铃薯种植；而高西沟村三个不同群体均偏向马铃薯种植。造成以上差异的原因主要还是农户主体的异质性以及群体之间相互影响。

表 3.27　无合作组织群体农户作物种植决策偏好

村庄	群体	种植偏好			
		玉米	马铃薯	红葱	杂粮
马家沟	群体 1	0.0090	0.0444	0.0047	0.0072
	群体 2	0.0138	0.0439	0.0024	0.0020
	群体 3	0.0055	0.0768	0.0001	0.0014
姬寨	群体 1	0.0048	0.0011	0.0124	0.0227
	群体 2	0.0016	0.0060	0.0035	0.0048
	群体 3	0.0032	0.0030	0.0033	0.0014
折家坪	群体 1	0.0061	0.0057	0.0059	0.0022
	群体 2	0.0031	0.0008	0.0000	0.0000
	群体 3	−0.0016	0.0055	0.0000	0.0000
高家硷	群体 1	0.0250	0.0064	0.0860	0.0022
	群体 2	0.0143	0.0172	0.0025	0.0039
	群体 3	0.0040	0.0028	0.0000	0.0013
李郝山	群体 1	0.0042	0.0007	0.1198	0.0393
	群体 2	0.0001	0.0000	0.0056	0.0052
	群体 3	0.0000	0.0042	0.1027	0.0051
安沟	群体 1	0.0796	0.0334	0.0025	0.0000
	群体 2	−0.1081	0.0039	0.0022	0.0000
	群体 3	0.0643	0.0031	0.0138	0.0000
白家焉	群体 1	0.0051	0.0285	0.1654	0.0064
	群体 2	0.0008	0.0095	0.2126	0.0000
	群体 3	0.0000	0.0010	0.0000	0.0000

村庄	群体	种植偏好			
		玉米	马铃薯	红葱	杂粮
高渠	群体 1	0.0431	0.0139	0.0236	0.0010
	群体 2	0.0383	0.0314	0.0000	0.0000
	群体 3	0.0242	0.0296	0.0000	0.0000
麻渠	群体 1	0.0482	0.0033	0.0984	0.0021
	群体 2	0.0395	0.0181	0.0000	0.0000
	群体 3	0.1413	0.0266	0.0000	0.0000
高西沟	群体 1	0.0064	0.0809	0.0028	0.0010
	群体 2	0.0098	0.0513	0.0203	0.0024
	群体 3	0.0132	0.0792	0.0000	0.0018
冯渠	群体 1	0.0013	0.0039	0.0001	0.0003
	群体 2	0.0091	0.0052	0.0006	0.0005
	群体 3	0.0042	0.0044	0.0000	0.0000
田渠	群体 1	0.0038	0.0191	0.0044	0.0010
	群体 2	0.0014	0.0529	0.0000	−0.0024
	群体 3	0.0013	0.0186	0.0000	0.0000
陈家沟	群体 1	0.0075	0.0209	0.0847	0.0214
	群体 2	0.0204	0.0257	0.0096	0.0035
	群体 3	0.0264	0.0155	0.0235	0.0134
阳山	群体 1	0.1582	0.0063	0.0000	0.0151
	群体 2	0.0000	0.1613	0.0000	0.0000
	群体 3	1.0529	0.0629	0.0000	0.0870
高庙山	群体 1	0.0497	0.0476	0.0567	0.0048
	群体 2	0.0140	0.0509	0.0184	0.0051
	群体 3	0.0145	0.0528	0.0000	0.0030
均值	—	0.0414	0.0262	0.0242	0.0059

　　由式（3.41）～式（3.43）计算可得，有无合作组织村庄类型下村域整体农户作物种植决策表如表 3.28 所示。对有合作组织的村庄整体而言，各村均以红葱种植决策为主，其中，刘渠的红葱种植明显高于其他各村，这与该村具有红葱种植的传统密不可分。无合作组织村庄中整体而言，阳山村玉米的种植决策较强；高西沟村马铃薯种植决策较强；白家焉村的红葱种植决策较强；李郝山村的杂粮种植决策较强。

表 3.28 有无合作组织村庄类型下村域整体农户作物种植决策偏好

类型	村名	种植偏好			
		玉米	马铃薯	红葱	杂粮
有合作组织村庄	刘渠	0.0012	0.0278	0.1712	0.0004
	李谢硷村	0.0078	0.0054	0.1682	0.0004
	姜兴庄	0.0079	0.0020	0.0365	0.0028
	井家沟	0.0066	0.0021	0.1004	0.0080
	马蹄洼	0.0087	0.0168	0.0711	0.0009
无合作组织村庄	马家沟	0.0092	0.0463	0.0042	0.0063
	姬寨	0.0044	0.0017	0.0107	0.0192
	折家坪	0.0057	0.0056	0.0055	0.0020
	高家硷	0.0210	0.0084	0.0616	0.0024
	李郝山	0.0041	0.0007	0.1174	0.0383
	安沟	0.0400	0.0229	0.0042	0.0000
	白家焉	0.0047	0.0266	0.1627	0.0059
	高渠	0.0416	0.0177	0.0184	0.0008
	麻渠	0.0507	0.0045	0.0916	0.0020
	高西沟	0.0085	0.0701	0.0086	0.0016
	冯渠	0.0049	0.0045	0.0003	0.0003
	田渠	0.0033	0.0249	0.0034	0.0004
	陈家沟	0.0168	0.0211	0.0434	0.0133
	阳山	0.1621	0.0377	0.0000	0.0150
	高庙山	0.0443	0.0482	0.0500	0.0048

由式（3.44）～式（3.48）计算可得，不同村庄类型下整体农户作物种植决策偏好如表 3.29 所示，由表 3.29 可知，高渠乡无论村庄有红葱种植合作组织与否，均以红葱种植为主。高渠乡作为"一乡一业"红葱产业的典型示范乡镇，各村通过红葱种植积极响应，政府大力发展红葱集聚产业，也进一步体现出政策对于农户土地利用行为的影响。

表 3.29 不同村庄类型下整体农户作物种植决策偏好

类型	种植偏好			
	玉米	马铃薯	红葱	杂粮
有组织村庄	0.0068	0.0098	0.1089	0.0026
无组织村庄	0.0202	0.0219	0.0414	0.0086
整体	0.0149	0.0171	0.0679	0.0062

2. 基于 GMAS 模型的空间化模拟

图 3.22（a）表示 2016 年高渠乡农户行为模拟结果图，图 3.22（b）表示 GMAS 模型模拟结果勘误图。由图 3.22 可以看出，该模型整体模拟效果较好，其失误部分分布较为细碎且零散，主要在乡镇的四周边缘村庄。红葱、马铃薯和杂粮的模拟失误率较高，主要和农户作物种植意图相关。红葱、马铃薯属于经济作物，加之红葱种植合作经济组织的影响，且红葱的经济效益明显高于其他作物类型，因此存在潜在种植红葱农户，其种植红葱的意图相较其他作物类型较为明显。此外，当地有马铃薯和杂粮轮作种植的习惯，耕地地块自然条件较为接近，耕地地块数量多而碎，因此杂粮、马铃薯的失误率也较高。

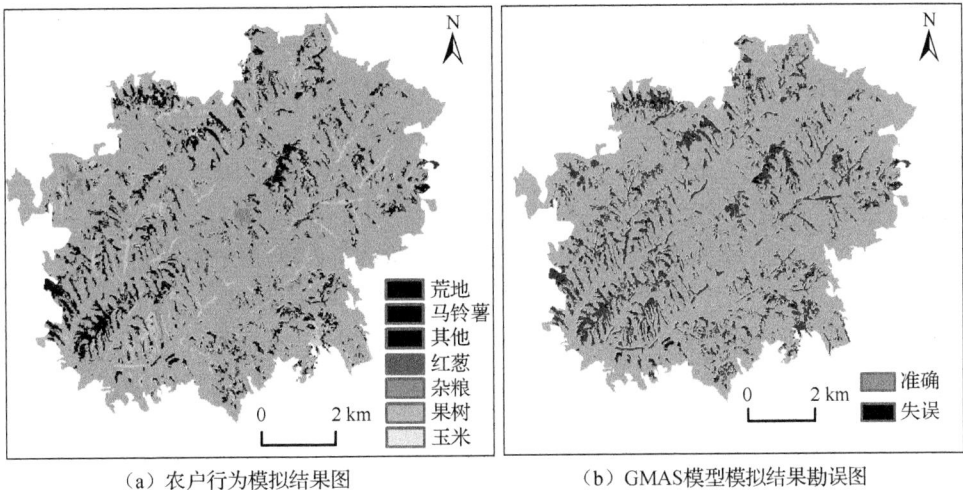

（a）农户行为模拟结果图　　　　　　　　　　（b）GMAS模型模拟结果勘误图

图 3.22　2016 年高渠乡农户行为模拟结果图及勘误图

3. 情景模拟与分析

根据"十二五"发展战略，米脂县将农业现代化作为主攻方向，发展了一批高产高效的示范区，其中高渠乡是红葱集聚产业"一乡一业"示范乡镇。在"十三五"发展规划中，该县将继续坚持创新、协调、绿色、开放、共享的发展理念，大力发展现代农业；其中，对于现代特色农业的发展，秉承"一业主导，多业并举"的理念，积极推进红葱等产业可持续发展。

2016 年 12 月 29 日，农业部印发了《全国农业机械化发展第十三个五年规划》，其中，提到农机具的使用量将促进农业土地集约高效利用。结合当地的"十三五"规划要求（即加快改善生态环境，促进区域协调发展，创建公平竞争的市场环境，全面建成小康社会的规划和经济发展进入新常态），为了进一步分析合作经济组织对农户土地利用行为的影响及对当地红葱集聚产业的可持续发展的影响，结合农户种植红葱的能力和对红葱市场的能力掌控，本小节假设了 3 种不同的情景，并基于 GMAS 模型通过 NetLogo 平台进行情景预测。

（1）情景 1。当地政府不对红葱合作经济组织进行监督和管理，仅解决红葱病虫害等基础问题，同时，政府鼓励果树种植；合作经济组织与农户之间的约束力较弱，未签订相关的业务合同；农户个体承担所有的市场风险，市场竞争力较弱。

（2）情景 2。当地政府为农户提供红葱种植技术培训及病虫害防治指导，规范红葱合作经济组织，对合作组织进行监督和管理；合作经济组织和农户共同承担市场风险。

（3）情景 3。为大力实现"十三五"规划目标，鼓励农户加入合作经济组织，政府为红葱合作经济组织提供基础建设资金支持及资源配置（如农机具和厂房等基础设施的配置，以及种植和病虫害防治等相关技术人员的配置）；创建红葱合作经济发展品牌化，推广网络等宣传平台，引进红葱深加工技术，扩展合作组织的业务范畴；政府对合作组织实行规范化管理和实施督察；市场风险由政府和合作经济组织共同承担（如遇自然灾害等意外情况合作组织对合作组织成员进行经济补贴）。

基于 NetLogo 模拟平台对 GMAS 模型分别进行不同情景的模拟预测，平台界面设计如图 3.23 所示。相较于模型的模拟验证部分，GMAS 模型增加了模拟预测部分。图 3.23 中图像为 2015 年高渠乡农户作物种植图。

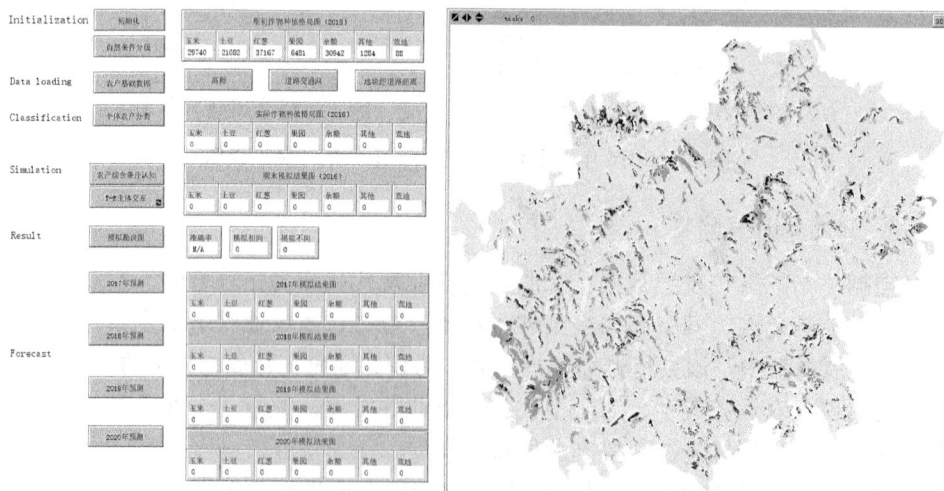

图 3.23　基于 NetLogo 的 GMAS 模型情景模拟界面

针对三种不同的情景，本小节模拟了不同情景下 2015～2020 年高渠乡农户土地利用种植行为，得到了相应的结果，其具体情况如下。

（1）情景 1。结合所设定的情景，在该条件下，农户抵抗市场风险的能力较弱，对于红葱这种市场风险较大的经济作物，其种植意愿不是很强烈，且在政府鼓励果树种植的政策引导下，其更趋向于果树种植。对应的模拟预测规则将发生相应变化，玉米和果树由于种植习惯和农户种植认知将不发生变化，如果政策引导则偏向导向型作物变化；马铃薯和杂粮作为研究区主要作物类型，一般采取马铃薯—杂粮—马铃薯的传统耕作方式；红葱的种植受到红葱合作组织的影响，主要以马铃薯—红葱，杂粮—红葱种植转化为主，且红葱种植一般正常生长周期为三年，因此红葱短时间内不会向其他作物转化。自给型农户由于种植能力的影响，耕地会发生弃耕。由于政府鼓励果树种植，高渠乡主要以马铃薯—果树、杂粮—果树、红葱—果树进行种植转化，且以没有红葱合作组织的农户群体开始优先发展果树种植。果树种植变化主要先从自然条件优越的区域开始。

在情景 1 假设条件下模拟种植类型数量变化如图 3.24 所示，其具体空间种植模拟结果图如图 3.25 所示。结合图 3.24 和图 3.25 可知，玉米的种植范围基本保持不变，马铃薯和杂粮面积减少，红葱种植面积先增长后减少，果树种植则呈现逐渐增长的趋势，同时荒地面积也逐年扩大。

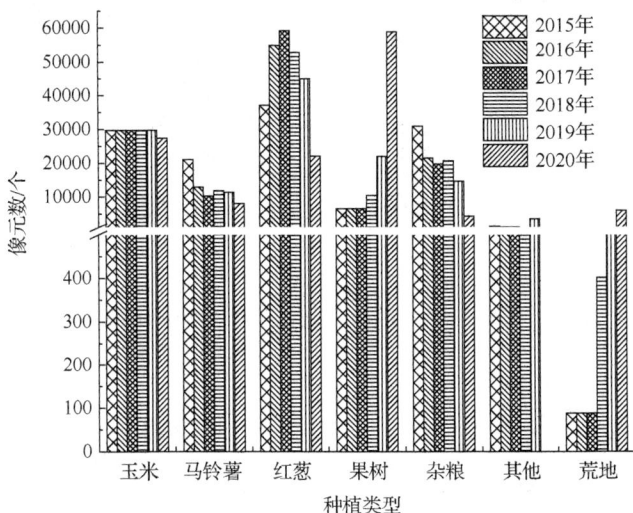

图 3.24　情景 1 假设条件下模拟种植类型数量变化

具有红葱合作经济组织的村庄，由于长期有种植红葱的传统和生产种植经验，整体而言，这类村庄的农户相较于没有合作组织的村庄的农户种植红葱的意愿强烈；而没有红葱种植合作组织的村庄农户，对于市场风险的承受力较弱，同时，该群体农户对于政府鼓励果树种植的政策响应较为积极，种植果树的意愿较强。玉米的生长与水分涵养有密切关系，即经常种植在坝地、台地区域，此处自然条件较好，且几乎家家户户在该区域都有地块，因此玉米的种植范围基本保持

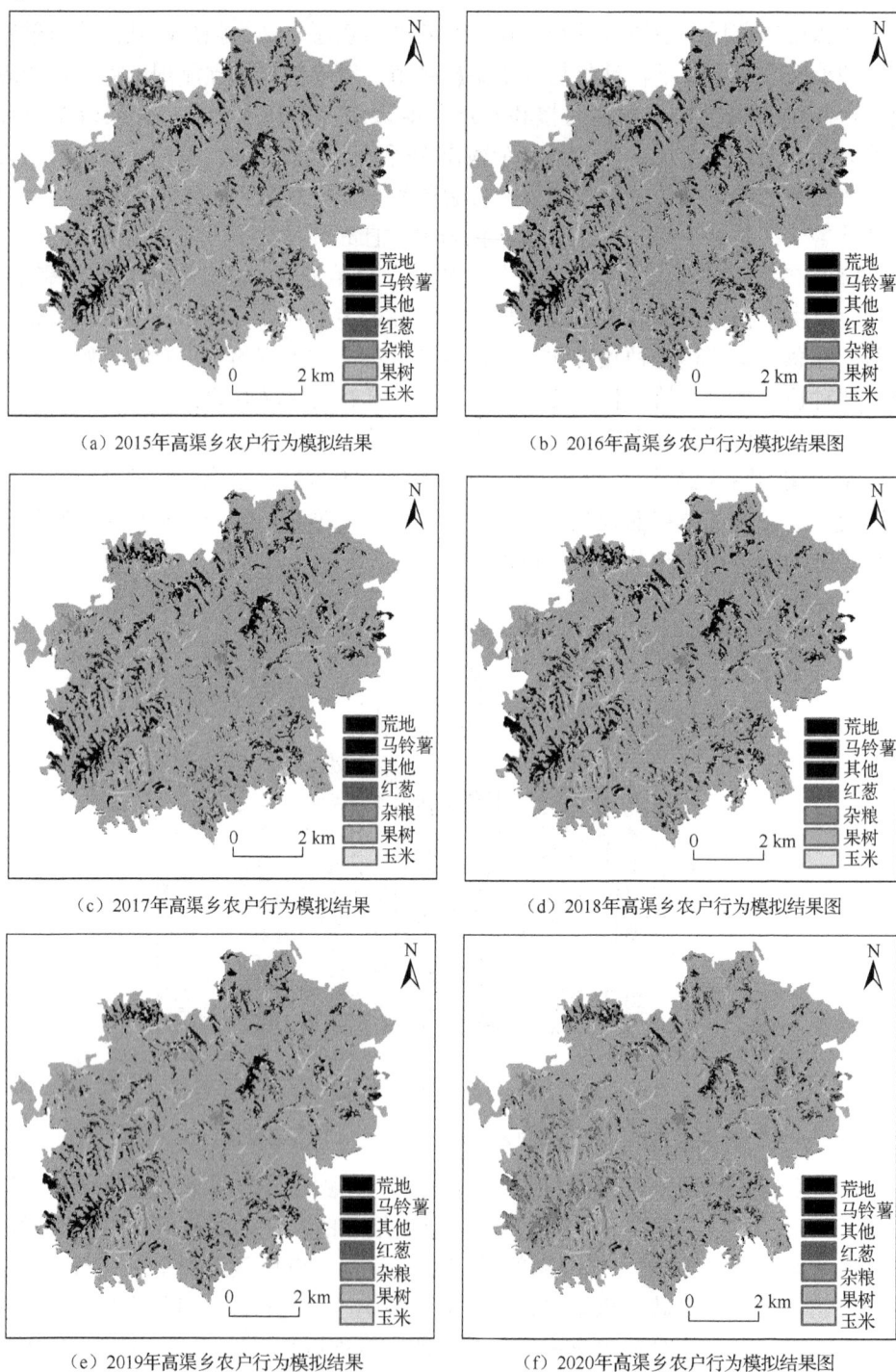

（a）2015年高渠乡农户行为模拟结果　　　　　（b）2016年高渠乡农户行为模拟结果图

（c）2017年高渠乡农户行为模拟结果　　　　　（d）2018年高渠乡农户行为模拟结果图

（e）2019年高渠乡农户行为模拟结果　　　　　（f）2020年高渠乡农户行为模拟结果图

图 3.25　基于 NetLogo 的 GMAS 模型情景 1 模拟结果图

不变。由于当地的农户平均年龄较高，考虑到农户自身的能力，随着农户年龄的增长，其种植行为具有不确定性，因此其耕地弃耕、撂荒现象是值得关注的问题。

（2）情景 2。在该情景中，合作组织得到政府的管理和监督，合作组织和农户共同承担市场风险，其模拟规则也相应地发生变化，玉米、红葱、果树以及其他作物类型不发生变化。合作组织群体中的农户，对于马铃薯和杂粮采取马铃薯—杂粮—马铃薯的种植方式。而非合作组织群体，在种植马铃薯、杂粮条件相对优越的区域地块，优先发生作物种植转化，即马铃薯—红葱、杂粮—红葱；同时，在种植马铃薯、杂粮种植条件相对一般的区域地块，保持马铃薯—杂粮—马铃薯的传统种植方式。

在情景 2 假设条件下模拟种植类型数量变化如图 3.26 所示，通过模型模拟预测的结果如图 3.27 所示。由图 3.26 可知，相较于红葱、杂粮和马铃薯，其他各类作物整体上变化浮动不是特别明显，荒地的面积有所增加。2015～2017 年，红葱的种植面积呈上升趋势，2017 年后趋于稳定而上下波动；杂粮和马铃薯则呈下降趋势，2017 年后趋于稳定而上下波动。即马铃薯和杂粮在相互轮作种植的同时，也有部分转化为红葱种植。这说明农户的红葱种植意愿有所强化，承担市场风险能力不断提高。

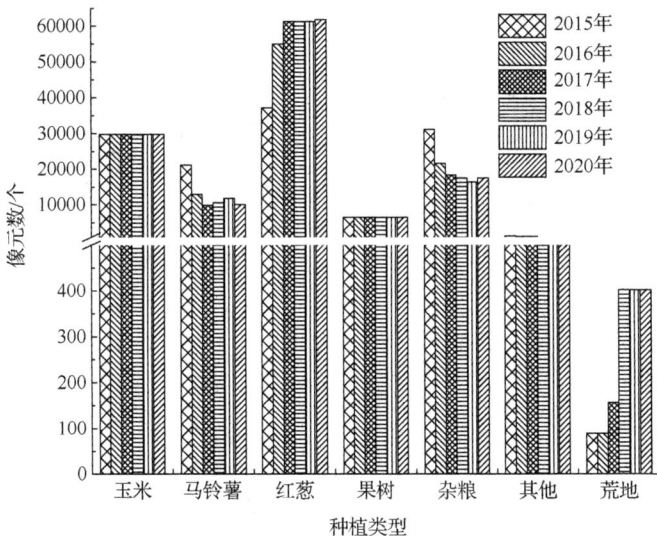

图 3.26　情景 2 假设条件下模拟种植类型数量变化

由于有红葱种植合作经济组织的村庄主要在研究区的西南和东北区域，受到合作组织的影响，该区域农户种植红葱的意愿明显高于没有红葱合作组织的村庄。空间上红葱种植的土地集约度也较高。同样地，随着农户的增长，一些条件较差的区域，如海拔较高、距道路距离较远的区域，易出现撂荒。

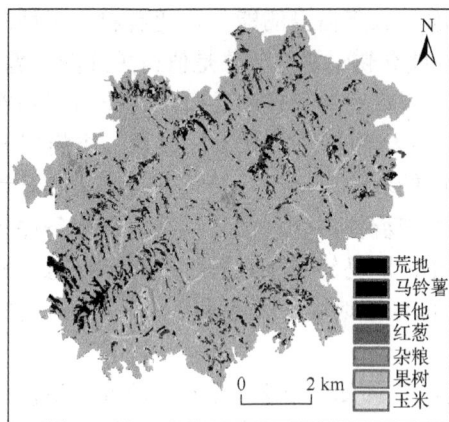

（a）2015年高渠乡农户行为模拟结果　　　　　　　（b）2016年高渠乡农户行为模拟结果图

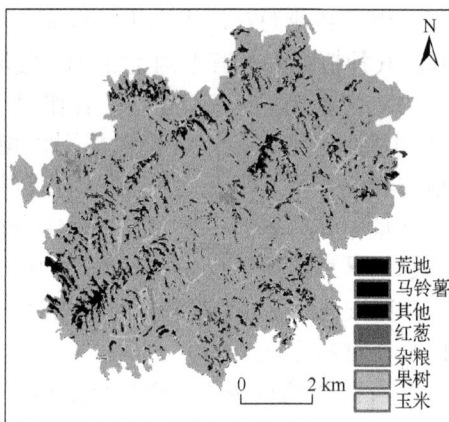

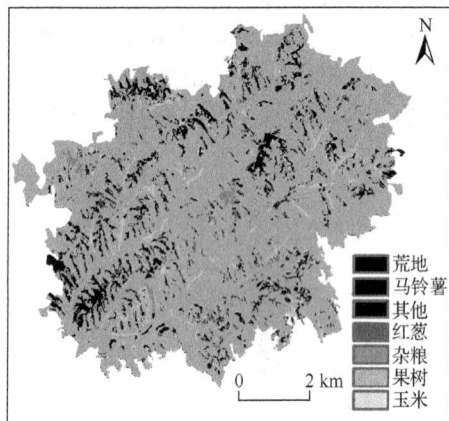

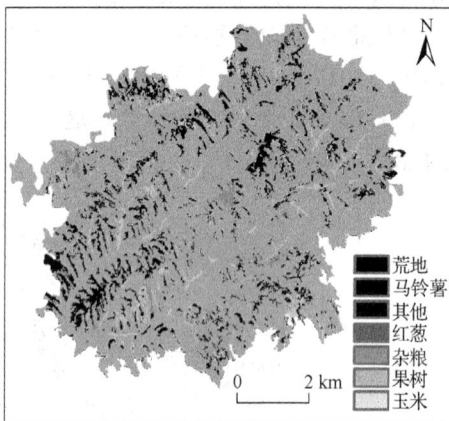

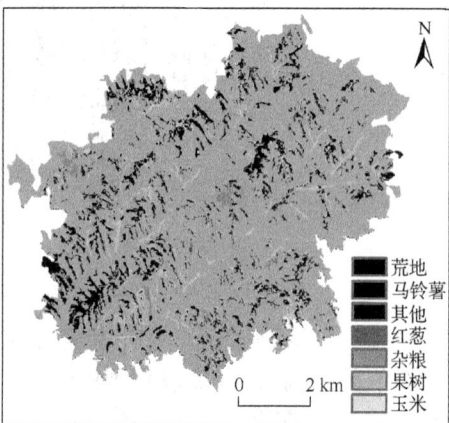

（c）2017年高渠乡农户行为模拟结果　　　　　　　（d）2018年高渠乡农户行为模拟结果图

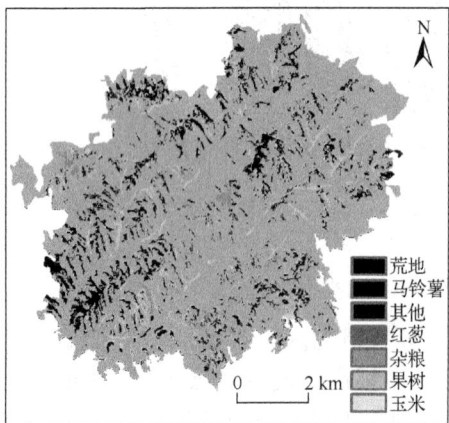

（e）2019年高渠乡农户行为模拟结果　　　　　　　（f）2020年高渠乡农户行为模拟结果图

图 3.27　基于 NetLogo 的 GMAS 模型情景 2 模拟结果图

（3）情景 3。在情景 3 中，政府高度重视合作组织的发展，关注红葱产业的集聚发展。相对于前两种情景，规则有了明显的变化。玉米、红葱、果树以及其他作物类型不变，马铃薯和杂粮采取马铃薯—红葱、杂粮—红葱的方式，优先从种植马铃薯、杂粮自然条件较好的地块进行转化，没有合作组织的村庄里种植型农户群体，较小部分种植马铃薯和杂粮区域仍采取马铃薯—杂粮—马铃薯的种植方式。

在情景 3 假设条件下模拟种植类型数量变化如图 3.28 所示，模拟作物空间种植变化格局如图 3.29。结合图 3.28 和图 3.29 可以明显看到，红葱的种植面积和种

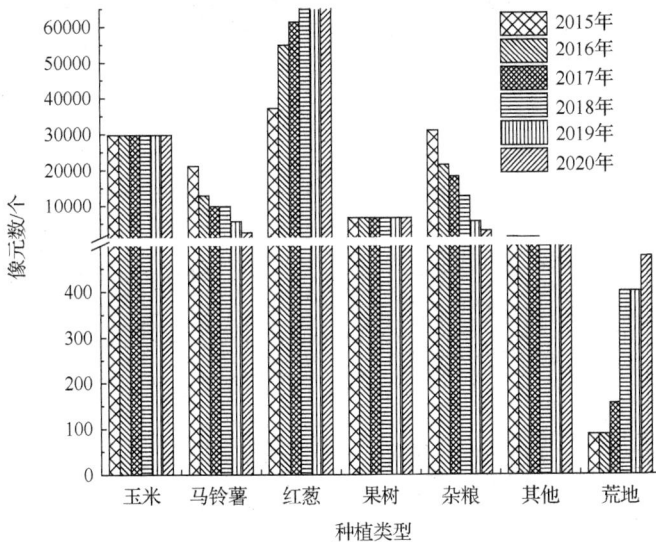

图 3.28　情景 3 假设条件下模拟种植类型数量变化

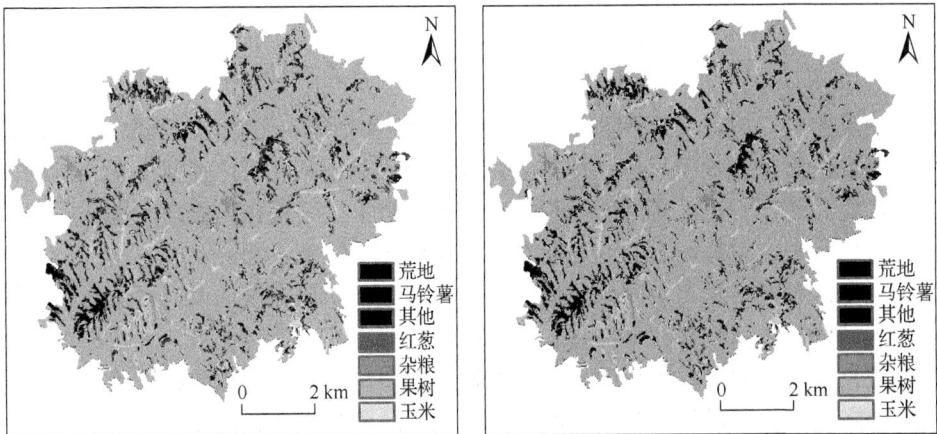

（a）2015年高渠乡农户行为模拟结果　　　　　　　　（b）2016年高渠乡农户行为模拟结果图

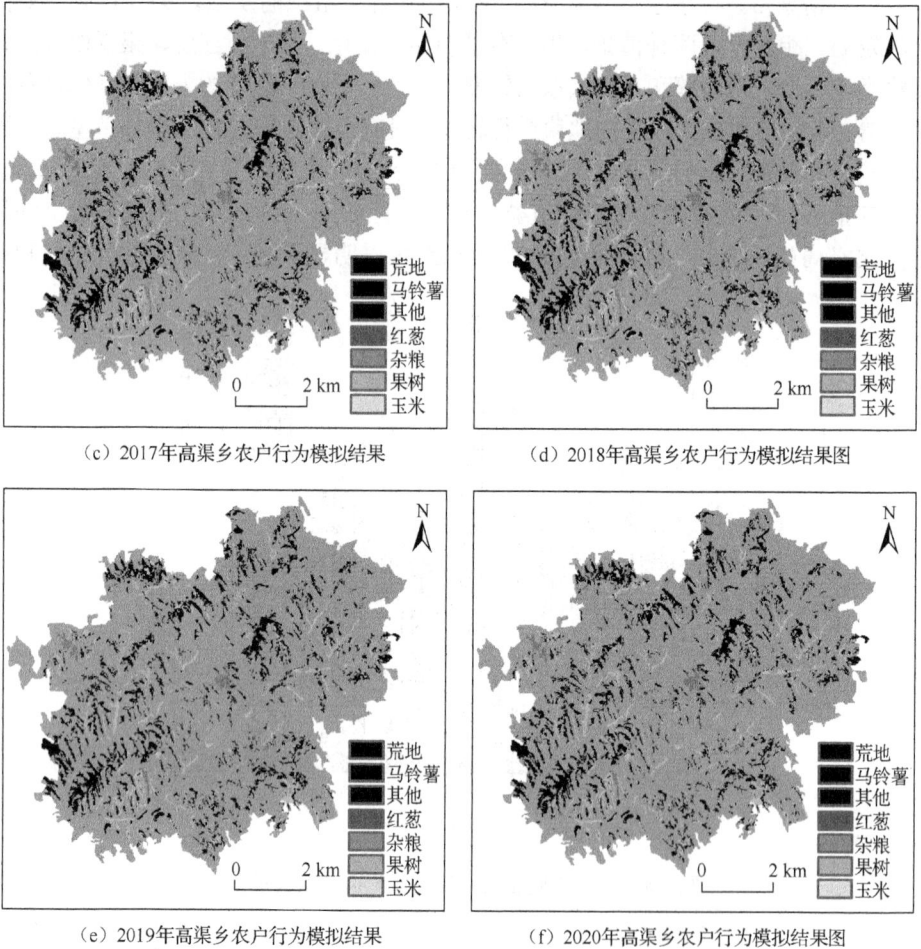

（c）2017年高渠乡农户行为模拟结果　　　　　　（d）2018年高渠乡农户行为模拟结果图

（e）2019年高渠乡农户行为模拟结果　　　　　　（f）2020年高渠乡农户行为模拟结果图

图 3.29　基于 NetLogo 的 GMAS 模型情景 3 模拟结果图

植区域呈持续上升趋势，明显高于其他作物种植类型，且空间上呈现集聚格局。由于有合作组织和政府承担市场风险，且红葱收益较高，农户种植红葱的积极性高、意愿显著。不过，荒地的面积也在持续地扩大。撂荒作为农户土地利用方式之一，体现了农村传统农业亟须向农业现代化转变的重要性。

从空间种植格局可以看到，红葱种植范围主要从研究区的西南区域向东北区域逐渐延伸，以西南部的刘渠村、李谢硇村为代表，红葱种植最为集中，东北部则以姜兴庄、井家沟较为集中，东部的折家坪和马家沟受到相邻村庄姜兴庄、井家沟的影响，红葱种植也趋于集约化。在地方政府和红葱合作经济组织的大力支持下，各村的红葱种植均有不同程度上地扩大，红葱种植占据主导地位。总体而言，情景 3 较符合红葱产业集聚发展目标要求。

此外，本小节的模型模拟及预测，一方面可以为优化政府规制提供理论基础，另一方面，如何合理地将随机不确定性突发意外状况引入模型中，使得模型更加贴合实际情况，这将是作者以后研究过程中需要进一步改进的地方。

4. 合作经济组织对区域土地利用变化的影响

农民合作经济组织作为特殊的群体，在乡村治理、乡村重构以及农业现代化发展历程中具有重要的作用。目前，我国的乡村发展正处于一个关键的转型期。村域作为农户社会经济活动的基本单元，承载着农户家庭生产生活行为，具有生产性、生活性和生态性的综合特征（龙花楼，2013）。乡村地域系统是在一定乡村地域范围内，由资源禀赋、区位条件、经济基础、人文资源和文化习俗等各要素交互作用构成的具有一定结构和功能的开放系统（龙花楼等，2017）。人地系统是人类社会与地理环境的耦合系统，在这个复杂系统中，人类主体行为决策对于地理环境的动态影响尤为重要。

立足于复杂系统理论、社会网络理论和群决策理论等理论基础，结合 GMAS 模型模拟及情景预测可知，对于乡村地域而言，农户的社会经济活动的目的大都以家庭为中心，农户基于血缘、地缘社会网络等联系形成的合作经济组织较为常见。结合乡村地域空间位置可以发现，红葱合作经济组织以村域尺度较为普遍，且像刘渠、李谢硙村及马蹄洼等有红葱合作组织的村庄，都是相邻位置上的村庄，即反映出合作组织在地理空间上的局限性，地域跨度小，其影响力受到了一定的影响，制约了较大尺度上区域土地利用的集约程度。

一个乡村中某一农户从事农产品生产经营获益时，该信息会向该农户社会网络中的其他人传递扩散，进而带动该农产品的生产经营群体范围和生产规模的扩大，为合作组织的形成和发展提供必要条件。多个农户的个体社会网络的集合是农民合作经济组织内部网络结构的基础，组织内农户个体决策是有限理性下的效益最大化决策，当合作组织所带给农户个体的效益远低于农户个体通过其他形式所得到的效益时，农户个体脱离组织或者组织面临解散的可能性就会增大。对于红葱种植性合作组织而言，农户种植红葱的意愿就会减弱，其他作物类型种植意愿增强，从而对耕地空间种植格局产生影响。因此，合作组织的发展与农户个体间社会网络协调息息相关，土地空间种植格局变化与农户种植决策偏好密切联系。

结合上述的模型结果可以看出，不同尺度层面合作经济组织对区域土地利用变化的影响具有尺度性。

（1）农户个体层面，合作经济组织对农户个体土地利用效率有所提高。农户个体加入合作组织与否，其土地种植意愿差异较大。例如，加入红葱种植合作组织的农户，其面临的市场风险由合作组织进行分担，其红葱收益较高，合作组织提供生产资料购买与销售，种植红葱意愿较高，且定期种植技术等相关培训，提高了农户的种植水平；对于耕地地块而言，单位面积上红葱的产量有所提高，单位面积地块的作物种植效益增加。

（2）农户群体层面，合作经济组织对农户群体土地利用面积的影响有所扩大。农户群体中，结合复杂系统理论、社会网络理论和群决策理论，合作经济组织作为一个特殊的群体，组织群体的群决策具有种植的一致性。例如，红葱种植合作组织，种植红葱的意愿明显高于其他作物类型，即在该合作组织群体中，其土地地块空间上呈现集聚化现象，通过组织群体的土地利用行为进一步增强了土地集约利用程度。

（3）农户整体层面，合作经济组织对农户整体土地利用空间整合度有所提升。农户整体层面，由于农户主体之间的异质性，农户的土地利用能力存在差异性。例如，高龄且体弱多病的农户，其耕种能力低下，一方面，其耕地的撂荒可能性较大，另一方面，其耕地通过承包、租种等土地流转方式将耕地流转给其他种植户，进行统一化耕种。合作组织将此种情况作为扩展作物种植范围的一种有效手段，进一步提升了土地利用的空间整合度。

综上，合作经济组织不仅对区域土地利用的质和量具有促进作用，还能够合理引导农户群体生产生活行为，促进区域土地资源可持续发展。不过，结合情景3的模拟情况，政府对于农民合作经济组织的监督和管理应该标准化。例如，政府为红葱合作经济组织提供基础建设资金支持及农机具和厂房等资源配置，以及种植和病虫害防治等相关技术人员的配置；创建红葱合作经济发展品牌，推广网络等宣传平台，引进红葱深加工技术，扩展合作组织的业务范畴；市场风险由政府和合作经济组织共同承担（如遇自然灾害等意外情况合作组织对合作组织成员进行经济补贴）。

在红葱合作经济组织的推动下，高渠乡乡村空间种植格局以红葱种植为主，经济产业结构以红葱为主，实现农业生产的专业化、规模化及集约化。这对于乡村振兴战略下乡村重构具有促进作用。

3.4.4　小结

本节基于 HBRDM 模型，通过群决策转化系数，构建 GMAS 模型，对于合作组织群体和非合作组织群体农户种植行为进行模拟及情景预测，结合群决策理论基础，进一步分析了合作经济组织对区域土地利用变化的影响，揭示乡村空间重构的微观机理，为合理引导农户群体生产生活行为，促进区域可持续发展提供了理论参考。主要结论如下：

（1）构建的 GMAS 模型能够有效适用于农户群体土地利用行为的模拟及预测。通过 GMAS 模型可以进一步揭示不同层次主体之间行为决策的转换机理。

（2）基于 NetLogo 平台进行二次编程开发，GMAS 模型的空间模拟准确率为

85.14%，能够很好地再现微观主体和宏观土地利用现象之间交互的过程。通过情景模拟，情景 3 较为符合政府发展目标，说明政府和合作经济组织对于农户决策行为的重要性。

（3）合作经济组织以村域尺度较为普遍。在乡村尺度，合作组织能有效提高土地利用效率，提高土地专业化、集约化程度，提高土地利用整合度，进一步推动乡村空间重构的发展。

（4）本节的模型模拟及预测，一方面可以为优化政府规制水平提供理论基础，另一方面，如何合理地将随机不确定性突发意外状况引入模型中，使得模型更加贴合实际情况，这将是以后研究过程中需要进一步改进的地方。

参 考 文 献

陈海, 梁小英, 王国义, 等, 2014. 基于过程的农户土地利用行为模型的设计与模拟研究[J]. 自然资源学报, 29(6): 1076-1089.

陈海, 梁小英, 郗静, 等, 2011. 生态脆弱区土地利用变化与农户响应研究[M]. 北京: 科学出版社.

陈海, 王涛, 梁小英, 等, 2009. 基于 MAS 的农户土地利用模型构建与模拟——以陕西省米脂县孟岔村为例[J]. 地理学报, 64(12): 1448-1456.

陈海, 郗静, 梁小英, 等, 2013. 农户土地利用行为对退耕还林政策的响应模拟——以陕西省米脂县高渠乡为例[J]. 地理科学进展, 32(8): 1246-1256.

陈海, 杨维鸽, 梁小英, 等, 2010. 基于 Multi-Agent System 的多尺度土地利用变化模型的构建与模拟[J]. 地理研究, 29(8): 1519-1527.

陈恒鑫, 2005. MAS 技术的应用研究[D]. 重庆: 重庆大学.

常笑, 刘黎明, 刘朝旭, 等, 2013. 农户土地利用决策行为的多智能体模拟方法[J]. 农业工程学报, 29(14): 227-237.

蔡运龙, 李双成, 方修琦, 2009. 自然地理学研究前沿[J]. 地理学报, 61(11): 1363-1374.

冯鹏飞, 王涛, 刘佺, 等, 2013. 居住位置和地块位置相邻关系对农户土地利用决策的影响[J]. 安徽农业科学, 41(32): 12735 -12737.

高波, 费奇, 2005. 从现实世界到 MAS 世界——基于 MAS 理论的复杂系统建模思想探讨[J]. 科学研究, 23(2): 179-183.

季民河, MONTICINO M, ACEVEDO M, 2009. 基于多代理模型的城市土地利用博弈模拟[J]. 地理研究, 28(1): 85-96.

康小强, 石纯一, 1999. 基于 BDI 的多 Agent 交互[J]. 计算机学报, 22(11): 1166-1171.

龙花楼, 2012. 论土地利用转型与乡村转型发展[J]. 地理科学进展, 31(2): 131-138.

龙花楼, 2013. 论土地整治与乡村空间重构[J]. 地理学报, 68(8): 1019-1028.

龙花楼, 2015. 论土地利用转型与土地资源管理[J]. 地理研究, 34(9): 1607-1618.

龙花楼, 屠爽爽, 2017. 论乡村重构[J]. 地理学报, 72(4): 563-576.

廖守亿, 王仕成, 张金生, 2015. 复杂系统基于 Agent 的建模与仿真[M]. 北京: 国防工业出版社.

黎夏, 刘小平, 2007. 基于案例推理的元胞自动机及大区域城市演变模拟[J]. 地理学报, 62(10): 1097-1109.

李小建, 2002. 欠发达农区经济发展中的农户行为——以豫西山地丘陵区为例[J]. 地理学报, 57(4): 459-468.

李小建, 2009. 农户地理论[M]. 北京: 科学出版社.

马巧云, 2006. 基于多 Agent 系统的动态任务分配研究[D]. 武汉: 华中科技大学.

马巧云, 陈学广, 2005. 一种基于 BDI 的理性决策模型[J]. 平顶山学院学报, 20(2): 26-30.

乔家君, 李小建, 葛真, 2009. 基于农户调查的村域商业经济活动空间研究[J]. 经济地理, 29(5): 817-822.

宋世雄, 梁小英, 梅亚军, 等, 2016. 基于 CBDI 的农户耕地撂荒行为模型构建及模拟研究——以陕西省米脂县冯阳
　　坬村为例[J]. 自然资源学报, 31(11): 1926-1937.

田光进, 邬建国, 2008. 基于智能体模型的土地利用动态模拟研究进展[J]. 生态学报, 28(9): 4451-4459.

王艳妮, 2016. 基于 ABM 和 CLUE-S 的区域土地利用变化模拟研究[D]. 西安: 西北大学.

王艳妮, 陈海, 宋世雄, 等, 2016. 基于 CR-BDI 模型的农户作物种植行为模拟——以陕西省米脂县姜兴庄为例[J].
　　地理科学进展, 35(10): 1258-1268.

徐旭初, 吴彬, 2010. 治理机制对农民专业合作社绩效的影响——基于浙江省 526 家农民专业合作社的实证分析[J].
　　中国农村经济, (5): 43-55.

徐泽水, 陈剑, 2007. 一种基于区间直觉判断矩阵的群决策方法[J]. 系统工程理论与实践, 27(4): 126-132.

杨雷, 席酉民, 1998. 理性群体决策的概率集结研究[J]. 系统工程理论与实践, 18(4): 90-94.

杨忍, 刘彦随, 龙花楼, 等, 2016. 中国村庄空间分布特征及空间优化重组解析[J]. 地理科学, 36(2): 170-179.

余强毅, 吴文斌, 唐华俊, 等, 2011. 复杂系统理论与 Agent 模型在土地变化科学中的研究进展[J]. 地理学报, 66(11):
　　1518-1530.

余强毅, 吴文斌, 唐华俊, 等, 2013. 基于农户行为的农作物空间格局变化模拟模型架构[J]. 中国农业科学, 46(15):
　　3266-3276.

朱佳俊, 郑建国, 2009. 群决策理论、方法及其应用研究的综述与展望[J]. 管理学报, 6(8): 1131-1136.

翟瑞雪, 戴尔阜, 2017. 基于主体模型的人地系统复杂性研究[J]. 地理研究, 36(10): 1925-1935.

钟太洋, 黄贤金, 2007. 农户层面土地利用变化研究综述[J]. 自然资源学报, 22(3): 341-352.

张珍花, 路正南, 2006. 基于效用的群决策方法在风险性决策中的应用[J]. 商业研究, (9): 81-83.

ARROW K J, 2012. Social Choice And Individual Values[M]. New Haven: Yale University Press.

BACHARACH M, 1975. Group decision in the face of differences of opinion[J]. Management Science, 22(2): 182-191.

BERGER T, 2015. Agent-based spatial models applied to agriculture: a simulation tool for technology diffusion, resource
　　use changes and policy analysis[J]. Agricultural Economics, 25(2): 245-260.

BERT F E, PODESTÁ G P, ROVERE S L, et al., 2011. An agent based model to simulate structural and land use changes
　　in agricultural systems of the argentine pampas[J]. Ecological Modelling, 222(19): 3486-3499.

BRATMAN M E, ISRAEL D J, POLLACK M E, 2010. Plans and resource-bounded practical reasoning[J].
　　Computational Intelligence, 4(3): 349-355.

BRATMAN M, 1987. Intention, Plans, and Practical Reason[M]. Boston: Harvard University Press.

COSTANZA R, RUTH M, 1998. Using dynamic modeling to scope environmental problems and build consensus[J].
　　Environmental Management, 22(2): 183-195.

EVANS T P, KELLEY H, 2004. Multi-scale analysis of a household level agent-based model of landcover change[J].
　　Journal of Environmental Management, 72(1): 57-72.

GRIMM V, BERGER U, BASTIANSEN F, et al., 2006. A standard protocol for describing individual-based and
　　agent-based models[J]. Ecological Modelling, 198(1): 115-126.

GRIMM V, BERGER U, DEANGELIS D L, et al., 2010. The ODD protocol: A review and first update[J]. Ecological Modelling, 221(23): 2760-2768.

HEWITT C, 1976. Viewing control structures as patterns of passing messages[J]. Artificial Intelligence, 8(3): 323-364.

HOLLAND J H, 1995. Hidden order: How adaptation builds complexity[J]. Leonardo, 29(3): 1-34.

JENNINGS N R, BUSSMANN S, 2003. Agent-based control systems: Why are they suited to engineering complex systems?[J]. Control Systems IEEE, 23(3): 61-73.

LIGTENBERG A, BREGT A K, LAMMEREN R V, 2001. Multi-actor-based land use modelling: Spatial planning using agents[J]. Landscape & Urban Planning, 56(1): 21-33.

LIGTENBERG A, WACHOWICZ M, BREGT A K, et al., 2004. A design and application of a multi-agent system for simulation of multi-actor spatial planning[J]. Journal of Environmental Management, 72(1): 43-55.

MENA C F, WALSH S J, FRIZZELLE B G, et al., 2011. Land use change on household farms in the ecuadorian amazon: Design and implementation of an agent-based model[J]. Applied Geography, 31(1): 210-222.

PURNOMO H, MENDOZA G A, PRABHU R, et al., 2005. Developing multi-stakeholder forest management scenarios: A multi-agent system simulation approach applied in Indonesia[J]. Forest Policy & Economics, 7(4): 475-491.

PRELEC D, 1998. The probability weighting function[J]. Econometrica, 66(3): 497-527.

SIMON H A, 1955. A behavioral model of rational choice[J]. Quarterly Journal of Economics, 69(1): 99-118.

VALBUENA D, VERBURG P H, BREGT A K, et al., 2010. An agent-based approach to model land-use change at a regional scale[J]. Landscape Ecology, 25(2): 185-199.

VERBURG P H, VELDKAMP A, FRESCO L O, 1999. Simulation of changes in the spatial pattern of land use in China[J]. Applied Geography, 19(3): 211-233.

WELLMAN B, BERKOWITZ S D, 2003. Social structure a network approach[J]. American Political Science Association, 83(4): 746.

WOOLDRIDGE M, 2009. An Introduction to Multi-Agent Systems[M]. New Jersey: Wiley & Sons.

WOOLDRIDGE M, JENNINGS N R, 1995. Intelligent agents: Theory and practice[J]. The Knowledge Engineering Review, 10(2): 115-152.

第 4 章 土地集约利用多模型的耦合及模拟

4.1 基于 ABM + CLUE-S 模型的高渠乡土地利用模拟

4.1.1 CLUE-S 模型概述与结构

1. CLUE-S 模型概述

CLUE-S（CLUE at small region extent）模型是在 CLUE 模型基础上，为在较小尺度上模拟土地利用变化及其环境效应而进行的改进。CLUE-S 模型运行需要有前提条件，即地区的土地利用变化受到该区域土地需求驱动，并且土地利用分布格局和土地需求以及该区的自然环境以及社会经济情况一直处于动态平衡之中。依据前提条件，CLUE-S 模型可以在系统论方法的基础上对不同土地利用类型之间的关系进行处理，对不同土地利用变化进行同步模拟。

2. ABM 模型与 CLUE-S 模型耦合

1）ABM 模型与 CLUE-S 模型耦合设置

CLUE-S 模型分为非空间土地需求模块及空间分配两个模块，如图 4.1 所示。

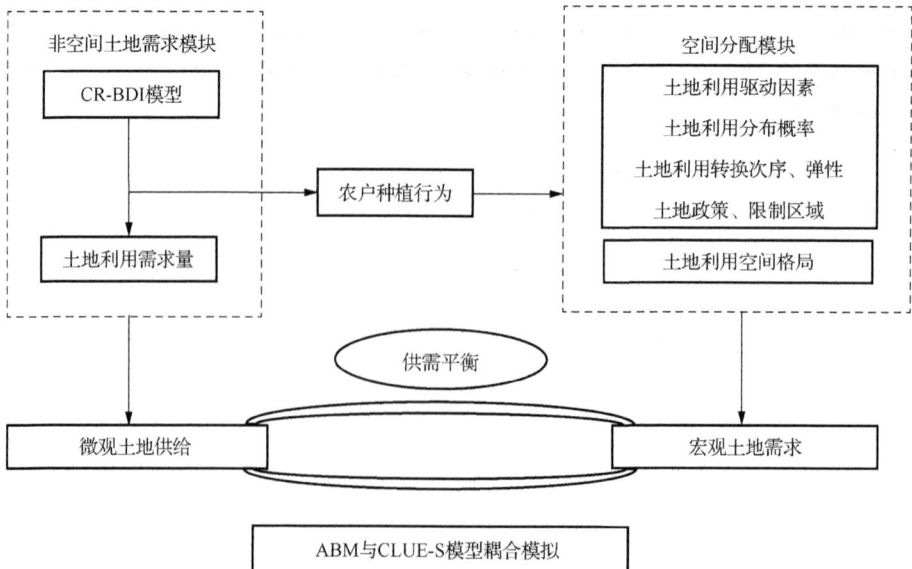

图 4.1 CLUE-S 模型结构示意图

非空间土地需求模块一般是通过其他数学模型、经济模型或者是假设条件来计算得到该地区的土地类型需求面积数量或者不同情境下的土地类型需求面积数量,将计算结果输入到 CLUE-S 模型中进行模拟运算。本书设计利用微观 ABM 模型的 CR-BDI 模型求出主要作物种植面积作为土地需求,以实现微观与宏观模型的耦合;另一个耦合点是土地利用转移弹性系数,依靠农户对不同作物种植的稳定程度获得。空间分配模块是将非空间需求模块计算得到的面积数量结果分配到空间位置上,以实现空间模拟。

2)CLUE-S 模型的支撑条件

CLUE-S 模型在运行时需要以下四个支撑条件:

(1)空间政策与限制区域,主要通过区域限制性因素(如自然保护区、基本农田保护区等)和政策性限制因素(如禁止砍伐森林的政策就会限制林地向其他土地利用类型变化)来限制土地利用的变化。

(2)土地利用类型转移设置,包含土地利用类型转移弹性和土地利用类型转移次序两部分。转移弹性(ELAS)一般用 0~1 的数值来表示,当数值为 0 时,表示地类极易向其他地类发生变化,越接近 1 转变的可能性越小。利用程度高的地类一般很难向利用程度低的地类转变。例如,建筑用地一般不会向其他的土地利用类型发生转变。土地利用类型转移次序是通过设定一个矩阵来表现各种地类之间能否发生变化,0 表示不发生变化,1 表示可以转变。

(3)土地需求,通过外部模型计算得到,用来限定模拟过程中的土地利用变化量。

(4)空间特征,需要计算出每种地类在空间的分布概率,每种地类的空间分布适宜性。在该模型中,可以根据自然及社会经济等驱动因子,利用 Logistic 方程计算每个栅格单元出现某种地类的概率,其表达式如下:

$$\lg\{p_i/(1-p_i)\} = \beta_0 + \beta_1 X_{1,i} + \beta_2 X_{2,i} + \cdots + \beta_n X_{n,i} \qquad (4.1)$$

式中,p_i 为每个栅格内可能出现某种地类 i 的概率;$X_{n,j}$ 为驱动因子;β_n 为各影响因子的回归系数。运用该方法可以筛选显著性较高的因子并筛除掉显著性不高的因子。

Logistic 方法的计算结果为回归系数的指数,通常用指数 $\text{Exp}\beta$ 表示,即一个事件发生的概率与不发生概率的比值。当某驱动因素的 $\text{Exp}\beta>1$ 时,其对应的地类发生比会增加;某驱动因素的 $\text{Exp}\beta=1$ 时,其对应的地类发生比不变;某驱动因素的 $\text{Exp}\beta<1$ 时,其对应的地类发生比会相应减少。对于 Logistic 回归分析的效果,一般使用相对操作特征分析法(relative operating characteristics,ROC)方法进行检验(高宇,2015)。最终根据 Logistic 结果得到各地类的空间分布概率适宜图。

3. CLUE-S 模型数据

CLUE-S 模型所需的输入文件如表 4.1 所示。

表 4.1　CLUE-S 模型文件汇总表

文件名	说明
main1.txt	模型的主要参数设定文件
cov_all.0	模拟起始年份土地利用图
demand.in*	不同情景下的土地利用需求量（*代表不同情景编号）
allow.txt	土地利用转换矩阵
sclgr*.fil	土地利用驱动因素文件（*代表驱动因素编号，从 0 开始）
alloc.reg	回归结果文件
region_park*.fil	限制区域文件

（1）main1.txt 文件中的参数的描述详见表 4.2。

（2）基础年份土地利用分布文件（cov_all.0）。该文件表示基础年份的土地利用分布情况，用单个 cov_all.0 文件表示。

（3）需求文件（demand.in*）。文件中*表示情景编号，文件包括预测期所有年份每年的土地利用需求量。

（4）区域约束文件（region_park*.fil）。"region*.fil"文件为 ASCII 码格式，其中，"0"表示土地利用类型可以发生变化；"-9998"表示土地类型不发生转化限制区域；"-9999"表示"Nodata"。

（5）驱动因子文件（sclgr*.fil）。其中*表示从 0 开始的编码。它用 ASCII 格式表示驱动力空间分布位置情况。

（6）回归方程参数设定文件（alloc.reg）。alloc.reg 文件为逻辑回归运算的编辑结果，设置如下。第一行：各土地利用类型编码（从 0 开始编码）；第二行：各地类逻辑回归方程中的常数项；第三行：逻辑回归方程中解释因子的数量；第四行：各地类解释因子的回归系数及其对应编码。然后以相同的顺序重复下一种土地利用类型。

（7）转化方向矩阵文件（allow.txt）。allow.txt 文件内容为 $n×n$ 的矩阵，其中 n 表示地类数量，矩阵中有 0、1 两种代码，0 表示地类间不能转变，1 表示地类间可以转变。

表 4.2　main1.txt 文件参数表

行数	说明	类型
1	土地利用类型数目	整型
2	研究区数目	整型
3	回归方程独立变量最大数目	整型
4	驱动因素数目	整型
5	栅格行数	整型
6	栅格列数	整型

续表

行数	说明	类型
7	栅格面积	浮点型
8	X 坐标	浮点型
9	Y 坐标	浮点型
10	土地利用类型编码（从 0 开始）	整型
11	各地类转换弹性	浮点型
12	迭代变量	浮点型
13	模拟基期年份和终止年份	整型
14	各年份的驱动因子的编码	整型
15	输出文件方式	0，1，2 或-2
16	区域特定回归选择	0，1，或 2
17	土地利用历史设定初值	0，1，或 2

4. CLUE-S 模型动态模拟

CLUE-S 模型动态模拟土地利用变化分配的具体过程如表 4.3 和图 4.2 所示。

表 4.3　空间分配过程表

序号	迭代步骤	说明
1	选定模拟栅格	剔除研究地区限制区内的栅格，不参与接下来的运算
2	计算总概率	$\text{TPROP}_{i,u} = P_{i,u} + \text{ELAS}_u + \text{ITER}_u$ 式中，$\text{TPROP}_{i,u}$ 为土地利用类型分布的总概率；ITER_u 为土地利用类型 u 的迭代变量；ELAS_u 为按照土地利用转换规则而设置的参数
3	空间初次分配	根据每个栅格对不同的土地利用类型分布的总概率，从大到小对每个栅格的土地利用变化情况进行初次分配
4	比较面积	假如 S_0（分配面积）>S_N（需求面积），则减小 ITER_u 的值；反之，$S_0<S_N$，则增大 ITER_u 的值；再继续进行土地利用变化的第二次分配
5	重复第 2~4 步	当各种土地利用变化的 $S_0=S_N$ 时为止，保存该年份的分配图并对下一年份的土地利用变化进行分配

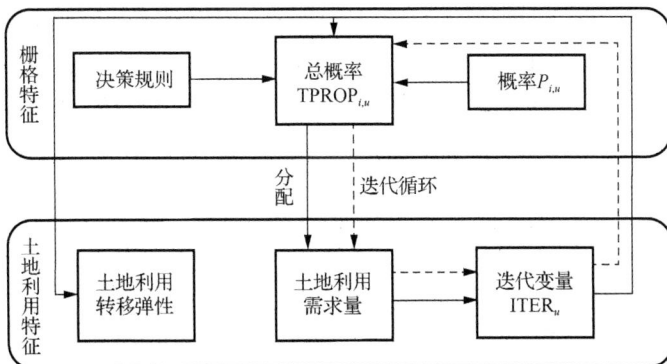

图 4.2　土地利用变化分配的迭代过程示意图

5. 模拟方案

以高渠乡 2014 年土地利用图为基础数据,将地类划分为玉米、马铃薯、红葱、杂粮、其他作物和其他地类 6 类。结合研究区特点,首先选取对农业生产影响较大的因子,对各土地利用类型进行 Logistic 回归分析,剔除不显著的因子,然后模拟高渠乡 2015 年的土地利用情况。

6. 尺度选择

在 CLUE-S 模型中,空间尺度即空间分辨率越高(栅格越小),反映的信息就越详细,反应的细节也更多;空间尺度即空间分辨率越低(栅格越大),损失的细节也较多,反映的信息就较少。在保证精度的前提下提高分辨率,并且提高与 ABM 模型模拟结果的对比度,本章最终选择 10m 空间尺度的分辨率,含 1196 行,1095 列。

4.1.2　驱动因子

1. 驱动因子选取原则

土地利用变化受多种因素作用,合理的驱动因子选择对提高模拟精度有重要的意义。在研究过程中,驱动因子的选择遵循以下原则:

(1)可获取性。因子选择的重要前提是数据的可获取性,这包括实地调研获取的地籍数据、问卷调查数据以及统计资料数据等。

(2)一致性。数据的基本属性要一致,并且不仅要在空间上保证一致,在时间上也要一致。

(3)可操作性与关联性。选取的因子必须可操作,并且因子与地类之间要有较高的相关性,可以通过相关性分析,剔除相关性不高的因子,保留相关性高的因子。

(4)多样性。在选取因素时要保证多样性,既要考虑自然环境因素,也要考虑社会经济因素,综合土地利用格局的影响。

根据以上原则,结合高渠乡的实际情况,本节选取 10 个初始驱动因素如表 4.4 和图 4.3。

表 4.4　初始驱动因素表

编号	驱动因素	说明
1	距公路距离	栅格中心距公路的距离
2	距村路距离	栅格中心距村路的距离
3	距河流距离	栅格中心距河流的距离
4	距居民点距离	栅格中心距居民点的距离

续表

编号	驱动因素	说明
5	距中心城镇距离	栅格中心距中心城镇的距离
6	人均年收入	行政区内人均年收入
7	平均人口密度	行政区内平均人口密度
8	DEM	栅格中心高程值
9	坡度	栅格的切平面与水平地面的夹角
10	坡向	栅格坡面法线在水平面上的投影方向

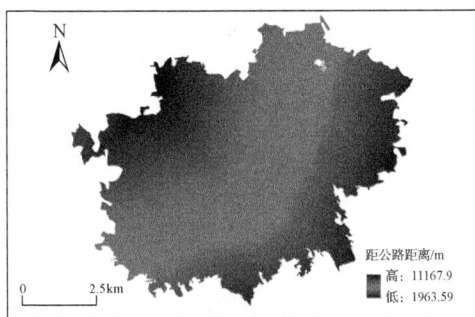

（a）距公路距离

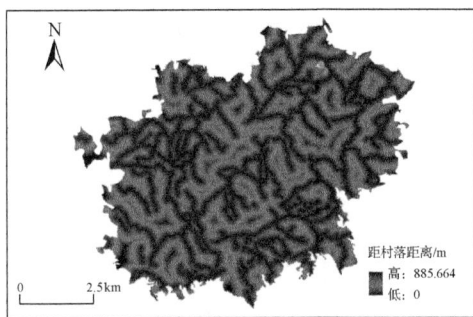

（b）距村路距离

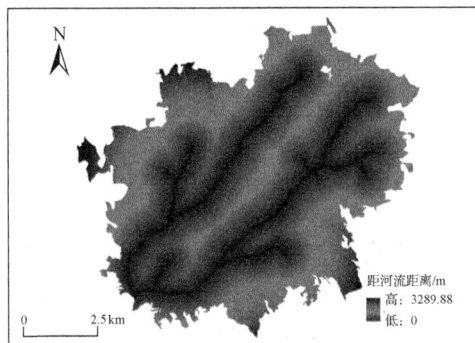

（c）距河流距离

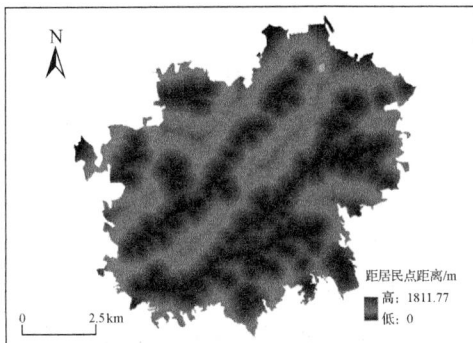

（d）距居民点距离

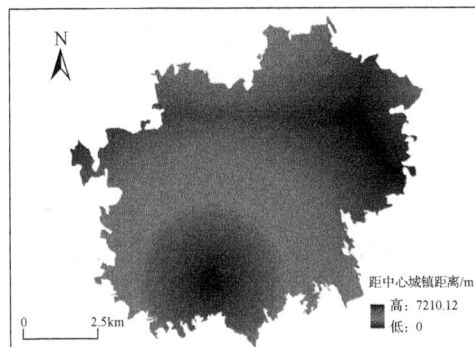

（e）距中心城镇距离

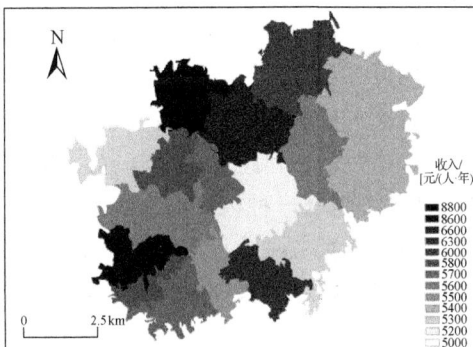

（f）人均年收入

（g）平均人口密度　　　　　　　　　　　（h）DEM

（i）坡度　　　　　　　　　　　　　　（j）坡向

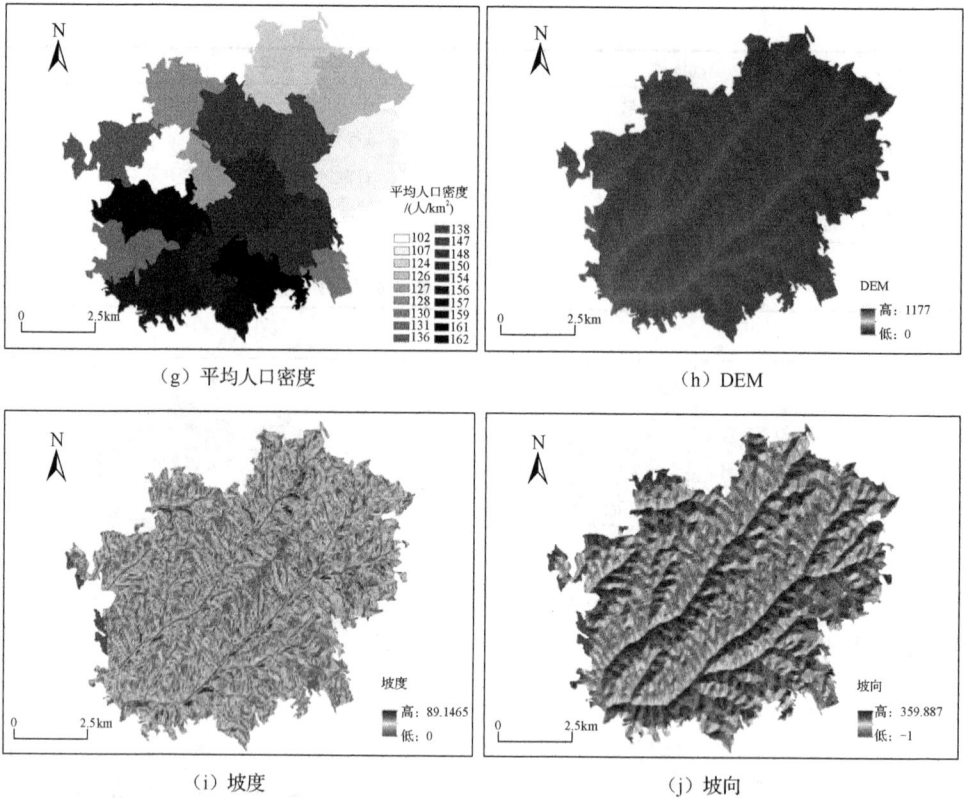

图 4.3　驱动因素

2. Logistic 回归分析

通过 Logistic 回归分析，可以保留影响显著的因子，剔除不显著因子。在操作时，首先要把 6 种土地利用类型和 10 种驱动因素的栅格数据形成转化为 ASCII 码格式文件，然后利用 CLUE-S 模型软件自带的 file covert 工具对数据进行整合，输出 txt 文件；导入 SPSS 软件，运用 Binary Logistic 分析，计算得到玉米地、马铃薯地等 6 种地类与 10 个驱动因素间的回归系数，结果如表 4.5 和表 4.6 所示。

通过分析发现，相对于其他地类，农作物在道路因子、海拔因子及人口等因子的影响下作物发生变动较大，基本呈正相关关系，即距离道路越近，种植农作物的可能性增加，距离道路越远，其他地类发生的概率较大；而 DEM 因子则相反，DEM 越低，种植农作物的发生比越大，DEM 越高，玉米发生概率越低，红葱、马铃薯次之，杂粮发生概率最高，同时，在距离居民点较近时作物发生的概率也较大，这也与实际情况相符合。

表 4.5　各地类 Logistic 回归 Beta 系数值

参数	土地利用类型					
	玉米	马铃薯	红葱	杂粮	其他作物	其他地类
常量	-2.053	1.974	-1.783	-0.887	1.134	1.564
距公路距离	-0.001	0.003	0.003	—	0.03	0.024
距村路距离	-0.001	0.004	0.006	0.001	0.004	0.003
距河流距离	0.003	—	—	—	—	0.002
距居民点距离	—	-0.001	-0.002	-0.001	—	-0.041
距中心城镇距离	0.001	—	0.002	—	-0.003	0.014
人均年收入	—	0.001	0.003	0.001	—	-0.002
平均人口密度	—	-0.001	0.003	0.002	—	—
DEM	-0.007	0.001	0.001	-0.002	-0001	0/002
坡度	-0.002	—	-0.002	-0.003	0.005	
坡向	—	0.002	0.001	—	0.003	—

表 4.6　各地类 Logistic 回归 $\mathrm{Exp}\beta$ 系数值

参数	土地利用类型					
	玉米	马铃薯	红葱	杂粮	其他作物	其他地类
常量	0.937	0.789	0.517	1.015	2.78	0.856
距公路距离	1.000	0.993	0.994	0.994	1.000	1.007
距村路距离	1.000	0.992	0.993	1.001	1.000	1.015
距河流距离	1.005	1.000	1.000	1.000	1.000	1.010
距居民点距离	1.002	1.003	1.003	1.008	0.995	0.991
距中心城镇距离	1.005	1.003	1.004	0.997	0.973	0.890
人均年收入	1.001	1.002	1.004	1.001	1.004	0.795
平均人口密度	1.001	1.002	1.003	1.000	1.000	0.999
DEM	0.997	0.988	0.982	0.993	1.000	1.051
坡度	0.945	0.995	0.992	0.994	1.001	1.063
坡向	0.997	0.998	0.996	0.998	0.997	1.042

4.1.3　模拟有效性检验

Logistic 回归分析的结果可通过 ROC 检验，一般认为 ROC 大于 0.7，说明选择的驱动因子具有很好的解释。通过 SPSS 软件可以计算得到 ROC 曲线，曲线下方的面积越大，说明驱动因素越具有说服力。各种地类的 ROC 检验曲线如图 4.4。

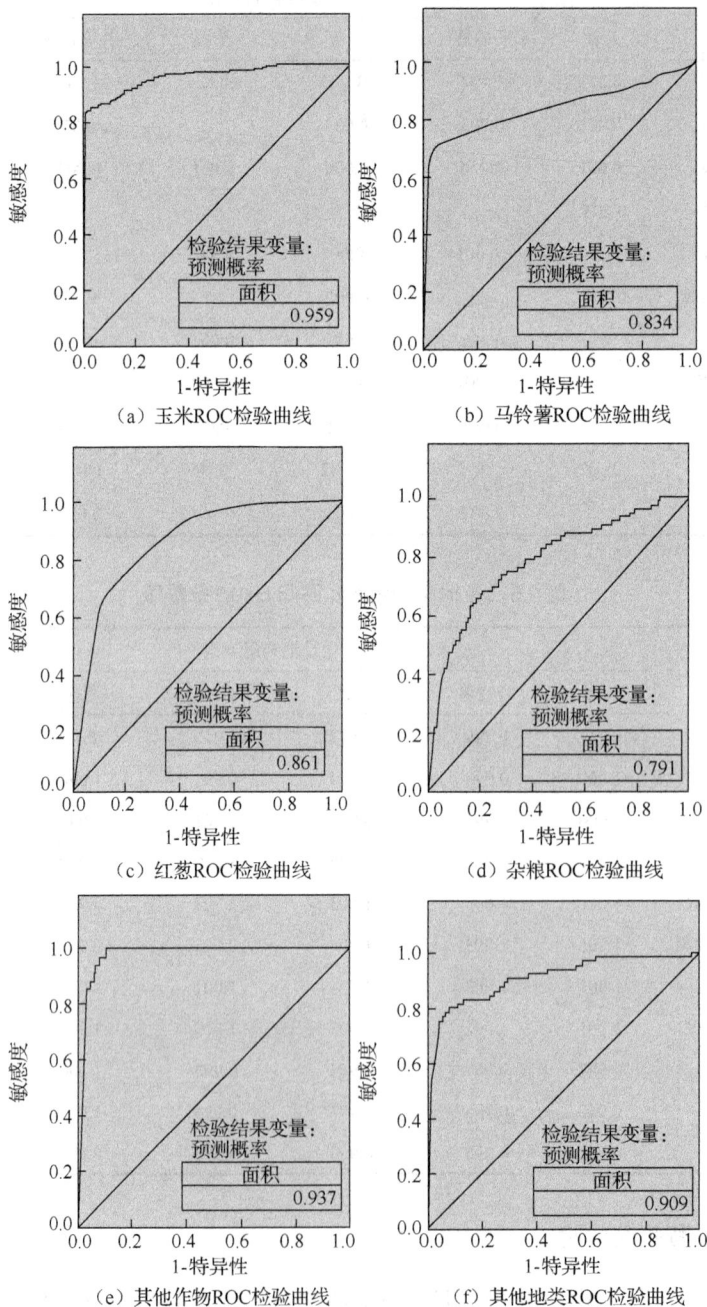

（a）玉米ROC检验曲线　　　　（b）马铃薯ROC检验曲线

（c）红葱ROC检验曲线　　　　（d）杂粮ROC检验曲线

（e）其他作物ROC检验曲线　　　　（f）其他地类ROC检验曲线

图 4.4　各种地类 ROC 检验曲线

　　通过 ROC 检验可以看出，各地类的 ROC 曲线直线的面积都大于 0.75，说明选取的驱动因子对 6 种地类的解释能力较强。其中，杂粮的 ROC 较低，原因是杂粮分布比较零散，一般因子很难对其进行全面的解释。

4.1.4　研究区空间格局变化

1.　模拟参数设置

1）main1.txt 文件

main1.txt 文件为所有输入项目的概述文件，本章模拟的文件内容具体如表 4.7 所示。

表 4.7　main1.txt 文件参数设置

行数	设置项	设置值
1	土地利用类型数	6
2	研究区数目	1
3	驱动力方程中最大的有效变量数目	9
4	总的驱动力数目	10
5	总栅格行数	1095
6	总栅格列数	1196
7	单个栅格的面积	0.01
8	X 坐标	37423736.2906
9	Y 坐标	4184875.0556625
10	土地利用类型序号	0、1、2、3、4、5
11	转移弹性系数	0.90、0.86、0.85、0.80、0.88、0.96
12	迭代变量系数	0 0.30 1
13	模拟的起始和结束年份	2014 2015
14	输出选择	0
15	特定回归选择	1
16	土地利用历史初值	0
17	邻近区域选择计算	1—5
18	区域特定优先值	0

　　两种模型耦合的目的一是土地利用需求，二是弹性系数的确定。转移弹性系数的确定目前没有成熟方法，一般是研究者根据地区发展特点、历史数据

等进行反复试验，得出弹性系数。本章通过前述 ABM 模型模拟过程中作物年
际变化情况，以及种植农作物采取马铃薯—红葱、杂粮—红葱、杂粮—马铃
薯的轮作方式得出，其他地类基本保持不变，玉米的种植最稳定，其他作物、
马铃薯、红葱次之，杂粮的种植最容易发生变化，从而对农作物的弹性系数
作出调整。

2）cov_all.0 文件

将模拟初始年份的土地利用图各地类分别赋值：玉米=0，马铃薯=1，红葱=2，
杂粮=3，其他作物=4，其他地类=5，高渠乡 2014 年土地利用类型如图 4.5。

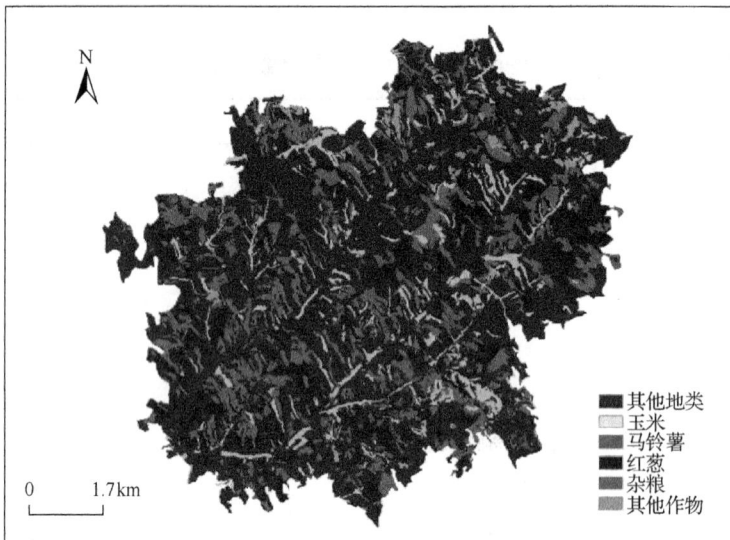

图 4.5　高渠乡 2014 年土地利用类型

3）demand.in*文件

高渠乡 2015 年土地需求量 CR-BDI 模型计算得出，玉米为 502hm^2，马铃
薯为 710hm^2，红葱为 952hm^2，杂粮为 682hm^2，其他作物为 82hm^2，其他地类
为 4655hm^2。

4）region_park*.fil 文件

本章假定其他地类在短期内不发生变化，不能与其他地类发生转换，将其
他地类赋值为-9998，研究区其他地类赋值为 0，得到区域约束条件，如图 4.6
所示。

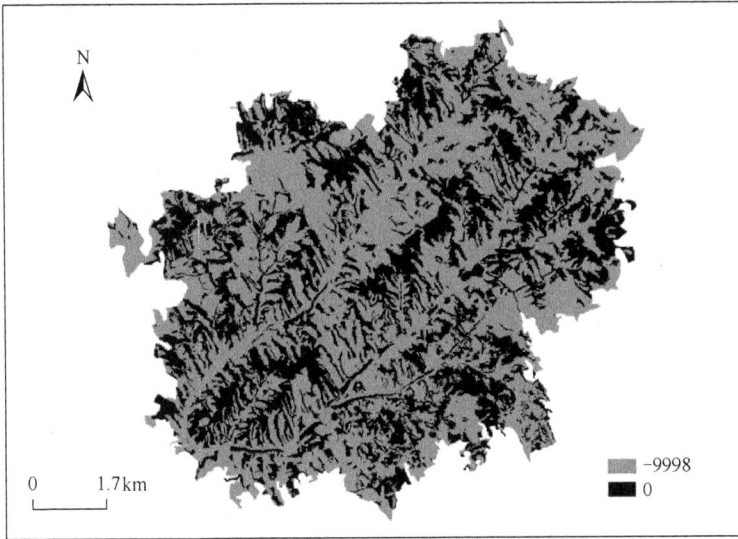

图 4.6　区域约束文件图

5) allow.txt 文件

该文件储存了地类两两之间发生转移的许可性，1 为可转移，0 为不可转移。本章假定农作物与其他地类不发生转换，地类转移许可矩阵如表 4.8 所示。

表 4.8　地类转移许可矩阵表

土地利用类型	玉米	马铃薯	红葱	杂粮	其他作物	其他地类
玉米	1	1	1	1	1	0
马铃薯	1	1	1	1	1	0
红葱	1	1	1	1	1	0
杂粮	1	1	1	1	1	0
其他作物	1	1	1	1	1	0
其他地类	0	0	0	0	0	1

6) sclgr*.fil 文件

按照驱动因素选取原则，结合研究区的自然、社会和经济条件，选取了 10 个影响土地利用变化的驱动因子，如表 4.9 所示。

表 4.9　驱动因素文件表

文件名	驱动因素
sclgr0.fil.asc	距公路距离
sclgr1.fil.asc	距村路距离
sclgr2.fil.asc	距河流距离

续表

文件名	驱动因素
sclgr3.fil.asc	距居民点距离
sclgr4.fil.asc	距中心城镇距离
sclgr5.fil.asc	人均年收入
sclgr6.fil.asc	平均人口密度
sclgr7.fil.asc	DEM
sclgr8.fil.asc	坡度
sclgr9.fil.asc	坡向

7）alloc.reg 文件

根据 Logistic 回归分析可以确定各土地利用类型和驱动因子之间的定量关系，进而设定 alloc.reg 文件参数，如表 4.10 所示（文件中每类地类的驱动要素应该依次向下排列，本节为方便书写，写为表 4.10 所示格式）。

表 4.10　回归文件设置表

土地利用类型	回归系数	驱动力	土地利用类型	回归系数	驱动力	土地利用类型	回归系数	驱动力
0			1			2		
	-2.053			1.974			-1.783	
6			7			9		
	-0.001	0		0.003	0		0.003	0
	-0.001	1		0.004	1		0.006	1
	0.003	2		-0.001	3		-0.002	3
	0.001	4		0.001	5		0.002	4
	-0.007	7		-0.001	6		0.003	5
	-0.002	8		0.001	7		0.003	6
				0.002	9		0.001	7
							-0.002	8
							0.001	9
3			4			5		
	-0.887			1.134			1.564	
6			6			7		
	0.001	1		0.03	0		0.024	0
	-0.001	3		0.004	1		0.003	1
	0.001	5		-0.003	4		0.002	2
	0.002	6		-0001	7		-0.041	3
	-0.002	7		0.005	8		0.014	4
	-0.003	8		0.003	9		-0.002	5
							0.002	7

2. 模拟结果

将所需参数输入 CLUE-S 模型，运行完成后得到 2015 年的土地利用模拟 ASCII 文件，转为栅格土地利用预测图（图 4.7）。通过栅格计算器对比 2015 年 高渠乡实际土地利用图（图 4.8），得到误差分布图（图 4.9），0 表示模拟正确的 地类，1 表示模拟失误的地类。

图 4.7　2015 年高渠乡土地利用预测图

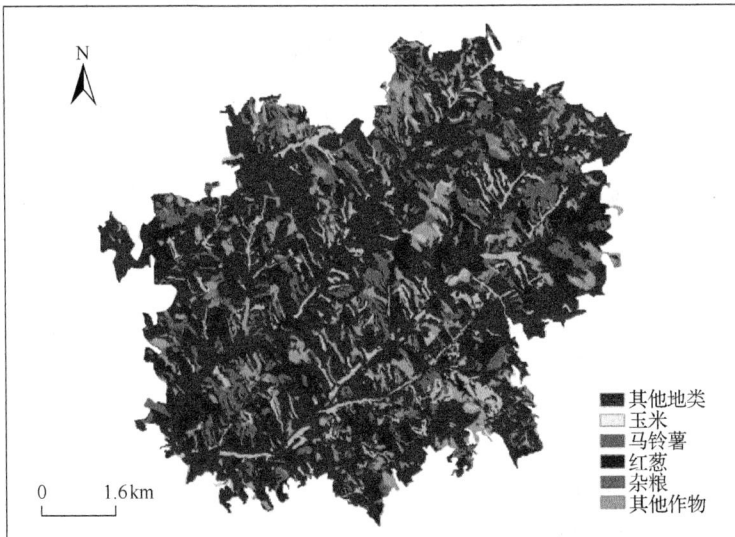

图 4.8　2015 年高渠乡实际土地利用图

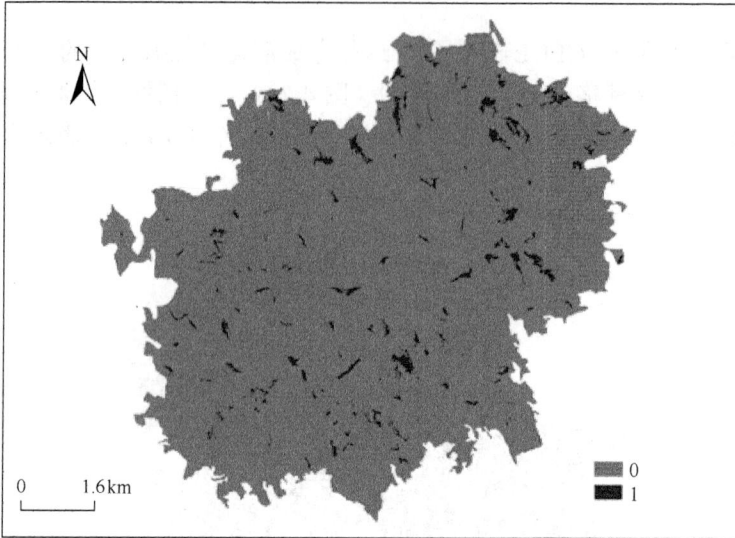

图 4.9　误差分布图

通过图 4.9 发现，模拟失误较为分散，从作物来看，主要出现在马铃薯和红葱这两种作物上，这也与前述 NetLogo 平台的预测结果一致。

3. 模拟正确性

Kappa 系数通常用来评价遥感影像，其计算公式为

$$\text{Kappa} = (p_0 - p_c) / (p_p - p_c) \tag{4.2}$$

式中，p_0 代表模拟正确的栅格数的比例；p_c 为随机情况下的正确模拟比例，其算法为 $p_c=1/n$，n 为地类总数；p_p 为理想分类情况下出现的正确模拟的比例，即 1；Kappa 系数越接近 1，代表模拟结果的精度越高，其评价标准如表 4.11 所示。

表 4.11　Kappa 系数一致性评价

Kappa 系数范围	一致性
(0.80，1.00)	极高
(0.60，0.80]	较高
(0.4，0.60]	一般
(0，0.40]	较差

2015 年的 Kappa 系数检验结果如表 4.12 所示。

表 4.12　2015 年 Kappa 系数检验结果

年份	总栅格数/个	正确模拟栅格数/个	p_0	p_c	p_p	Kappa
2015	764448	680045	0.89	0.166667	1	0.87

从 2015 年的 Kappa 系数可以看出，指数精度较高，模拟效果较为理想，表明使用宏观自上而下的 CLUE-S 模型能够较好地模拟高渠乡的土地利用格局变化。

4.1.5　小结

（1）根据本研究区特点及驱动因子的选取原则，选择了距公路距离、距河流距离、平均人口密度、人均年收入等包含自然、经济条件在内的 10 个驱动因子。各土地类型的 Logistic 回归分析表明，与其他地类相比，道路因子、海拔因子及人口等因子与作物发生概率呈正相关关系；而 DEM 因子则相反，海拔越低，种植农作物的发生变动的概率越大，其中海拔越高，玉米发生概率越低，红葱、马铃薯次之，杂粮发生概率最高，同时，在距离居民点较近时作物发生的概率也较大。

（2）结合微观 ABM 模型获得各地类 2015 年土地需求及农户种植习惯的转移弹性系数，通过宏观 CLUE-S 模型得到 2015 年土地利用模拟图及失误分布图，模拟失误也主要集中在红葱和马铃薯两种作物，模拟正确率为 89%。经过验证，CLUE-S 模型的 Kappa 系数为 0.87，表明 ABM 模型与 CLUE-S 模型结合能较好地模拟该区的土地利用情况。

4.2　LTM 的构建和实现

4.2.1　相关概念与理论

1. ANN 模型

人工神经网络（artificial neural networks，ANN）是在有向图为拓扑结构的理论基础之上建立的一个动态信息处理系统。它借鉴现代神经科学研究，是通过模拟类似于人脑处理进行一定的数据分析的复杂网络系统。相比于传统方法，ANN 具有分析不同维度空间的复杂非线性问题的优点（陈恒鑫，2005）。ANN 是一个能够根据机器的自主学习能力很好地去模拟和量化复杂行为和模式的工具，它能够同时处理、存储多个信息，能处理复杂的非线性问题，有学习、联想、记忆等能力，因此 ANN 在很多领域有广泛的应用（冯鹏飞等，2013；徐颖等，2008）。

多层感知器（multi-layer perceptron，MLP）神经网络被广泛应用于 ANN 模型中，它由输入层、隐藏层和输出层构成。相比于单层感知器，多层感知器加入了一个隐藏层，更利于分析非线性问题（Pijanowski et al.，2002）。在 MLP 神经网络中，多层映射反向传播（back propagation，BP）神经网络在传统的 ANN 的基础上进行了一定的优化，在函数逼近和数据分类等多方面支持很好，因此本书拟使用多层映射 BP 神经网络作为数据学习处理的工具。BP 神经网络结构如图 4.10。

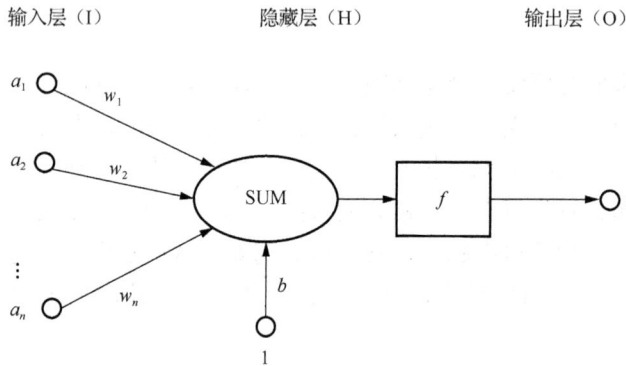

图 4.10　BP 神经网络结构

图 8.40 中，a_1-a_n 为输入向量的各个分量；w_1-w_n 为神经元各个突触的权值；b 为偏置（bias），或者称之为阈值（threshold）；f 为传递函数，也称为激励函数，通常为非线性函数；t 为神经元输出。

对于 $f(x)$ 传递函数，一般常用的有以下三种函数，即正切型函数，对数型函数以及纯线性函数（图 4.11）。

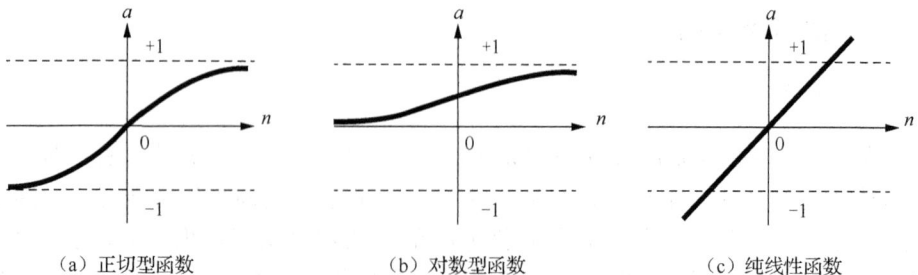

（a）正切型函数　　　　（b）对数型函数　　　　（c）纯线性函数

图 4.11　三种传递函数

由于在之后空间分析时的因子数值较大，需要进行归一化处理，为了保证数据范围的一致性，现选择可将 ANN 的输出约束在 0~1 的对数型函数，作为本书构建 BP 神经网络中的传递函数。

2. LTM

LTM 是一个利用 GIS 空间显示和分析技术结合 ANN 技术构建的模型，用来分析土地变化与其影响因子之间的关系，继而对土地利用的空间分布进行预测，其分析预测的关键在于 ANN 模型。

LTM 主要是用来模拟及预测城镇用地的变化与相关的影响因子之间的关系，在国内外已经有学者做了很多研究。例如，徐颖等（2008）使用 LTM 模拟预测了北京市 2010 年和 2020 年城镇用地的变化；Pijanowski 等（2002）使用 LTM 模拟预测了美国密歇根州 5 个城市 2010 年和 2020 年城镇用地的变化，并进行了模型因子的重要性分析。目前，LTM 应用于农业用地的研究相对比较少，本节尝试将 LTM 应用于米脂县来分析其耕地的变化与 9 个影响因子之间的关系，同时进行短期内的耕地变化模拟预测。LTM 结构框架如图 4.12 所示。

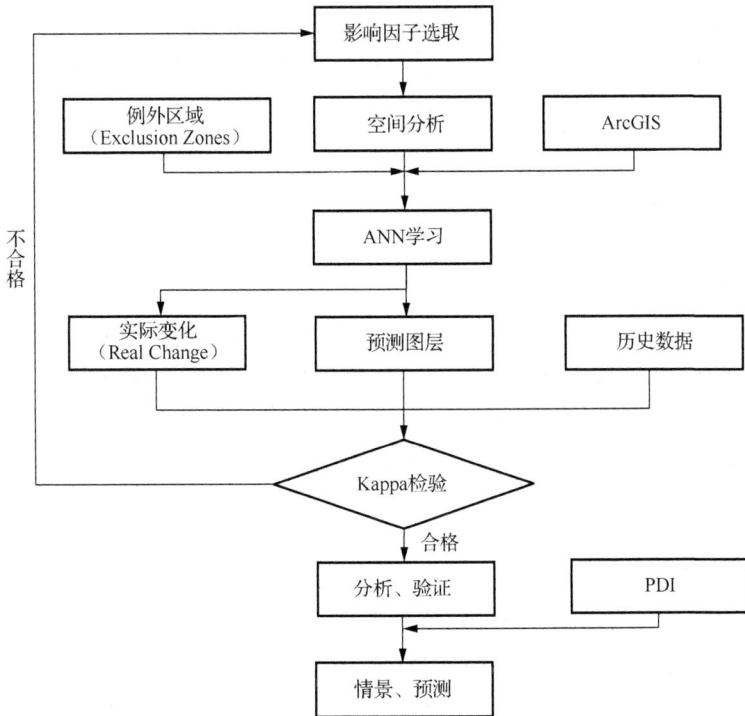

图 4.12　LTM 结构框架

首先，根据研究目标和研究区特征，选择与土地利用变化相关的影响因子。然后，结合 ArcGIS 平台，对各影响因子进行欧氏距离分析，计算各因子的影响范围，并根据设定好的规则对因子分析数据进行重分类，转化为 ASCII 数据格式，为下一步 ANN 学习做数据输入准备；结合目标土地利用类型的转换规则，制定不可转换的土地利用图层（exclusion zones）并转换为 ASCII 格式作为因子训练学习的限定条件数据输入。将因子分析处理后的 ASCII 数据和 exclusion zones 数据输入到 SNNS 平台上构建的 ANN 模型中进行训练学习（一般地训练 250000 次），结果会得到一个 Real Change 图层、转化概率图层和预测转化图层。其中 Real Change 图层可以得到某一时间段内土地的实际变化栅格数，为后续的概率转化做准备；转化概率图层是通过人工神经网络进行训练计算得到的地块转化为目的地类的概率分布图，结合实际转化栅格数，按照一定的概率转化规则（一般是从高到低）就可得到预测转化图层；将训练模拟结果（预测转化图层）与历史数据进行叠加分析，通过 PCM（percent correct metric）系数或 Kappa 系数验证 ANN 学习模拟效果。如果 PCM 处于 60%～80%，表明学习训练情况很好，40%～60% 表示合格，小于 40% 则表示模型不合格。如果精度不符合则要对模拟进行修正，如调整影响因子或者增加训练次数，直到精度合格才可进行下一步预测。通过 PID（principle index driver）方法计算土地变化数量，按照土地利用类型转换规则确定要转换的土地栅格空间位置，最终可以得到研究区基于 LTM 的土地转化预测图。

4.2.2　LTM 建模

1. 影响因子选取

耕地撂荒作为土地利用动态变化的一部分，受到自然因素和社会经济因素等多种因素的影响，其过程和机理是极为复杂的（黄河清等，2010；张哲，2010；田光进等，2008）。结合研究区特点以及数据的可获取性，现在从自然环境角度和社会经济角度选取对米脂县耕地撂荒影响较大的 9 个因子：坡度、坡向、高程、河流（自然环境角度），公路（不包括高速公路）、农村道路、居民点、城镇、水库（社会经济角度）。

2. 影响因子空间分析

通过 ArcGIS 10.2 对 9 个影响因子进行说明（表 4.13）并进行空间处理（图 4.13）。到居民点的距离是指 2009 年到居民点的距离，将到居民点的距离分为 0～100m、100～300m、300～500m、500～1000m、1000m 以上五类，离居民点越近表示耕地便捷性越强，撂荒可能性越小；对于到公路距离、到主要河流距离、到农村道路距离、到水库距离等影响因子都是按照一定的距离进行了分级，其中公路和农村道路影响着耕地的便捷性，河流和水库影响着耕地的水分和灌溉，距离越大耕地的撂荒可能性就越大；到城镇的距离是指 2009 年到城镇的距离，一般地，距离城镇越近土地的经济价值越高，土地利用方式越多样，因此距离城镇越近，耕地撂荒的可能性越大；对于坡度、高程和坡向等自然因子，坡度越陡，高程越高，耕地越难，其撂荒性越强，坡向影响着地块的水分保持，阴坡更有利于水分的保持，因此同等条件下的耕地，阳坡撂荒的可能性大于阴坡；考虑到耕地撂荒是耕地地类的转化和果园地类在短期内变化很少或者不发生变化，结合相关的基本农田保护政策，制作例外区域图。

表 4.13　影响因子说明

影响因子	说明
坡度	坡度越大，耕地撂荒可能性越大
坡向	阴坡有利于水分保持，撂荒可能性较小
高程	高程越大，耕地撂荒可能性越大
公路	距离公路越远，耕地撂荒可能性越大（不包括高速公路）
河流	距离河流越远，耕地撂荒可能性越大
农村道路	距离农村道路越远，耕地撂荒可能性越大
城镇	距离城镇越近，耕地撂荒可能性越大
居民点	距离居民点越远，耕地撂荒可能性越大
水库	距离水库越远，耕地撂荒可能性越大

3. 空间分析

根据上述因子及其说明，将数据在 ArcGIS10.2 中进行欧氏距离计算，结果如图 4.13 所示。

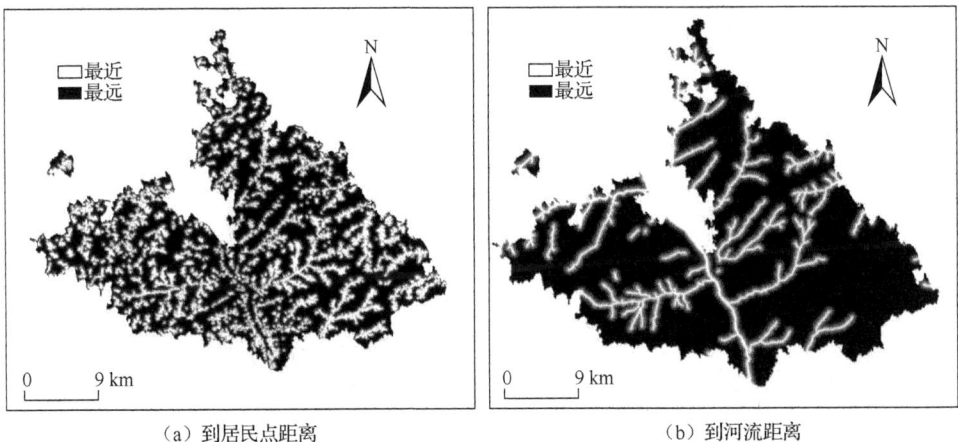

（a）到居民点距离　　　　　　　　　　　　　　（b）到河流距离

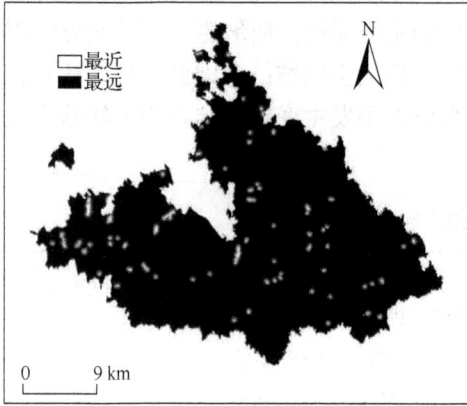

（c）到水库距离

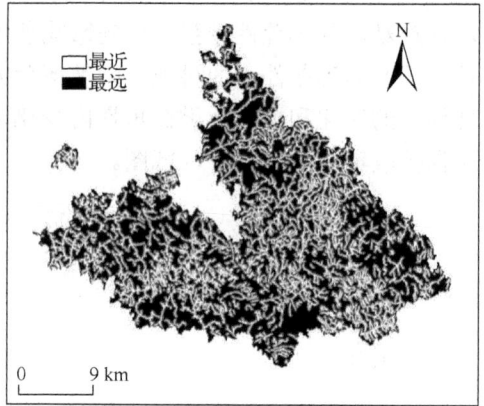

（d）到农村道路距离

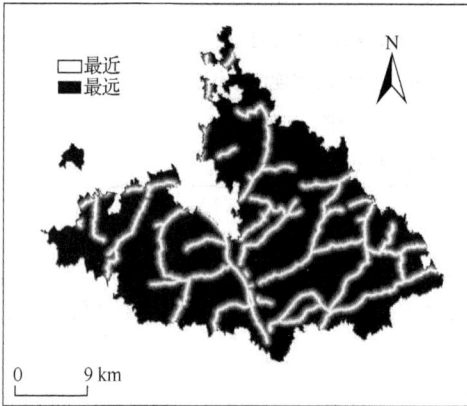

（e）到公路距离

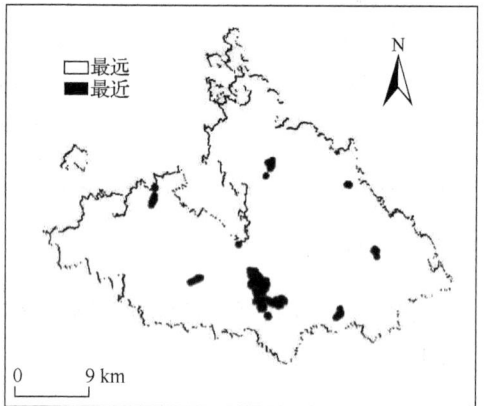

（f）到城镇距离

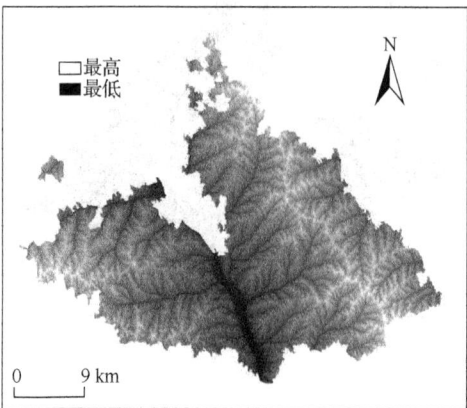

（g）高程

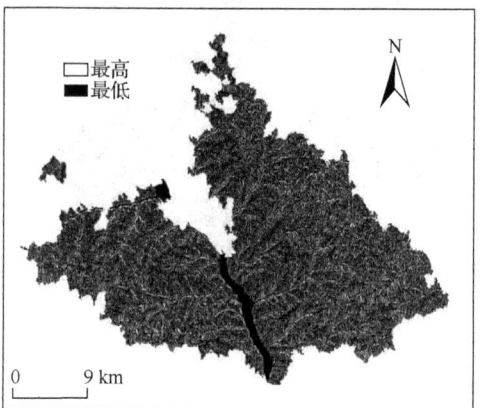

（h）坡度

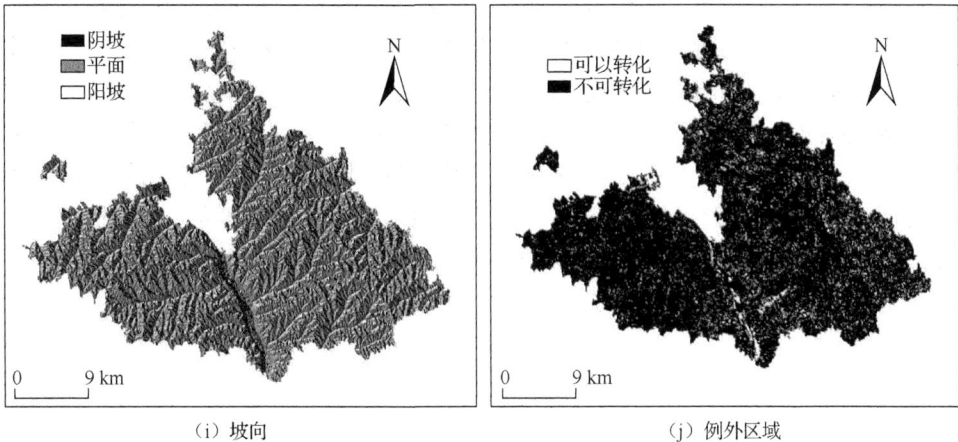

（i）坡向　　　　　　　　　　　　　　　　　　　（j）例外区域

图 4.13　影响因子空间处理

4. LTM 的实现

1）LTM 模拟假设条件

LTM 模拟的假设条件有：①各影响因子在不同时间段内保持不变；②各影响因子对耕地撂荒的作用在不同时间段内保持不变；③耕地变化在不同的时间段内是均匀的。

2）LTM 模拟步骤

根据图 4.12 所示的 LTM 结构框架图、因子选取以及数据来源，可得 LTM 在具体应用时的步骤：

（1）通过米脂县"二调"数据、2009 年谷歌地球影像及 2013 年资源三号影像解译获取 2009 年和 2013 年米脂县的土地利用图；通过 30m×30m 的 DEM 获取米脂县 30m×30m 的高程、坡度、坡向数据；通过米脂县"二调"数据提取米脂县公路、农村道路、居民点、城镇、水库和河流等矢量数据。

（2）对所有矢量型因子进行缓冲区分析，利用 ArcGIS 分别计算公路、农村道路、居民点、城镇、水库和河流的欧氏距离，对高程、坡度、坡向进行重分类（图 4.13）。为了确保数据分辨率一致，将公路、农村道路、居民点、城镇、水库和河流的欧氏距离分析结果分辨率也设置为 30m×30m，然后转换为 ASCII 格式为 ANN 模型做数据准备。

（3）利用 ANN 模型选择样区进行学习训练。本书建立一个单一隐层（9 个节点）的 BP 人工神经网络，利用斯图加特神经网络模拟器（Stuttgart's neural network simulator，SNNS）4.2 平台进行 ANN 模型的学习训练、模型验证以及预测。

首先将上步中的计算结果进行 BP 网络训练，通过 SNNS 软件内部调整，获取相应比较合适的因子权重以及因子之间的映射关系：将影响耕地撂荒的 9 个因子作为数据输入，2009～2013 年耕地撂荒的实际值作为网络输出，定义其中耕地发生转变时对应的栅格输出值是 1，没有转变为 0。

　　神经网络训练结束后，通过一定的数据转化将训练学习的结果转化为 ASCII 格式数据，它是一个在 0～1 连续变化的栅格数据。栅格值的大小表示每个栅格所在地块转化为荒地的可能性的高低。然后将表示转换概率高低的 ASCII 数据在 ArcGIS 中进行显示，便得到米脂县耕地撂荒可能值分布图（图 4.14）。

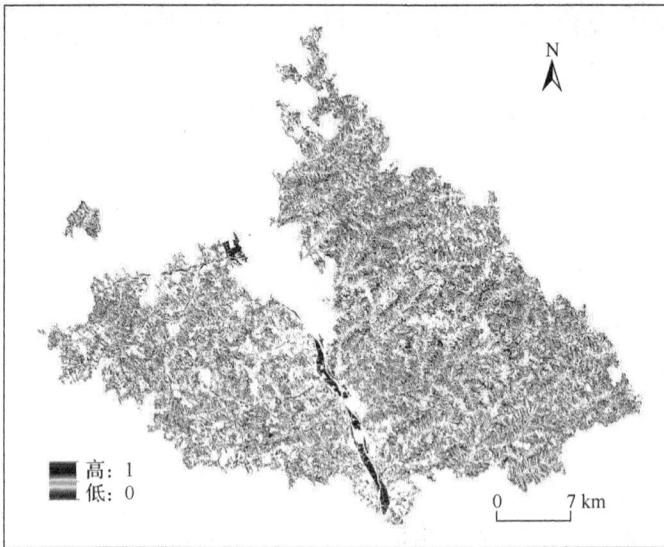

图 4.14　米脂县耕地撂荒可能值分布图

　　（4）根据 PID 方法预测耕地撂荒对应栅格的空间位置，用 2009 年和 2013 年土地利用数据确定实际耕地变化栅格，结合 ArcGIS 10.2 平台得到米脂县未来的耕地撂荒图。PID 计算方法有两种：①统计研究时间段内耕地变化的栅格数，然后假定在研究时间段内栅格的变化是均匀的，依次推测下一个时期的耕地变化情况（这种方法一般在对未来的土地动态变化不是很了解的情况下使用）；②基于研究区研究时间段内人口的增长来计算 PID。利用初始时间的人口数和土地利用图计算每个人所需耕地栅格数，依次预测每增加一个人口，耕地增加的栅格量，即耕地的变化量。计算 PID 是为了确定所需转换的土地栅格数，然后根据转化规则优先选择转化为目标地类的土地利用类型，直到达到所需转化的土地栅格数为止。

　　根据空间分析可知，米脂县 2009～2013 年耕地转化为荒地的土地栅格数为 10810 个，在米脂县耕地变化概率空间分布图上，按照栅格转换概率由大到小转换规则，依次选取相应数量的栅格确定为转化栅格，结合 ArcGIS 10.2 空间分析确定要转化栅格的空间位置，就可以在米脂县 2009 年的土地利用数据基础上预测得到 2013 年米脂县耕地在空间上的变化分布图（图 4.15），完成 LTM 的构建和基于历史数据的训练模拟。

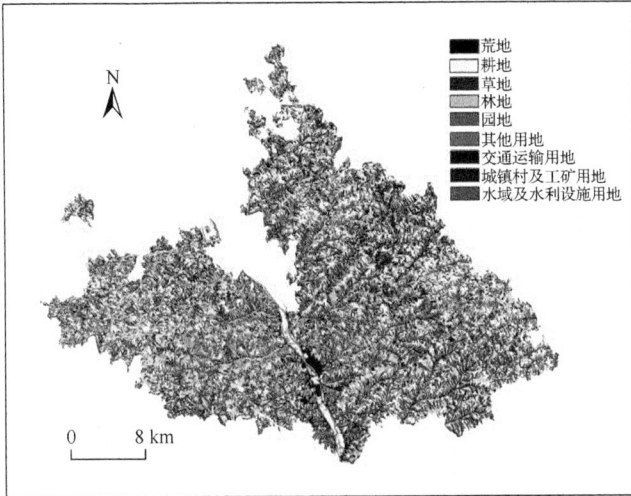

（a）2009年

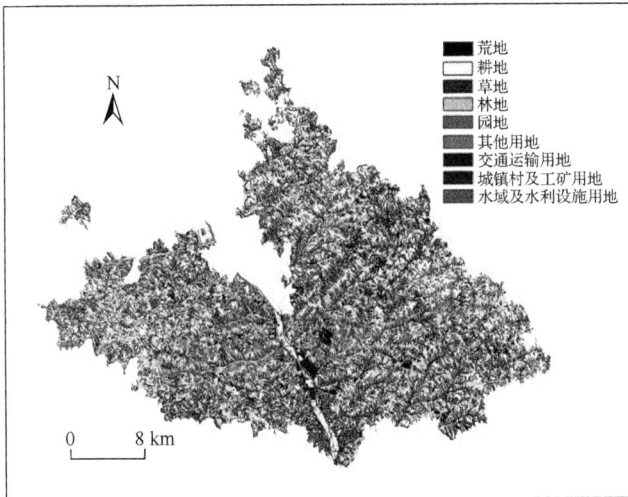

（b）2013年

图 4.15　2009 年米脂县土地利用图和 2013 年模型预测土地利用图

4.2.3　LTM 验证与预测

1. LTM 验证

判断 LTM 学习训练结果的准确性是否合格，即能否进行下一步的预测分析，

其实质上是检验 LTM 中的 ANN 模型的精度。因为 LTM 中的预测功能是由 ANN
模型实现的，所以 LTM 的精度验证实质上是 ANN 模型精度的验证。验证原理
大致是，将模型预测出来的 2013 年米脂县耕地变化图和 2013 年实际的耕地利用
图进行重分类并叠加对比，最终得到一张误差空间分布图。具体处理过程如下：
①将 Real Change 图层进行重分类，0 值保持不变，1 值重分类为 2（图 4.16）；
②将重分类的 Real Change 图层和 ANN 模拟转化的土地利用图层，在栅格计算
器中进行加法运算，得到空间误差分布图（图 4.17）；③统计空间误差分布图
属性列表（表 4.14），其中 Value 字段中的 0 值代表实际没有转化且预测没有
转化的地块；1 值代表实际没有转化但预测发生了转化；2 值代表实际发生变
化但预测没有发生变化；3 值代表实际转化了且预测也发生了转化。

		Real Change		Total
		0	2	
LTM	0	TN（0）	FN（2）	SN
Change	1	FP（1）	TP（3）	SP
Total		RN	RP	GT

图 4.16　图层属性叠加表

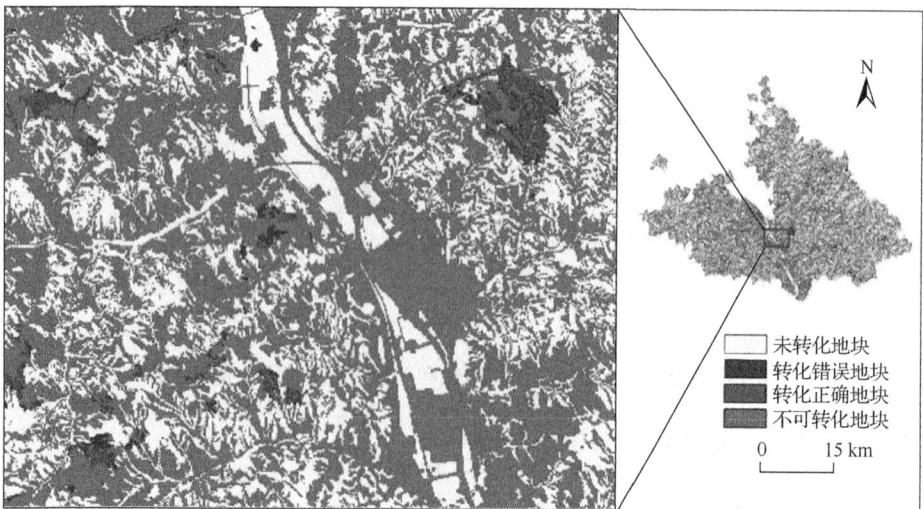

图 4.17　模型预测结果与实际变化叠加局部图

表 4.14　误差分布图属性表

Value	栅格数/个
0	554159
1	3392
2	3393
3	7417

精度验证采用常用的 Kappa 系数验证，Kappa 系数的计算公式如下：

$$Kappa = \frac{\left[\left(\dfrac{TN}{GT}\right)+\left(\dfrac{TP}{GT}\right)\right]-\left\{\left[\left(\dfrac{SN}{GT}\right)+\left(\dfrac{RN}{GT}\right)\right]+\left[\left(\dfrac{SP}{GT}\right)+\left(\dfrac{RT}{GT}\right)\right]\right\}}{1-\left\{\left[\left(\dfrac{SN}{GT}\right)+\left(\dfrac{RN}{GT}\right)\right]+\left[\left(\dfrac{SP}{GT}\right)+\left(\dfrac{RT}{GT}\right)\right]\right\}} \quad (4.3)$$

其中，TN=554159，FP=3392，FN=3393，TP=7417。由表 4.14 可知，SN=TN+FN=557552，SP=FP+TP=10809，RN=TN+FP=557551，RP=FN+TP=10810，GT= TN +FN+FP+TP=568361。经计算，模拟 2013 年荒地变化的 Kappa 系数为 0.68，一般地，Kappa 系数在 0.60～0.80 表示模型模拟效果很好，在 0.40～0.60 表示模型模拟效果合格，Kappa 系数小于 0.40 表示模型精度不合格，需要增加 ANN 的训练次数，或者增加（较少）影响因子来修正模型精度。本书构建的 LTM 模拟 2009～2013 年米脂县耕地撂荒的 Kappa 系数为 0.68，处于 0.60～0.80，表明此模型可以较好地模拟米脂县的耕地撂荒的变化。

2. 基于 LTM 预测米脂县耕地变化

LTM 在预测分析时，采用 PID 法确定目标地类变化总量，本小节采用 PID 法中的第一种方法，即假设米脂县耕地变化在 2009～2013 年是匀速的。按照上述分析，可知 2009～2013 年耕地变化了 10810 个栅格，即每年平均变化了 2702 个栅格。

现设置三种情景：①情景一（2016a）表示在未来的 3 年内，耕地撂荒的情况得到改善，如耕地经济收益有所提高，政策补助力度加大或者农民在城市中没法打工生存只能回家种地等，现假设耕地撂荒临界概率在 2013 年的基础上增加了 1/3，对应的耕地撂荒量是情景一对应的 2016 年耕地撂荒总量。在 2013 年的模拟中，耕地撂荒总量为 10810 个栅格，对应的撂荒概率的临界值为 0.098，在情景一（2016a），现设置撂荒的临界概率为 0.398，对应的撂荒量为 4505 个栅格，占耕地面积的 0.79%。②情景二（2016b）表示在未来 3 年内，耕地撂荒的情况没有得到改善，按照正常的撂荒速度（匀速变化），即每年耕地撂荒增加 2702 块，总撂荒栅格数为 18918 个，占耕地面积的 3.33%；③情景三（2016c）表示在未来 3 年内，耕地撂荒的情况加剧，如粮食市场波动较大、种地成本增加等，根据情景一的设置原理，现假设情景三的耕地撂荒临界值在 2013 年的基础上减少了 1/3，即情景三下的耕地撂荒临界值为 0.065，通过 SNNS 模型统计，对应撂荒的栅格数为 32706 个，占耕地面积的 5.74%。现在根据 LTM 的原理预测 2016 年米脂县耕地变化图，耕地变化的栅格数具体见表 4.15。

表 4.15　米脂县耕地不同时期变化量

年份	时间间隔/年	耕地变化预测值（栅格数/个）
2009	—	—
2013	4	10810
2016a	3	4505
2016b	3	18918
2016c	3	32706

按照上述 LTM 原理，根据米脂县耕地变化可能性概率分布图（图 4.14），修改 SNNS 软件中 ANN 训练文件（修改耕地地块最终转换栅格数），结合 ArcGIS 10.2 的空间分析功能就可以得到在三种情景下米脂县 2016 年耕地变化空间分布图（图 4.18），完成基于 LTM 对米脂县耕地变化的预测。

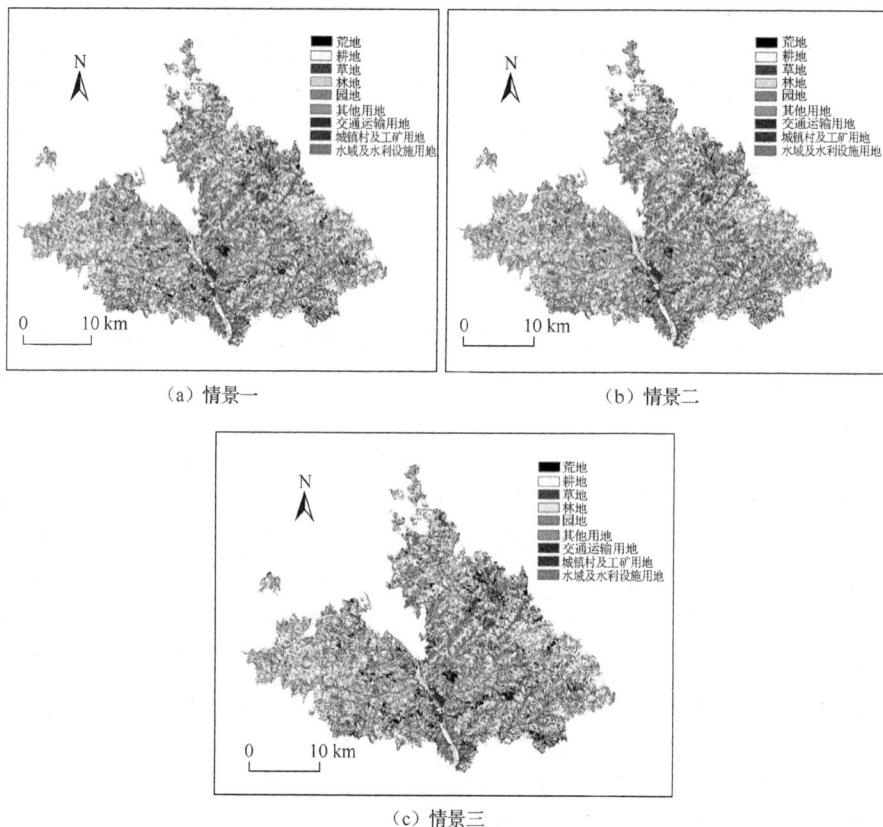

（a）情景一　　　　　　　　　　（b）情景二

（c）情景三

图 4.18　三种情景下米脂县 2016 年耕地变化空间分布图

4.3　MAS 与 LTM 模型的耦合

4.3.1　耦合关系分析

MAS 是一个自下而上的模型，它从微观角度出发，通过调研农户的相关属性信息，设计农户耕地行为规则，研究探讨微观农户的土地利用行为，揭示耕地撂荒与微观土地利用主体农户之间的互动机理，探讨耕地撂荒的本质原因。

LTM 是一个自上而下的模型，它从宏观角度出发，从宏观层面上选择与研究区耕地撂荒相关的 9 个因子，通过 ANN 学习模拟，预测米脂县耕地撂荒的变化情况，研究探讨相关影响因子对耕地撂荒的影响，从整体角度上分析研究区耕地变化的趋势。

为了综合利用 MAS 模型在模拟研究微观土地利用空间变化和 LTM 在模拟宏观驱动因素在土地空间格局变化上的优势，现利用供给与需求向平衡的原则，即宏观用地总量需求和微观土地供给相等，将微观 MAS 模型与宏观 LTM 耦合，具体耦合如图 4.19 所示。

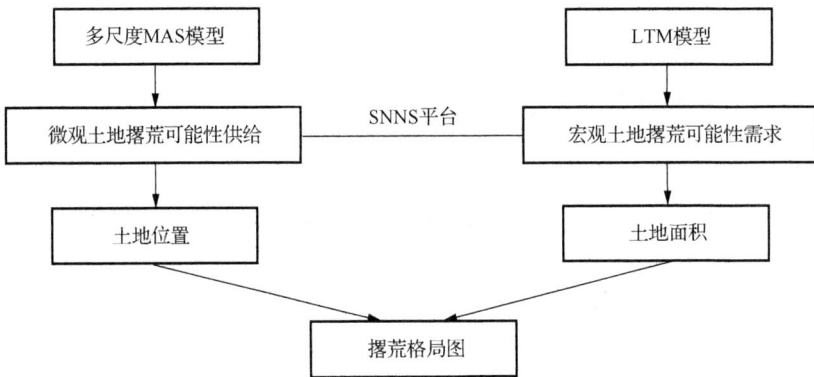

图 4.19　MAS 与 LTM 耦合关系图

MAS 模型与 LTM 的具体耦合方法如下：①将研究区米脂县 396 个村庄根据调研获取的耕地数据、经济状况以及地理环境等因素划分为农业型村庄、经济型村庄、生态型村庄、城镇型村庄四大类；②按照①中的村庄分类进行村庄—村庄群—县域的尺度转化，根据本章 4.2 节构建的 MAS 模型结合米脂县 DEM 数据可计算得到一幅从微观角度出发的米脂县耕地撂荒可能性分布图，即图 4.14 中的微观土地撂荒可能性供给；③根据本章 4.2 节中的 LTM 可以预测得到米脂县的耕地在某一时间点上撂荒总量，即图 4.14 中的宏观土地撂荒可能性需求；④对 MAS

中得到的米脂县耕地撂荒可能性分布图,以 LTM 预测的同一时间点上耕地撂荒总量为限制,按照一定的转化规则进行耕地撂荒转化,即可得到米脂县耕地撂荒格局分布图;⑤将米脂县耕地撂荒格局分布图与 LTM 宏观模型预测的同一时间点的耕地撂荒分布图进行对比分析,讨论不同模型结果的差异及其产生的原因。

4.3.2　MAS 与 LTM 模型的耦合过程

1. 村庄分类

按照 4.3.1 小节所述耦合原理首先对米脂县村庄进行分类,按照调研获取的村庄退耕面积、耕地面积、种植作物面积、经济收入情况以及地理环境的差异将米脂县 396 个村庄分为四大类,具体如表 4.16 所示。

表 4.16　米脂县村庄分类

类型	说明	典型村庄
生态型村庄	注重生态改善,生态林比较多,水利设施比较多(坝、水库),退耕还林面积较大,旅游相对发达;地理环境适中	高西沟、杜家石沟村、杜新庄等
经济型村庄	以种植经济作物为优先考虑,如红葱、杂粮、果树等,此类作物的种植主要以出售获取经济效益为目的;地理环境较好	豆家沟村、姜兴庄村、何家庄村、马蹄洼村等
农业型村庄	没有突出的种植特点,主要以粮食作物为主,如玉米、马铃薯;地理环境较差	申杨崖村、冯阳圪村、高庄、老庄村等
城镇型村庄	与城镇紧邻的村庄,耕地少,种植作物单一,主要以玉米为主,交通便捷,地理环境好	官庄、张兴庄、宋家沟、冯庄等

按照表 4.16,结合 ArcGIS 绘制得到米脂县村庄类型空间分布图(图 4.20)。

结合已调查的 70 个村庄的耕地面积、退耕面积、主要农作物种植面积以及所处地理环境,通过调查发现距离较近的且地理位置相似的村庄类型基本一致。现根据表 4.16 中的典型村庄转化为点数据进行泰森多边形的构建,将米脂县分为 15 个区域,通过类型合并即可得到如图 4.20 所示的米脂县村庄类型空间分布图。

2. 多尺度 MAS 转化

如何将以农户角度模拟的 MAS 微观模型与宏观因子模拟的 LTM 宏观模型进行耦合,关键在于利用尺度转化将两种模型的尺度转化到同一尺度水平上,可通过对微观进行尺度上升处理或者对宏观模型进行尺度下降处理来达到耦合的条件。本小节通过对微观 MAS 模型由尺度转化把微观层面上的模拟结果依次转化

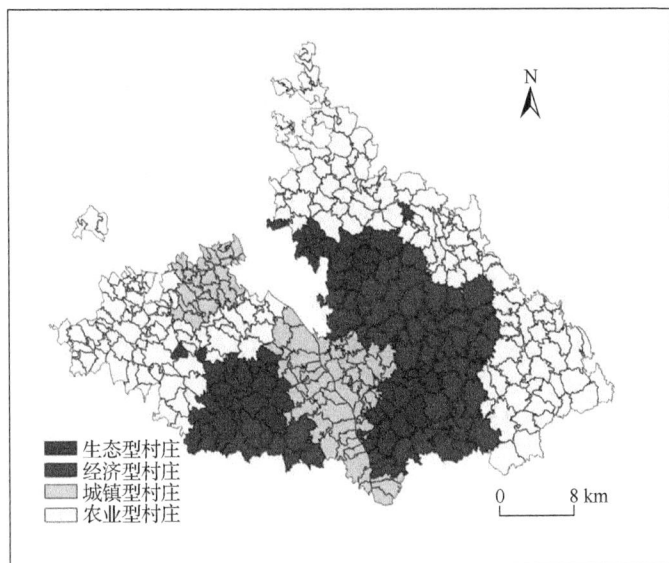

图 4.20　米脂县村庄类型空间分布图

为村庄尺度和县域尺度，再把转化为县域尺度的微观模拟结果和宏观预测结果进行结合。

　　为了保证两种模型最终结果分辨率一致，在微观模型进行尺度转化过程中将原来 5m×5m 分辨率的 DEM 数据重采样为 30m×30m。现假设同类型的村庄农户在农业方面的投资和产出类似，结合 4.2 节中典型村（冯阳圪村）的 MAS 模型构建原理，通过分析不同类型村庄的农户问卷数据获取四类型村庄的农户农业投入与产出数据，结合 NetLogo 平台进行基于 Logo 语言的二次开发编程，模拟可得米脂县微观土地撂荒可能性供给图（图 4.21）。

　　图 4.21 中颜色越浅的区域表示耕地种植的概率越大，撂荒的概率越小，反之颜色越深的区域表示耕地种植概率越小，撂荒的概率越大。大体看出，耕地撂荒可能性大的区域集中在城镇型村庄和农业型村庄，经济型村庄中耕地的经济效益好，种植技术比较成熟，故耕地撂荒的可能性就小；生态型村庄退耕地较多，可耕种地面积相对就少，总的耕地面积少，因此耕地撂荒可能性也偏小；而对于城镇型村庄，由于靠近城镇，经济相对较好，外出务工容易且营生方式多样，因此耕地撂荒可能性偏大；对于农业型村庄，由于耕地地理环境相对较差，经济效益不好，耕地总量相对较大，因此耕地撂荒可能性偏大。

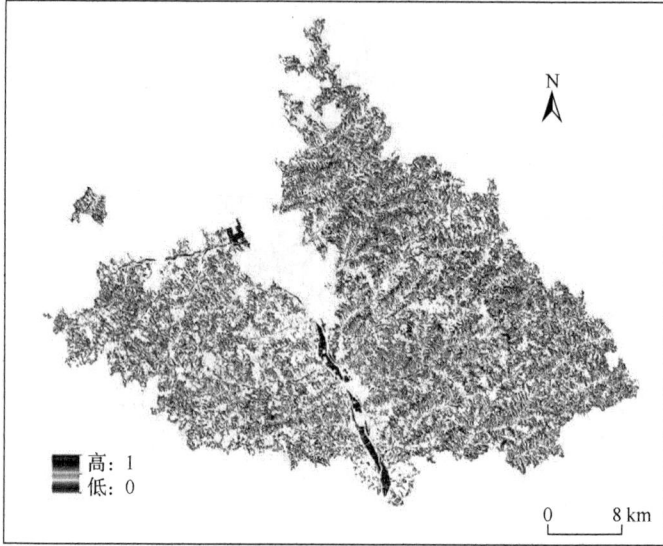

图 4.21　米脂县微观土地撂荒可能性供给图

3. 模型耦合

将图 4.21 处理结果转换为 ASCII 数据格式作为耕地撂荒概率分布图输入到 SNNS 软件中，结合 4.2.3 小节中所述三种情景模式下耕地撂荒变化的总量限制，按照概率由大到小的转化原则，就可将 MAS 模型与 LTM 进行耦合，得到不同情景下耕地撂荒的空间分布图（图 4.22）。

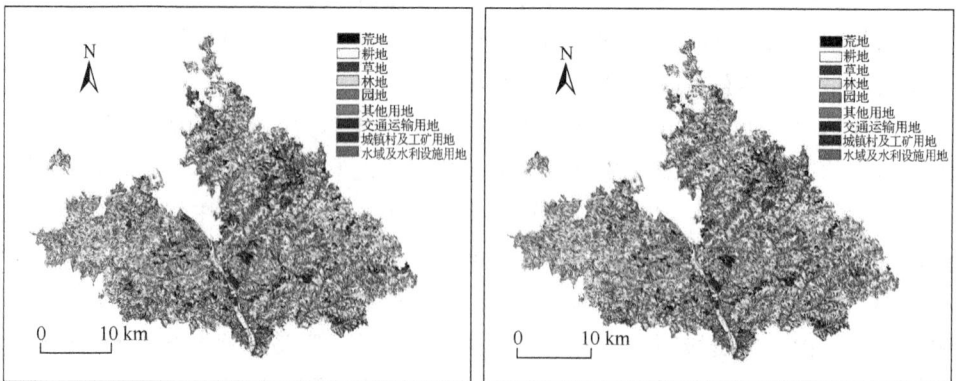

（a）情景一耕地撂荒空间分布图

（b）情景二耕地撂荒空间分布图

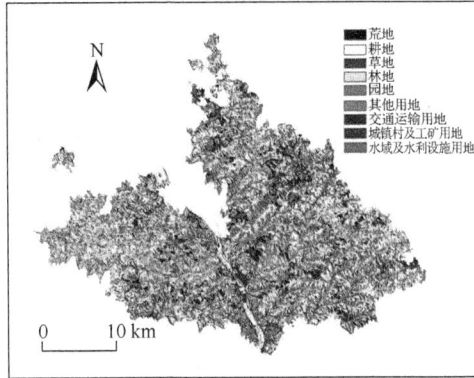

（c）情景三耕地撂荒空间分布图

图 4.22　不同情景下耕地撂荒空间分布图

4. 耦合模型与 LTM 预测对比

三种不同的情景下耦合模型预测结果的空间分布与 LTM 预测结果的空间分布有明显的差异：耦合模型的撂荒结果空间分布相比于 LTM 的撂荒空间分布更为分散，其中耦合模型的撂荒空间较均匀地分布在整个研究区，LTM 则主要集中在距离建制镇较近和居民点较远地区。通过分析发现，存在明显差异的原因可能有以下三个方面。

（1）模型不同。在 LTM 耕地撂荒模拟结果的分布趋势与选择的宏观影响因子的变化趋势很紧密，如本书的 LTM 分析结果与建制镇和居民点的分布情况有很大的关系，也就是说 LTM 在模拟分析及预测研究区耕地撂荒时，最初选择的影响因子非常重要，一般地模拟和预测结果与其主要影响因子变化趋势相似。而对于耦合模型而言，其中结合微观 MAS 模型充分考虑了微观地形的变化、农户农业经济数据和农户的耕地利用决策等信息对于耕地撂荒的表达更为精细，预测分析结果更均匀地分布于整个研究区。

（2）MAS 模型多尺度转化。在 MAS 模型中，考虑到微观地形的变化，典型村庄的 DEM 数据分辨率为 5m×5m，为了与 LTM 进行耦合，在 MAS 多尺度转化后将其分辨率降低为 30m×30m，这样会导致一些微观模型的数据信息丢失，使得耦合模型结果与 LTM 模拟结果有明显的差异。

（3）影响因子选取不同。LTM 的构建主要从宏观层面上选取了研究区有关社会经济和自然环境方面的 9 个因子，而耦合模型中不仅考虑了自然环境和社会经济方面的 4 个因子，而且选择了农户主体相关的农业投入、产出、能力等相关因素，因此在生成地块变化概率空间分布图时会产生差异。

参 考 文 献

陈恒鑫, 2005. MAS 技术的应用研究[D]. 重庆: 重庆大学.

冯鹏飞, 王涛, 刘佺, 等, 2013. 居住位置和地块位置相邻关系对农户土地利用决策的影响[J]. 安徽农业科学, 41(32): 12735-12737.

高宇, 2015. 基于 CLUE-S 模型的榆神府地区土地利用变化模拟研究[D]. 西安: 西北大学.

黄河清, 潘理虎, 王强, 等, 2010. 基于农户行为的土地利用人工社会模型的构造与应用[J]. 自然资源学报, 25(3): 353-367.

田光进, 邬建国, 2008. 基于智能体模型的土地利用动态模拟研究进展[J]. 生态学报, 28(9): 4451-4459.

徐颖, 吕斌, 2008. 基于 GIS 与 ANN 的土地转化模型在城市空间扩展研究中的应用——以北京市为例[J]. 北京大学学报(自然科学版), 44(2): 262-268.

张哲, 2010. 基于 BDI 模型的多 Agent 交互[D]. 广州: 中山大学.

PIJANOWSKI B C, BROWN D G, SHELLITO B A, et al., 2002. Using neural networks and GIS to forecast land use changes: A land transformation model[J]. Computers Environment & Urban Systems, 26(6): 553-575.

第5章 土地集约利用变化对景观服务的影响

5.1 景观服务量化与制图方法

5.1.1 单一景观服务定量化与制图方法

首先，选择影响不同类型景观服务的影响因子；其次，结合研究区特点，对每种因素的影响分别设置不同的权重来表征该因素的差异对单一景观服务的影响；最后，结合不同模型和指标来揭示不同因子对单一景观服务影响的差异性。下面分别阐述耕地生产服务、土壤保持服务和生境服务三种景观服务的影响因子及其权重设置方法。

1. 耕地生产服务的定量化与制图

本研究采用地均粮食产量指标，即单位耕地上粮食的产量来表征研究区耕地生产服务。考虑在黄土丘陵沟壑区进行农业生产的实际情况，选择影响农业生产的自然因素与人文因素来探讨多种因素对耕地生产服务的差异性影响，以揭示耕地生产服务的空间分异规律。其中，人文因素主要考虑各种类型的投入，即生产投入（主要包括种子、化肥、农药等）、技术投入和劳动力投入。但由于该区域地形条件复杂，梯田宽度较窄，无法使用现代化生产工具；加之该区农户大多采用多样性种植，在劳动力投入调研中无法获取农户分配到各种作物的准确劳动力数量，且发现农户在日常生产中也存在较多连续劳作的情况，即农户一天的劳动力可能使用在多种作物上，使获取劳动力投入的数量有较大的不确定性。因此，在人文因素中仅考虑生产方面的投入，即在种子、化肥、农药方面的投入。在自然因素方面，该区为黄土丘陵沟壑区，因此农业生产条件受坡度、高程、耕地距居民点的距离影响较大，耕地生产因子以及说明如表5.1所示。

表 5.1 耕地生产服务自然影响因素及说明

耕地生产因子	说明
坡度	坡度越小，水土保持能力越强，耕地生产服务越高
高程	高程越低，热量条件越好，耕地生产服务越高
距居民点距离	距居民点距离越近，越容易管理，耕地生产服务也越高
单位耕地面积的投入	单位耕地面积投入越多，耕地生产服务也就越高，反之亦然

为了定向表征不同因素对耕地生产服务的影响，采用归一化法来表示单一

因素的影响大小。基于研究区实际情况和调研结果,对于坡度因子,坡度越缓,水土保持能力越强,耕地生产服务也就越高;高程直接影响地块的水热条件,高程越低,则水热条件越好,耕地生产服务也就越高;地块距居民点距离越近,则越方便耕作与管理,耕地生产服务也就越高。因此,自然因子主要通过负向归一化法来定量表征其影响,见式(5.1)。单位耕地面积投入直接影响耕地产出,一般情况下,单位耕地面积上投入的种子、化肥、农药成本越高,耕地的产出也就越高。因此,人文因子采用正向归一化法来定量表征其影响,见式(5.2)。

$$Z_{ij} = \frac{\max X_j - X_{ij}}{\max X_j - \min X_j} \tag{5.1}$$

$$Z_{ij} = \frac{X_{ij} - \min X_j}{\max X_j - \min X_j} \tag{5.2}$$

式中,Z_{ij} 表示标准化后的栅格单元值;X_{ij} 表示栅格单元初始值;$\max X_j$ 表示图层中栅格单元最大值;$\min X_j$ 表示图层中栅格单元最小值。

为了探讨多种因素对耕地生产服务的差异性影响,本章借鉴 Willemen 等(2012)的研究,设置如表 5.2 所示的六种情景。其中,情景一:自然因素与人文因素对耕地产出的影响相同;情景二:自然因素对耕地产出的影响是人文因素的 2 倍;情景三:人文因素对耕地产出的影响是自然因素的 2 倍;情景四:在自然因素对耕地产出的影响是人文因素的 2 倍的基础上,坡度对耕地产出的影响分别是其他两种自然因素的 2 倍;情景五:在自然因素对耕地产出的影响是人文因素的 2 倍的基础上,高程对耕地产出的影响分别是其他两种自然因素的 2 倍;情景六:在自然因素对耕地产出的影响是人文因素的 2 倍的基础上,距居民点距离对耕地产出的影响分别是其他两种自然因素的 2 倍。这样设置情景有两个目的:一是探讨自然因素与人文因素的不同影响;二是探讨研究区自然因素的差异性影响。在此基础上,为验证不同情景的有效性,将模拟结果与实际调研的典型村落粮食产量进行对比,选择效果好的情景来代表耕地的生产服务。

表 5.2　多种影响因素权重设置情景　　　　　　　(单位:%)

情景设置	坡度	高程	距居民点距离	单位耕地面积投入
情景一	16.70	16.70	16.70	49.90
情景二	22.20	22.20	22.20	33.40
情景三	11.10	11.10	11.10	66.70
情景四	33.30	16.60	16.60	33.50
情景五	16.60	33.30	16.60	33.50
情景六	16.60	16.60	33.30	33.50

耕地像元的综合影响因子值通过式（5.3）计算得到。

$$C_i = \frac{\sum_{k=1}^{n} w_k \times f_{ik}}{100} \tag{5.3}$$

式中，C_i 为 i 耕地像元综合影响因子值；k 为影响因子序号；n 为影响因子的个数；w_k 为第 k 个影响因子的权重；f_{ik} 为第 i 个耕地像元的第 k 个影响因子的归一化值。通过上述方法最终完成对研究区耕地生产服务量化及空间制图，具体流程如图 5.1 所示。

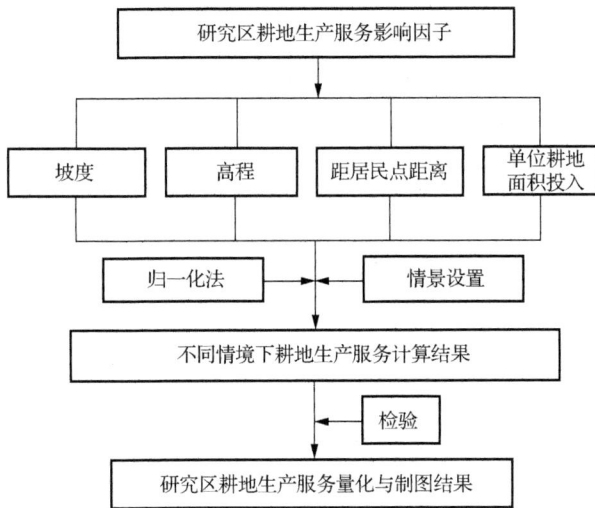

图 5.1　耕地生产服务量化及空间制图流程图

2. 土壤保持服务的定量化与制图方法

本书采用修正的通用土壤流失方程（revised universal soil loss equation，RUSLE）对土壤保持服务进行量化，其计算方法为土壤保持量等于潜在的土壤侵蚀量与实际的土壤侵蚀量之差。潜在土壤侵蚀量主要是指没有植被覆盖和任何水土保持措施时的土壤侵蚀量，即 $C=1$，$P=1$；实际土壤侵蚀量是在地表植被覆盖和水土保持措施情况下的土壤侵蚀量。其基本公式为

$$A_c = A_p - A \tag{5.4}$$

式中，A_c 表示土壤保持量 $[\text{t} / (\text{hm}^2 \cdot \text{a})]$；$A_p$ 表示潜在的土壤侵蚀量 $[\text{t} / (\text{hm}^2 \cdot \text{a})]$；$A$ 表示实际的土壤侵蚀量 $[\text{t} / (\text{hm}^2 \cdot \text{a})]$。

$$A_p = R \times K \times LS \tag{5.5}$$

式中，R 表示降雨侵蚀因子；K 表示土壤可蚀性因子；LS 表示地形坡长因子，其中 L 为坡长因子，S 为坡度因子。

$$A = R \times K \times LS \times C \times P \tag{5.6}$$

式中，C 表示植被覆盖因子；P 表示水土保持措施因子。

1）降雨侵蚀因子

降雨侵蚀力因子（R）是导致区域土壤遭受侵蚀的最主要、最关键的因子之一，因此采用恰当的方法对降雨侵蚀因子进行计算对于最终结果的计算至关重要。目前，国内外学者针对降雨侵蚀因子的计算提出了许多方法。吴秋菊等（2011）利用榆林气象站点的降雨数据对不同的降雨侵蚀因子模型进行比较，结果发现刘秉正（1993）提出的渭北地区降雨侵蚀因子计算模型较其他模型更适合榆林地区；李柏延等（2015）、莫宏伟等（2009）、郝慧梅等（2008）运用该模型对榆林降雨侵蚀因子进行了计算，进一步对该区域土壤保持进行研究。本书拟采用刘秉正（1993）提出的 R 计算模型，如式（5.7）所示。

$$R = 105.44 \frac{P_{6\text{-}9}^{1.2}}{P_a} - 140.96 \tag{5.7}$$

式中，$P_{6\text{-}9}$ 代表 6～9 月份的降雨量（mm）；P_a 代表年降雨量（mm）。

2）土壤可蚀性因子

土壤可蚀性因子（K）主要取决于土壤的质地、颗粒大小以及有机质的含量等。米脂县坡面较为陡峭，土壤理化性质单一，颗粒细小，结构松散，节理发育，土壤堆积厚度大，在水力、重力及其他营力的作用下，非常容易发生侵蚀，而且侵蚀方式多样（Kienast et al., 2009），因此必须选择恰当的土壤可蚀因子计算方法。通过查阅研究区及邻近区域关于土壤可蚀性因子计算方法的相关文献发现，较多的学者（李柏延等，2015；孙文义等，2014）均采用 Willemen 等（2012）提出的侵蚀生产力评价模型 EPIC，其计算如式（5.8）所示：

$$\begin{aligned} K = &\left\{ 0.2 + 0.3\text{e} \left[-0.0256 S_a \left(1 - \frac{S_i}{100} \right) \right] \right\} \times \left(\frac{S_i}{C_i + S_i} \right)^{0.3} \\ &\times \left(1.0 - \frac{0.25C}{C + e^{3.72 - 2.96C}} \right) \times \left(1.0 - \frac{0.7 S_n}{S_n + e^{-5.51 + 22.9 S_n}} \right) \end{aligned} \tag{5.8}$$

式中，S_a 代表土壤中的砂粒含量（%）；S_i 代表土壤中的粉粒含量（%）；C_i 代表黏粒含量（%）；C 代表土壤中的有机质碳含量（%）；$S_n = 1 - 0.01 \times S_a$。

3）坡长坡度因子

地形是引起水土流失的直接影响因子，坡度坡长因子（LS）可以表征地形坡长与坡度对土壤侵蚀的作用。本书采用李柏延等（2015）在陕西榆林市坡长和坡度修订后的计算方法，具体如式（5.9）和式（5.10）所示。

$$L = \left(\frac{r}{22.13} \right)^{m} \tag{5.9}$$

式中，r 代表坡长，通常约等于栅格单元大小（m），本研究采用的 DEM 是 30m 分辨率的数据，因此 r =30m；m 为坡长效应指数，一般情况下，当坡度> 5%时，m 等于 0.5；当坡度在 3%～5%时，m 等于 0.4；坡度在 1%～3%时，m 等于 0.3；当坡度< 1%时，m 等于 0.2。

$$S = \begin{cases} 10.8\sin\alpha - 0.5\,(\alpha < 5^{\circ}) \\ 16.8\sin\alpha - 0.5\,(5^{\circ} \leqslant \alpha \leqslant 10^{\circ}) \\ 21.91\sin\alpha - 0.96\,(\alpha > 10^{\circ}) \end{cases} \tag{5.10}$$

式中，S 代表坡度因子；α 代表坡度。

4）植被覆盖因子

植被盖度 f 是通过式（5.11）进行计算得到。

$$f = \frac{\mathrm{NDVI} - \mathrm{NDVI_{min}}}{\mathrm{NDVI_{max}} - \mathrm{NDVI_{min}}} \tag{5.11}$$

式中，NDVI 代表植被指数；$\mathrm{NDVI_{min}}$ 代表研究区植被指数的最小值；$\mathrm{NDVI_{max}}$ 代表研究区植被指数的最大值。

植被覆盖因子（C）主要是基于植被覆盖度进行计算的，本研究采用了李柏延等（2015）的植被覆盖因子计算方法，如式（5.12）所示。

$$C = \begin{cases} 1\,(f = 0) \\ 0.6508 - 0.3436\lg f\,(0 < f < 0.783) \\ 0\,(f \geqslant 0.783) \end{cases} \tag{5.12}$$

式中，f 代表研究区植被盖度。

5）水土保持措施因子

水土保持措施因子（P）表征植被的管理措施差异对土壤流失量的影响，通常采用管理措施后的土壤流失量与顺坡种植时土壤流失量的比值来表示，其取值区间为[0, 1]，其中 1 代表没有采取任何土壤保护管理措施的区域，而 0 代表不会发生土壤侵蚀的区域，本书参考相同研究区已有的研究成果（李柏延等，2015；卞鸿雁等，2012），基于研究区土地利用图对各土地利用类型的水土保持措施因子进行赋值：其中耕地中水浇地的 P 值为 0.15，耕地中旱地的 P 值为 0.5，水域和城镇用地的 P 值为 0，其他土地利用类型的 P 值为 0.5。

通过对不同土壤保持因子进行计算，最终可得到研究区 2009 年和 2013 年土壤保持服务量化与空间制图结果，具体流程如图 5.2 所示。

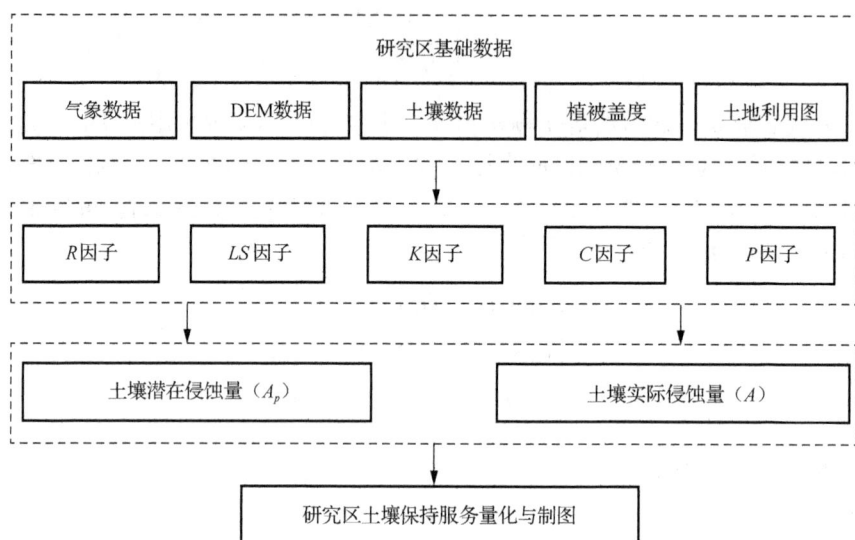

图 5.2　土壤保持服务量化及空间制图流程图

3. 生境服务的定量化与制图方法

生境能够为物种提供生存生活空间以及维持其生长必要的养料及食物来源。一般而言，生境质量的高低取决于其受人类活动干扰的程度，当人类活动干扰强度越大时，生境服务质量越低；当人类活动干扰的强度越小时，生境服务质量也就越高。目前，对于生境服务的定量化与制图主要有两种评价方法，一种是基于指标的生境服务量化与制图法，另一种是基于 InVEST（integrated valuation of ecosystem services and tradeoffs）模型的生境服务评价法。其中基于指标的生境服务量化与制图法的主要步骤是：首先选取与生境相关的一些指标，如生境面积、植被盖度、生物多样性、斑块结合度（COHESION）以及斑块最邻近距离（ENN）等初级指标（宋章建，2015；刘文平，2014），然后将诸多指标通过不同的打分矩阵链进行打分，从而得到相应分值在空间上的分布，最终获得生境服务的量化结果。基于 InVEST 模型的生境服务评价法主要是利用土地利用图，根据生境的敏感性和外界胁迫因子影响，通过模型中的公式来计算生境质量指数，生境服务是通过生境质量指数进行表征的（彭建等，2016；吴健生等，2013；白杨等，2013）。由于 InVEST 模型的生境评价法比较成熟，操作简单方便，是当前进行生境服务量化与制图研究应用最常用的方法，因此本书拟采用这种方法分别对研究区 2009 年和 2013 年生境服务进行量化与制图。

1）InVEST 模型

InVEST 模型是由美国斯坦福大学、世界自然基金会与大自然保护协会三个机构联合开发的一款生态系统服务与权衡综合评价模型，其目的是为管理者或政策制定者提供一种最佳的管理策略,从而实现各系统平衡状态下的经济利益最大化。通过在 ArcGIS 软件中添加 InVEST 模型,可以对不同的生态系统服务进行定量化研究。与传统的生态系统服务价值定量评价相比较,该模型最大的优势在于不仅能够对不同的服务进行定量研究,而且能够将研究结果在空间上直观地展现出来,这很好地克服了传统的生态系统服务价值评估方法仅用货币来表征而不能直观展现结果的缺点。

　　InVEST 模型主要包括淡水、海洋、陆地三大生态系统服务评价模型。其中淡水生态系统模型中包含了水电生产(hydropower)、养分保持(nutrient retention)和沉积物保持(sediment)三个不同的模块;海洋生态系统服务评价模型中由拓展检查、创建 GS(check extensions and create GS)、海岸防护(coastal protection)、生境风险评估(habitat risk assessment)、美感质量(aesthetic quality)、水产养殖(aquaculture)、叠置分析(overlap analysis)和波能评估(wave energy)七个不同的模块组成;陆地生态系统服务评价模型主要包括生物多样性评估(biodiversity)、碳储存与固定评估(carbon)、授粉评估(pollination)、木材生产评估(timber)四个不同模块,如图 5.3 所示。对于任何一个生态系统服务评价模型来说,都包含三个不同水平上的评价:第一水平是针对生态系统服务物质量进行评价;第二水平是针对服务价值量(主要通过货币形式)进行评价;第三水平是综合应用。每一水平上的评价是基于上一水平的结果层层推进的,然而,当前第一水平应用得最为广泛。

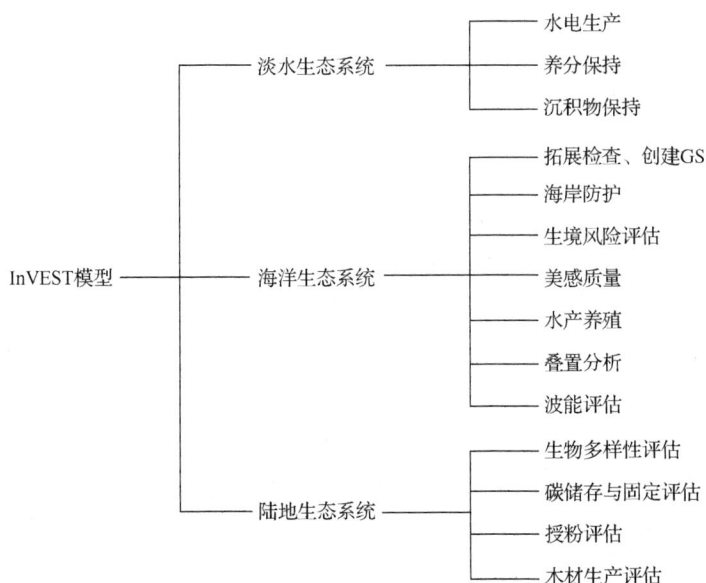

图 5.3　InVEST 模型不同模块

2）生境模块简介

InVEST 模型中对生境质量的表征主要依据式（5.13）来进行。

$$Q_{xj} = H_j \left[1 - \left(\frac{D_{xj}^Z}{D_{xj}^Z + k^Z} \right) \right] \qquad (5.13)$$

式中，Q_{xj} 代表第 j 种土地利用类型中第 x 个栅格单元的生境质量指数；H_j 代表第 j 种土地利用类型的生境适宜性；Z 代表归一化常量，一般取值 2.5；D_{xj} 代表第 j 种土地利用类型中第 x 个栅格单元所受的胁迫能力大小；k 代表半饱和常数，通常取 D_{xj} 最大值的一半，其中 D_{xj} 是通过式（5.14）计算得到的。

$$D_{xj} = \sum_{r=1}^{R_r} \sum_{y=1}^{Y_r} \left(w_r \Big/ \sum_{r=1}^{R_r} w_r \right) r_y i_{rxy} \beta_x S_{jr} \qquad (5.14)$$

式中，R_r 代表胁迫因子个数；y 代表胁迫因子 r 栅格单元图层的栅格单元数目；Y_r 代表胁迫因子所占栅格单元数目；w_r 代表胁迫因子 r 的权重，取值区间为[0，1]；r_y 代表第 y 个栅格单元的胁迫因子值（0 或 1）；i_{rxy} 代表第 y 个栅格单元的胁迫因子值 r_y 对第 x 个生境栅格单元的胁迫能力；β_x 代表第 x 个栅格单元的可达性能力，取值区间为[0，1]；S_{jr} 代表第 j 种生境类型对第 r 个胁迫因子的敏感度，取值区间为[0，1]，其中 i_{rxy} 是通过式（5.15）计算得到的。

$$i_{rxy} = 1 - \left(d_{xy} / d_{r\max} \right) （线性） \qquad (5.15)$$

式中，d_{xy} 代表第 x 个栅格单元与第 y 个栅格单元之间的直线距离；$d_{r\max}$ 代表第 r 个胁迫因子对生境的最大影响距离。

3）参数处理

利用 InVEST 模型对生境服务进行计算。首先，确定生境和胁迫源。生境通过 30m×30m 的林地、园地、耕地、草地和其他用地数据得到，林地、园地、农田、草地为生境，其他用地为非生境。其次，利用“二调”数据，将公路、铁路、城镇、工矿用地作为胁迫因子，参考 InVEST 模型的说明书（Richard et al.，2015），并结合对专家和当地主管官员的访谈，确定胁迫因子的权重、四种土地利用类型对各种胁迫因子的敏感性，以及各威胁源对不同土地利用类型最大的影响距离（表 5.3）。最后，通过在 ArcGIS 10.2 中加载 InVEST 模块，得到生境服务图，具体流程如图 5.4 所示。通过对生境服务的参数进行设置，最终运行 InVEST 模型可得到研究区 2009 年和 2013 年生境服务量化与空间制图结果，具体流程如图 5.4 所示。

表 5.3　胁迫因子与各生境敏感度

项目	公路	铁路	城镇	工矿开采
林地	0.75	0.85	0.85	0.90
草地	0.80	0.75	0.75	0.70
园地	0.40	0.30	0.45	0.60
农田	0.30	0.50	0.45	0.55
最大影响范围/km	0.50	0.50	0.80	1.00
权重	0.75	0.85	0.90	1.00

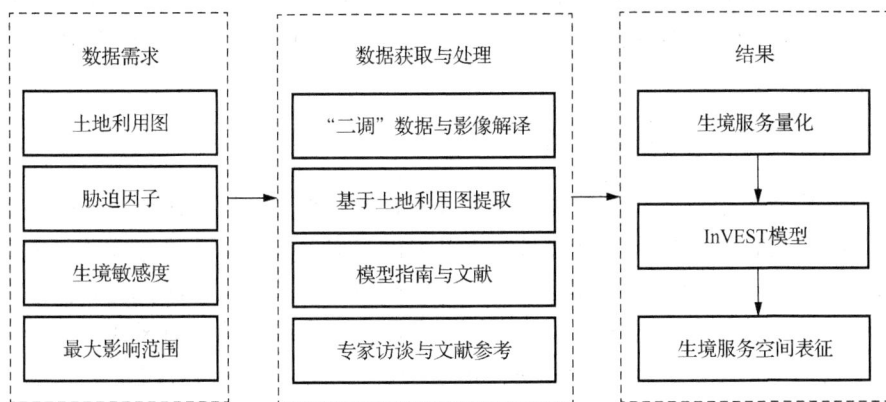

图 5.4　生境服务量化及空间制图流程图

5.1.2　不同景观服务之间关系的表征方法

　　为了揭示不同景观服务之间的关系，本节借鉴杨晓楠等（2015）的研究，将研究区各个乡镇作为基本单元，通过对各个乡镇的耕地生产服务、土壤保持服务和生境服务进行统计，从而得到各乡镇单位面积上不同景观服务的均值。由于三种景观服务在量级大小上存在显著差异性，为使结果更加具有真实性、可分析性以及可视性，分别对耕地生产服务、土壤保持服务和生境服务的计算结果进行归一化处理，如式（5.16）所示；然后利用雷达图将归一化处理的各乡镇单位面积上不同景观服务均值进行直观表达，从而得出 2009 年和 2013 年研究区不同景观服务之间的关系。

$$X_I = \frac{X_i - X_{\min}}{X_{\max} - X_{\min}} \tag{5.16}$$

其中，X_I 表示归一化后的栅格单元值；X_i 表示栅格单元的初始值；$X_{\max}$ 表示图层中栅格单元的最大值；$X_{\min}$ 表示图层中栅格单元的最小值。

5.1.3　多种景观服务综合影响研究方法

综合景观服务是基于多种单一景观服务的研究结果进行耦合得到的，可以从整体角度反映区域景观服务的空间质量分布特征。本章拟对米脂县耕地生产服务、土壤保持服务和生境服务三种最具有代表性的景观服务进行耦合，揭示综合景观服务空间分布规律，从整体视角为决策者提供信息支持。具体采取以下步骤：首先根据 2009 年和 2013 年研究区归一化后的各乡镇单位面积上不同景观服务均值所占的比例确立各乡镇 2009 年和 2013 年不同景观服务的相应权重；然后利用 ArcGIS 10.2 中的空间分析法分别将各乡镇 2009 年和 2013 年不同景观服务按照上述所确立的权重进行叠加，从而得到 2009 年和 2013 年研究区的综合景观服务。

5.1.4　景观服务冷点与热点研究方法

景观服务冷点与热点的识别可以有效地表征多种景观服务在空间上的分布特征（Baral et al.，2013）。景观服务冷点区域能够提供的产品或服务较少，很少受到人类的关注和重视，而景观服务热点区域则可以提供较多的产品和服务，对自然环境和人类社会有较大的贡献，是人类社会发展重点关注的区域。本章基于研究区实际调研情况，并借鉴 Willemen 等（2012）的研究，首先将 2009 年和 2013 年研究区不同景观服务定量化的结果划分为高、中、低三种类型，然后分别对研究区 2009 年和 2013 年不同景观服务的类型进行识别，将研究区同一区域的三种景观服务中均为低类型的区域作为景观服务冷点区域，将研究区三种景观服务中有两种以上为高类型的景观服务区域作为景观服务的热点区域，从而分别得到研究区 2009 年和 2013 年景观服务冷点区域与热点区域。

5.2　不同类型的耕地生产服务空间分布特征及其面积变化

受自然因素和人为因素的双重影响，不同景观服务类型的空间异质性特征显著。根据第 3 章不同景观服务的定量化以及制图方法，首先得到研究区耕地生产服务、土壤保持服务以及生境服务三种景观服务的评估结果，为了便于计算与分析，再利用 ArcGIS 10.2 中的自然断点法将 2009 年各种景观服务评估结果划分为高、中、低三种类型；然后使 2013 年各景观服务类型划分区间阈值与 2009 年保持一致，这样可以保证两年服务具有对比性，基于划分结果，主要从不同类型的景观服务空间分布特征以及面积变化进行分析，具体如下文所述。

5.2.1　不同情景下耕地生产服务模拟结果分析

依据 5.1.1 小节设置的六种情景,分别对每一种情景下的不同村落的耕地粮食产量进行计算,并将其结果与各个村落实际粮食产量进行对比(表 5.4)。其中,情景一的平均误差为 15.48%,情景二的平均误差为 12.42%,情景三的平均误差为 18.69%,情景四的平均误差为 9.34%,情景五的平均误差为 8.03%,情景六平均误差为 10.87%。从表中还可以看出:情景三的计算结果与实际村落调研数据的平均误差最大,为 18.69%,在 15 个村落中有 8 个村落误差最大,分别是艾好湾村、杜家石沟村、李均沟村、泥沟村、牛沟村、七里庙村、申杨崖村和郇家塌村;而情景五的平均误差较其他五种情景的平均误差最小,为 8.03%,15 个村落中有 11 个村落误差最小,分别为杜家石沟村、冯家阳圪村、老虎圪塔村、李均沟村、刘家洼村、泥沟村、牛沟村、七里庙村、申杨崖村和郇家塌村,因此本节拟采用情景五所设置的权重来探讨耕地生产服务空间分布及其变化特征。

表 5.4　不同情景下耕地生产服务产量与实际调研数据的比较

| 村落 | 产量/kg | | | | | | |
	情景一 误差	情景二 误差	情景三 误差	情景四 误差	情景五 误差	情景六 误差	实际粮食 总产量
艾好湾	36983.54	15836.16	57098.08	27001.83	23815.05	25371.69	193295.38
杜家石沟	-38908.03	23745.71	70428.36	31820.62	-20486.91	38092.30	350370.80
冯家阳圪	66731.75	37289.26	-24934.39	30182.14	23046.50	54935.08	307821.36
高家园则	-17325.91	-69321.44	45037.25	10469.08	53253.14	-39608.86	327525.46
官庄	57311.16	32253.18	38125.90	-27165.50	-30289.15	17482.71	475346.68
老虎圪塔	38437.85	-68651.94	51633.02	-33351.83	17430.71	-20808.16	247683.62
李均沟	13864.06	25410.53	89895.73	30086.78	12082.89	36810.56	263286.67
刘家洼	-69537.47	19916.48	-43094.42	21739.86	15124.56	22081.90	201833.61
泥沟	64920.35	59619.81	97482.53	38096.03	30613.03	80167.02	794631.52
牛沟	58007.58	21935.09	84917.50	-19682.62	-19076.44	27319.88	294802.51
七里庙	18953.42	52855.22	63467.38	23721.35	-13787.69	19650.93	271893.15
申杨崖	-49469.49	39586.89	58951.67	34389.14	25630.47	-42809.52	367683.35
郇家塌	15601.66	-31131.47	-36125.73	22850.31	-15031.96	34812.04	213942.00
张山	89250.91	46715.05	-38052.75	35628.80	32854.55	30145.67	292056.00
折家坪	79034.21	30761.83	51815.64	37619.33	45803.10	27047.35	367581.95
平均误差/%	15.48	12.42	18.69	9.34	8.03	10.87	—

注:表中误差等于各村落实际粮食总产量与各村落不同情景下粮食总产量之差,负误差表明该情景中的粮食总产量大于实际粮食总产量,正误差表明该情景中的粮食总产量小于实际粮食总产量。

该模拟结果表明,就耕地生产服务的单个影响因素而言,单位耕地面积上的投入(种子、化肥和农药等)对耕地生产服务的影响大于坡度、高程、距居民点的距离等因素对耕地生产服务的影响;从自然因素和人文因素角度来看,研究区耕地生产服务的主要影响因素为自然因素,即自然因素是限制研究区农业生产的关键因素。在自然因素中，高程对耕地生产服务的影响明显大于坡度和距居民点的距离对耕地生产服务的影响。

5.2.2　不同类型的耕地生产服务空间分布特征

根据 5.1.1 小节中耕地生产服务的定量化与制图方法，基于情景五所设置的权重，得出 2009 年和 2013 年研究区耕地生产服务空间分布图，如图 5.5 所示。

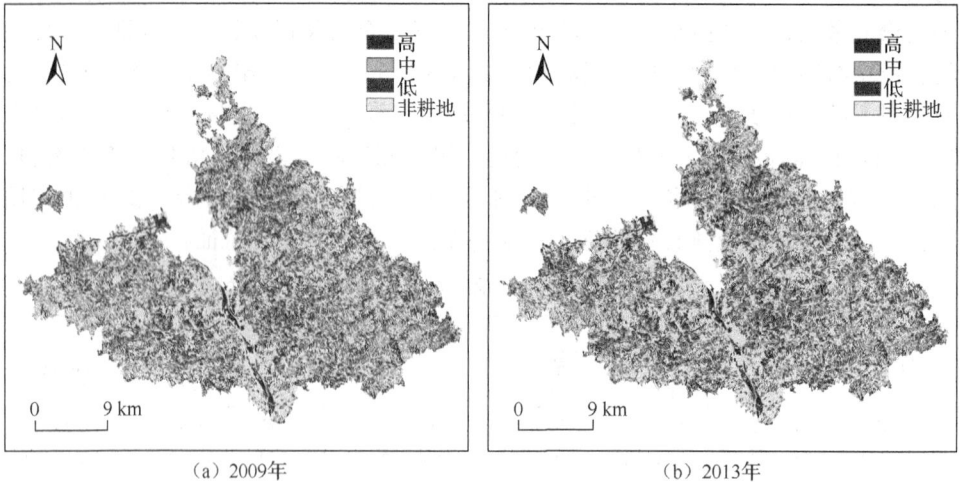

(a) 2009年　　　　　　　　　　　(b) 2013年

图 5.5　2009 年和 2013 年研究区耕地生产服务空间分布图

从图 5.5 中可以看出，2009 年和 2013 年研究区不同类型的耕地生产服务在空间分布上具有显著的特征，无论是 2009 年还是 2013 年，高类型的耕地生产服务主要集中分布在米脂县的中部，尤其是在中部川道地区，该地区高类型的耕地生产服务分布呈条带状分布。其主要原因是该区域地势较低，耕地便于耕作，地形较为平坦，土壤相对肥沃，耕地中的养分保持较好，流失相对较低，光热条件较好，可以满足作物生长过程中的光热需求，又有无定河流经该区域，可以为农业生产提供充足的灌溉水源，水分条件十分充足。另外，中部区域在耕地生产中的投入相对于西部和东部地区要高一些；中类型的耕地生产服务主要集中分布在高类型的耕地生产服务的外围区域，即米脂县的西部和东部地区的局部区域。主要原因在于该地区耕地相对中部地区，坡度较陡，海拔较高，在农业方面的投入也不及中部区域；低类型的耕地生产服务主要相对集中分布在米脂县的南部、东北部，而西部也有分布，但相对米脂县东南部和西北部较为分散，主要原因在于该地区的耕地分布在研究区自然条件最为恶劣的地方，坡度最陡，水土流失较为严重，土壤贫瘠，海拔较高，热量相对不足，农作物生长所需的水分只能依靠降雨，交通不便，农业投入低，农业生产过程中不使用或仅使用少量化肥、农药。

5.2.3 县域不同类型的耕地生产服务面积的变化特征分析

对研究区 2009 年和 2013 年县域不同类型的耕地生产服务面积进行计算，结果如图 5.6 所示。

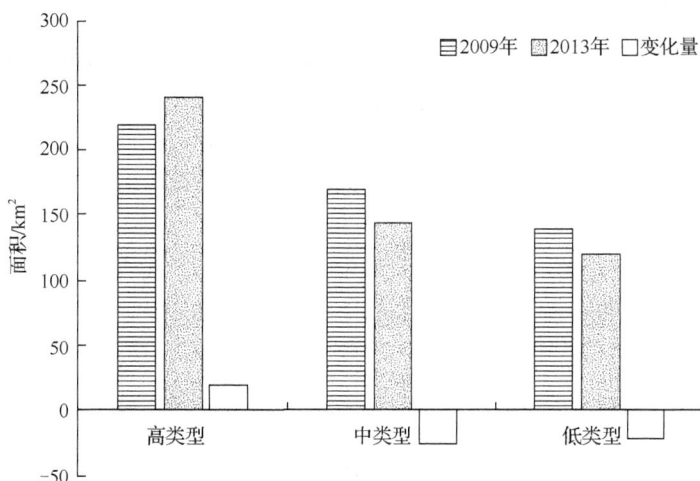

图 5.6 县域不同类型的耕地生产服务面积的变化特征

从图 5.6 中可以看出，2009 年和 2013 年研究区不同类型的耕地生产服务的总体格局为：高类型的耕地生产服务>中类型的耕地生产服务>低类型的耕地生产服务。结合图 5.5 可知，2009 年和 2013 年研究区耕地生产服务均以高类型为主。从 2009 年和 2013 年研究区不同类型的耕地生产服务空间面积变化可知，低类型的耕地生产服务和中类型的耕地生产服务面积都有所减少，主要集中在研究区的东部和西部地区。其中，2009 年低类型的耕地生产服务面积为 136.60km^2，2013 年低类型的耕地生产服务面积为 117.20km^2，减少了 19.40km^2，约占 2013 年耕地总面积的 3.89%。主要原因在于城镇化快速发展，农民外出务工可以获取相对较高的收入，使得从事农业生产的劳动力减少，最终自然条件恶劣的低类型的耕地地块被撂荒。2009 年中类型的耕地生产服务面积为 169.86km^2，2013 年中类型的耕地面积为 144.74km^2，减少了 25.12km^2，约占 2013 年耕地总面积的 5.04%。高类型的耕地生产服务面积有所增加，主要集中在米脂县的东部以及中部的局部区域，其中，2009 年高类型的耕地生产服务面积为 218.38km^2，2013 年高类型的耕地面积为 236.80km^2，增加了 18.42km^2，约占 2013 年耕地总面积的 3.69%。主要原因在于撂荒一定程度上减少了耕地的面积。为了保证粮食产量能够大体上满足需求，需要对有限的耕地进行精耕细作，增加投入，从而提高中类型的耕地生产产量，使得中类型的耕地生产服务转为高类型的耕地生产服务。

5.3　不同类型的土壤保持服务空间分布特征及其面积变化分析

5.3.1　不同类型的土壤保持服务空间分布特征

利用 5.1.1 小节中土壤保持服务的计算公式以及空间制图方法,可以得到 2009 年和 2013 年研究区不同类型的土壤保持服务空间分布图,如图 5.7 所示。

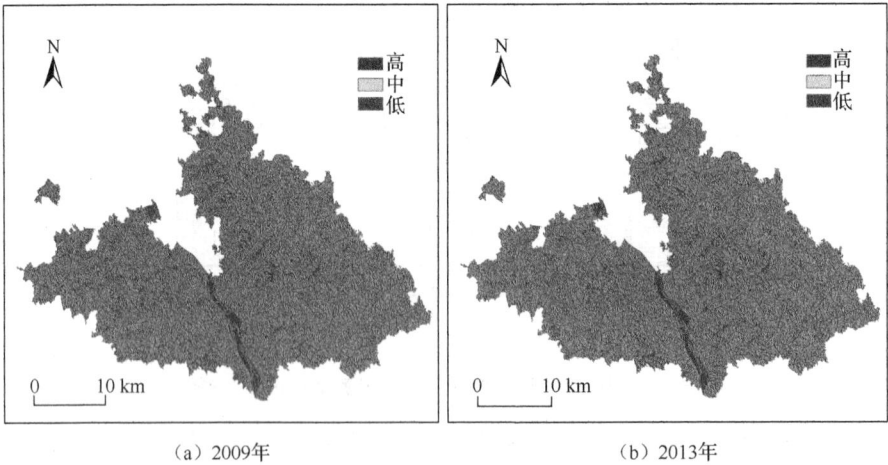

（a）2009 年　　　　　　　　　　　（b）2013 年

图 5.7　2009 年和 2013 年研究区不同类型的土壤保持服务空间分布

从图 5.7 中可以看出,研究区 2009 年和 2013 年不同类型的土壤保持服务有着明显的空间分布规律:2009 年和 2013 年低类型的土壤保持服务均遍布研究区的全境,而中部川道地区以及与之相关联的几个沟道区低类型的土壤保持服务较为集中,尤其是中部川道区低类型的土壤保持服务连接在一起,呈条带状分布。主要原因在于中部地区地形较为平坦,自然条件较好,在降雨量和土壤类型一定的条件下,潜在的土壤侵蚀量较小,另外地表覆被度高,水土保持措施较为完善,使得该区域实际土壤侵蚀量较小。相对于低类型的土壤保持服务,中类型的土壤保持服务和高类型的土壤保持服务均分布在米脂县东部和西部的局部地区,二者不同之处在于:中类型的土壤保持服务面积较大,集中连片分布,而高类型的土壤保持服务则成点状或线状零星分布在海拔较高且坡度较陡的区域。主要原因在于一方面研究区东部和西部地区坡度较陡,海拔较高,从而导致该地区潜在土壤侵蚀量大;另一方面由于退耕还林还草的政策以及人为撂荒等因素使得该区域的植被明显提高,实际土壤侵蚀量大大降低,最终导致该地区土壤保持服务相对较高。

5.3.2　县域不同类型的土壤保持服务面积的变化特征分析

对 2009 年和 2013 年研究区不同类型的耕地生产服务面积进行计算，结果如图 5.8 所示。从图 5.8 中可以看出：2009 年和 2013 年研究区均以低类型的土壤保持服务为主，约占研究区总面积的一半以上，而高类型的土壤保持服务面积所占比例最小。不同类型的土壤保持服务面积变化较为明显，低类型的土壤保持服务面积有所较少，而中类型的土壤保持服务和高类型的土壤保持服务面积都有所增加，其中，2009 年低类型的土壤保持服务面积为 704.61km²，2013 年低类型的土壤保持服务面积为 600.19km²，减少了 104.42km²，约占 2013 年研究区土壤保持服务总面积的 17.40%；2009 年中类型的土壤保持服务面积为 386.99km²，2013 年中类型的土壤保持服务面积为 432.37km²，增加了 45.38km²，约占 2013 年研究区土壤保持服务的 10.50%；2009 年高类型的土壤保持服务面积仅为 86.93km²，2013 年高类型的土壤保持服务面积增加到 145.97km²，增加了 59.04km²，约占 2013 年研究区土壤保持服务总面积的 40.45%。结合图 5.7 可知，在研究区的东部与西部地区，2009 年低类型的土壤保持服务已经转化为中类型的土壤保持服务和高类型的土壤保持服务，表明研究区土壤保持能力已经得到明显提高。主要原因在于近年来人为撂荒降低了对地表的干扰强度，植被逐渐得恢复，从而大大提高了土壤保持服务功能。

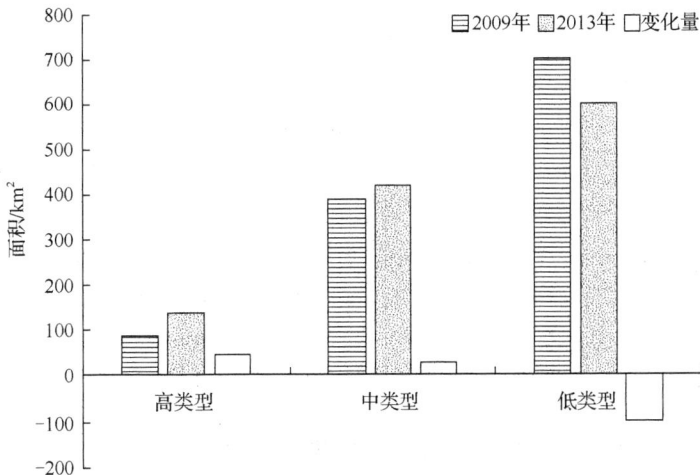

图 5.8　2009 年和 2013 年研究区不同类型的土壤保持服务面积的变化特征分析

5.4　不同类型的生境服务空间分布特征及其面积变化分析

5.4.1　不同类型的生境服务空间分布特征分析

根据 5.1.1 小节中生境服务的计算方法以及制图流程,通过 InVEST 模型得到 2009 年和 2013 年研究区生境服务空间分布状况,如图 5.9 所示。

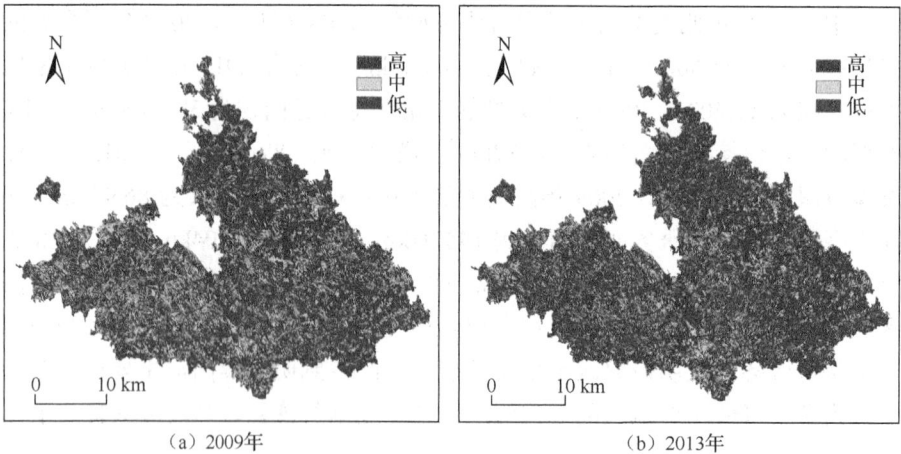

（a）2009年　　　　　　　　　（b）2013年

图 5.9　2009 年和 2013 年研究区生境服务空间分布

从图 5.9 中可以看出,2009 年和 2013 年研究区高类型的生境服务主要分布于米脂县中部川道以及东部和西部的局部区域。主要原因在于距县城较远的中部川道自然环境较好,而东部与西部局部地区林、草植被较好,且受城镇、公路等胁迫因子干扰程度相对较小,该区域可以为动植物提供良好的生存空间以及必要的食物来源,因此生境服务质量相对较高。中类型的生境服务主要集中分布在研究区中部与西部的局部区域;而低类型的生境服务遍布整个研究区,中部以及东部的局部地区相对较为集中。主要原因在于中部距离县城较近,受人类活动的影响较大,而东部坡度较陡,海拔较高,自然环境恶劣,相对不适合动植物生存和繁衍。

5.4.2　县域不同类型的生境服务面积的变化特征分析

对 2009 年和 2013 年研究区不同类型的生境服务面积进行计算,结果如图 5.10 所示。从图 5.10 中可以看出,2009 年和 2013 年研究区不同类型的生境服务面积的总体格局为:低类型的生境服务>高类型的生境服务>中类型的生境服务。不同类型的生境服务面积变化较为明显，低类型的生境服务和中类型的生境服务的面积都有所减少，而高类型的生境服务的面积增加较为明显。具体来说，2009 年低类型的生境服务面积为 564.36km²，2013 年低类型的生境服务面积为 500.62km²，减少了 63.74km²，约占研究区 2013 年生境服务总面积的 12.73%；2009 年中类型的生境服务面积为 248.79km²，2013 年中类型的生境服务面积为 197.66km²，减少了 51.13km²，约占研究区 2013 年生境服务总面积的 25.87%；2009 年高类型的生境服务面积为 365.32km²，2013 年高类型的生境服务面积为 480.18km²，增加了约 114.86km²，约占 2013 年研究区生境服务总面积的 23.92%。结合图 5.9 可知，在研究区的西部区域以及东部局部区域，已经由 2009 年的低类型的生境服务和中类型的生境服务变为 2013 年的高类型的生境服务，这一结果表明研究区生境质量得到了改善。主要原因在于一方面研究区地表植被的不断增加，可以为不同的物种提供更多的养料及食物来源；另一方面随着城镇化快速的发展，距离城镇较远的区域受人类活动影响逐渐降低，从而为动植物提供了相对适宜生存的环境。

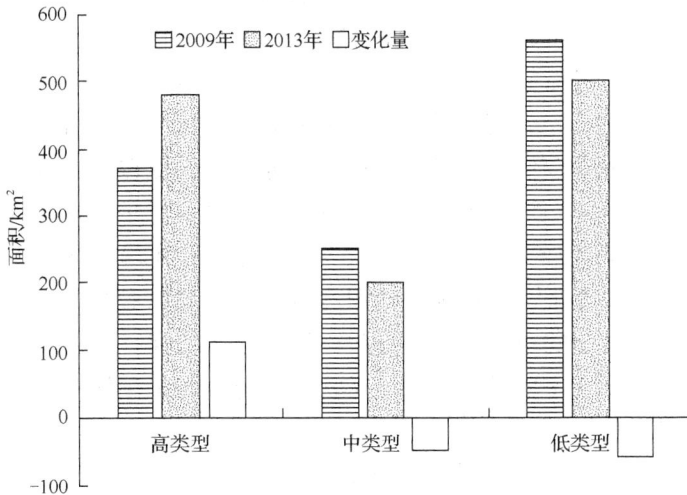

图 5.10　2009 年和 2013 年研究区不同类型的生境服务面积的变化特征分析

　　通过运用不同方法对 2009 年和 2013 年研究区耕地生产服务、土壤保持服务和生境服务分别进行定量化与空间制图研究，可以看出：①对耕地生产服务影响而言，四个因素的影响各异，单位面积上的投入对耕地产出影响最大，但从整体来看，自然因素对研究区耕地生产服务的影响大于人文因素的影响，在自然因素中，高程对耕地生产服务的影响比较显著；②三种景观服务在空间分布上存在较大的差异，高类型的耕地生产服务主要分布于米脂县中部，高类型土壤保持服务主要分布在米脂县的东部与西部,高类型的生境服务主要分布于米脂县中部川道、东部以及西部的局部区域;③2009 年和 2013 年,耕地生产服务高、中、低三种类型之间变化较小,而土壤保持服务和生境服务变化较为明显,高类型土壤保持服务面积增加了 59.04km^2,高类型的生境服务面积增加了约 114.86km^2。

5.5   不同景观服务相互关系的差异

通过对研究区各个乡镇不同景观服务进行计算可知,2009 年耕地生产服务最高的是十里铺乡,耕地生产服务最低的是李站乡,土壤保持服务最高的是杨家沟镇,土壤保持服务最低的是银州镇,生境服务最高的是高渠乡,生境服务最低的是沙家店镇;2013 年耕地生产服务最高的是十里铺乡,耕地生产服务最低的是姬家岔乡,土壤保持服务最高的是杨家沟镇,土壤保持服务最低的是银州镇,生境服务最高的是杜家石沟镇,生境服务最低的是沙家店镇。因此,选取这 12 个最为典型的乡镇进行分析,从而探究不同景观服务相互关系的差异(图 5.11)。从图 5.11 可以看出,2009 年十里铺乡耕地生产服务值最高,为 0.82,而土壤保持服务和生境服务相对较低,分别为 0.33 和 0.42;在杨家沟镇,2009 年土壤保持服务和生境服务的值较高,分别为 0.80 和 0.56,而耕地生产服务则较低,为 0.41;2013 年各乡镇存在同样的规律,即耕地生产服务值高时,土壤保持服务和生境服务则较低,而耕地生产服务低时,土壤保持服务和生境服务则较高。另外,从 2009 年和 2013 年各乡镇不同景观服务的变化来看,耕地生产服务的值总体上呈现减少的趋势,而土壤保持服务和生境服务则呈现不同程度的增加趋势,也就是说,当耕地生产服务呈现减弱的态势时,土壤保持服务和生境服务则呈现增强的态势,即耕地生产服务与土壤保持服务、耕地生产服务与生境服务之间呈现出明显的此消彼长权衡态势,而土壤保持服务与生境服务则表现出协同的态势。

随着市场经济发展和环境保护措施的出台实施,土壤保持、生境质量等景观服务功能得到有效提升,但是有可能会使得粮食生产能力出现下降的趋势。因此,从长远的可持续发展角度来看,研究区的耕地面积必须保持在一定的范围内,特别是对于那些位于自然条件较好区域的耕地,要尽量降低其转为其他土地利用类型的可能。对于那些粮食生产能力较低的耕地,一方面通过如平整耕地、修筑梯田等措施改造耕地的自然条件;另一方面通过增加农业投入、改进农业基础设施等人为措施来应对耕地面积较少的情况下粮食安全问题。

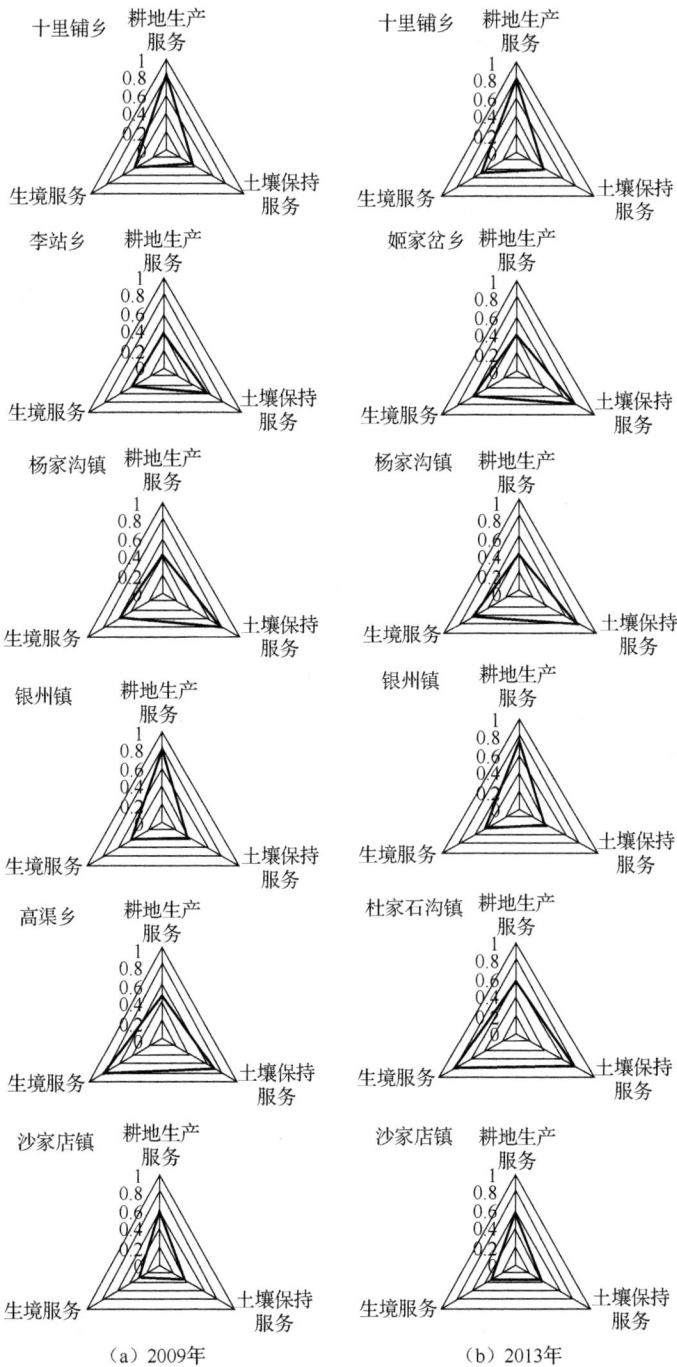

（a）2009 年　　　　　　　　　（b）2013 年

图 5.11　2009 年和 2013 年研究区典型乡镇不同景观服务相互关系的差异

5.6　综合景观服务的分析

通过运用 5.1.3 小节综合景观服务的计算方法，2009 年和 2013 年研究区综合景观服务空间分布如图 5.12 所示。从图 5.12 中可以看出：在空间分布上，2009年和 2013 年研究区综合景观服务总体上呈现出相似的分布规律，高类型的综合景观服务主要分布在研究区中部川道地区以及其周边几条主要沟道区，中类型的综合景观服务分布在整个研究区，但是东部和西部较为集中，低类型的综合景观服务主要集中分布在研究区中部城区附近，东部与西部的局部地区也有分布，但是相对较为分散。从面积上看，无论是 2009 年还是 2013 年，研究区中类型的综合景观服务所占面积最大；2009 年中类型的综合景观服务面积约为 638.75km²，约占研究区总面积的 54.29%；2013 年研究区中类型的综合景观服务面积约为564.64km²，约占米脂县总面积的 47.99%；相比 2009 年，2013 年减少了 74.11km²。2009 年高类型的综合景观服务面积为 217.50km²，约占研究区总面积的 18.48%；2013 年高类型的综合景观服务面积为 347.11km²，约占研究区总面积的 29.50%；相比 2009 年，2013 年高类型的综合景观服务增加了 129.61km²。2009 年低类型的综合景观服务面积为 320.38km²，占研究区总面积的 27.23%；2013 年低类型的综合景观服务面积为 264.88km²，占研究区总面积的 22.51%；相比 2009 年，2013 年低类型的景观服务减少了 55.51km²。因此，从总体上看，2009～2013 年，研究区综合景观服务得到了一定的改善。

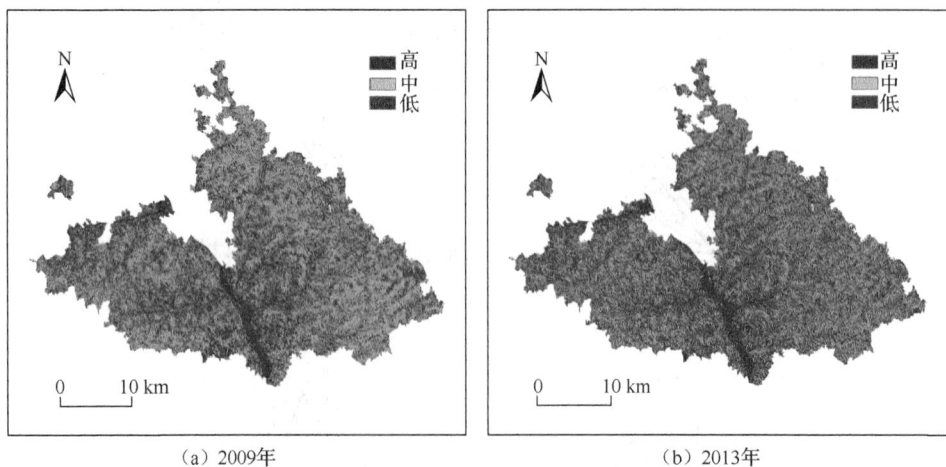

(a) 2009 年　　　　　　　　　　　　　(b) 2013 年

图 5.12　2009 年和 2013 年研究区综合景观服务空间分布图

一方面，随着城镇化快速发展，越来越多的人口由偏远的地区进入城市，能够获得较高的经济收入，在一定程度上减少了对偏远地区的自然环境的干预强度；另一方面，受气候变化的影响，研究区近年来降水有所上升，从而使得研究区植被覆盖逐年提高，极大地改善了生态环境，使得综合景观服务得到提升。

5.7　景观服务冷点与热点区域分析

5.7.1　县域冷点和热点的空间分布特征及其变化分析

按照 5.1.4 小节的计算方法，分别得到 2009 年和 2013 年研究区景观服务冷点和热点区域的空间分布图，如图 5.13 所示。从图 5.13 可以看出，在空间上，2009 年研究区景观服务冷点主要分布东部和西部的局部区域，且东部冷点明显多于西部地区，中部区域较少，而景观服务热点主要集中分布在研究区的中部，东部和西部也有分布，但是较为分散；2013 年景观服务热点主要集中分布在研究区的中部川道以及其周围，但是相比 2009 年，中部与西部地区的景观服务有较为明显的增加，景观服务冷点区域同样主要分布在东部与西部区域，相比 2009 年，东部与西部的景观服务冷点区域呈现减少趋势。

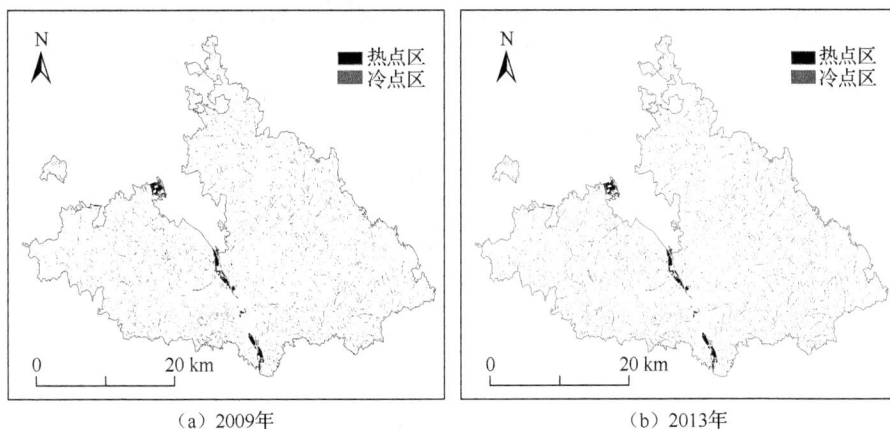

(a) 2009 年　　　　　　　　　　(b) 2013 年

图 5.13　2009 年和 2013 年研究区景观服务冷点与热点区域空间分布图

根据空间分析可知，研究区 2009 年景观服务热点的栅格数为 65506 个，约占研究区景观服务总栅格数目的 5.01%；2013 年景观服务热点的栅格数为 128754 个，占研究区景观服务总栅格数目的 9.85%，相比 2009 年，景观服务热点数增加了接近一倍。2009 年景观服务冷点的栅格数为 50069 个，占研究区景观服务总栅格数目的 3.83%；2013 年景观服务冷点的栅格数目为 41024 个。通过对 2009 年和 2013 年研究区景观服务冷点与热点的栅格数计算可知，该区域景观服务热点不断增加，而冷点稍有减少。

5.7.2　乡镇景观服务冷点与热点变化分析

对 2009 年和 2013 年研究区各乡镇景观服务冷点与热点分布进行统计，结果如表 5.5 所示。从表 5.5 中可以看出，2009 年和 2013 年米脂县各乡镇中景观服务冷点的栅格数目均有不同程度地减少，而景观服务热点的栅格数目都呈现上升态势。其中，2009 年各乡镇中银州镇景观服务冷点的栅格数最少，为 1056 个，仅占研究区 2009 年景观服务冷点总栅格数的 2.11%，而沙家店镇的冷点栅格数目最多，为 6918 个，占研究区 2009 年景观服务冷点总栅格数的 13.82%；2009 年各乡镇热点中，银州镇景观服务热点的栅格数目最多，为 11235 个，占研究区 2009 年热点总数的 17.15%，李站乡景观服务热点最少，为 2433 个，仅占整个研究区热点总数的 3.71%；2013 年各乡镇景观服务冷点中，银州镇最少，为 906 个，相比 2009 年，稍有降低，而沙家店镇最多，为 5820 个；2013 年各乡镇热点中，银州镇最多，为 16193 个，相比 2009 年，有明显增加，姬家岔乡的热点最少，为 5827 个，占 2013 研究区景观服务热点栅格总数的 4.53%。

表 5.5　2009 年和 2013 年研究区各乡镇景观服务冷点与热点分布统计

乡镇	冷点栅格数/个		热点栅格数/个	
	2009 年	2013 年	2009 年	2013 年
印斗镇	4977	3910	4236	8050
银州镇	1056	906	11235	16193
杨家沟镇	5823	4737	5872	11682
桃镇镇	4094	3193	2715	6513
十里铺乡	1331	1102	7610	10123
沙家店镇	6918	5820	4559	10519
桥河岔乡	2393	2008	3697	7883
龙镇镇	4422	3653	6953	15476
李站乡	5311	4410	2433	6234
姬家岔乡	5815	4682	2640	5827
郭兴庄镇	2245	1785	3775	5994
高渠镇	2878	2451	3341	6919
杜家石沟镇	2806	2367	6440	17341
合计	50069	41024	65506	128754

通过对耕地生产服务、土壤保持服务和生境服务三种服务之间的关系、综合景观服务以及冷点与热点区域进行分析可知：耕地生产服务与土壤保持服务、耕地生产服务与生境服务之间存在此消彼长的权衡关系，而土壤保持服务和生境服务之间存在协同关系；综合景观服务在空间分异上较为明显；冷点与热点的空间分布有较大差异，不同乡镇之间也有较为明显的差异性。

受市场经济影响，研究区东部和西部地区劳动力流失量逐年上升，人类活动逐渐减弱，从而使得景观服务在数量种类和质量上均有增加，最终使得景观服务热点区域有较为明显的增加。

参 考 文 献

卞鸿雁, 庞奖励, 任志远, 等, 2012. 基于土地利用变化的土壤保持效益时空动态——以黄土高原南部为例[J]. 生态学杂志, 31(9): 2391-2396.

白杨, 郑华, 庄长伟, 等, 2013. 白洋淀流域生态系统服务评估及其调控[J]. 生态学报, 33(3): 711-717.

郝慧梅, 任志远, 2008. 区域 LUCC 的土壤侵蚀响应研究——以榆林市为例[J]. 干旱区研究, 25(4): 583-591.

李柏延, 任志远, 易浪, 2015. 2001—2010 年榆林市土壤侵蚀动态变化趋势[J]. 干旱区研究, 32(5): 918-925.

刘秉正, 1993. 渭北地区 R 的估算与分布[J]. 西北林学院学报, (2): 21-29.

刘文平, 2014. 基于景观服务的绿色基础设施规划与设计研究[D]. 北京: 中国农业大学.

莫宏伟, 任志远, 2009. 近 30 年陕北榆阳区植被土壤保持效益动态[J]. 生态学杂志, 28(4): 626-631.

彭建, 刘志聪, 刘焱序, 等, 2016. 京津冀地区县域耕地景观多功能性评价[J]. 生态学报, 36(8): 2274-2285.

孙文义, 邵全琴, 刘纪远, 2014. 黄土高原不同生态系统水土保持服务功能评价[J]. 自然资源学报, 29(3): 365-376.

宋章建. 2015. 流域分水后额济纳绿洲景观——服务时空变化研究[D]. 杭州: 浙江大学.

吴健生, 张理卿, 彭建, 等, 2013. 深圳市景观生态安全格局源地综合识别[J]. 生态学报, 33(13): 4125-4133.

吴秋菊, 吴发启, 翟艳斌, 等, 2011. 陕北黄土高原降雨侵蚀力简易计算模型的比较研究[J]. 灌溉排水学报, 30(6): 138-140.

杨晓楠, 李晶, 秦克玉, 等, 2015. 关中-天水经济区生态系统服务的权衡关系[J]. 地理学报, 70(11): 1762-1773.

BARAL H, KEENAN R J, FOX J C, et al., 2013. Spatial assessment of ecosystem goods and services in complex production landscapes: A case study from south-eastern Australia[J]. Ecological Complexity, 13(12): 35-45.

KIENAST F, BOLLIGER J, POTSCHIN M, et al., 2009. Assessing landscape functions with broad-scale environmental data: insights gained from a prototype development for Europe[J]. Environmental Management, 44(6): 1099-1120.

RICHARD S, REBECCA C K, SPENCER W, et al., 2015. InVEST 3.3.0 User's Guide[M/OL]. [2016-12-10]. http://data. natural capital project. org/nightly-build/invest-users-guide/html/habitat quality. html.

WILLEMEN L, VELDKAMP A, VERBURG P H, et al., 2012. A multi-scale modeling approach for analyzing landscape service dynamics[J]. Journal of Environmental Management, 100(10): 86-95.

第6章　结论与展望

6.1　研　究　结　论

作为土地利用的重要方式之一，土地集约利用的研究已逐渐受到学术界的关注。本书以陕西省米脂县为例，通过农户调研、模型构建、情景设置等方法，对研究区农户及其群体土地集约利用行为及其变化、多模型耦合机理，以及土地集约利用变化对研究区景观服务的影响进行研究，试图揭示微观土地集约行为变化机制及其对宏观景观格局和服务的影响机理，得出以下几点结论。

（1）农户土地集约利用有限理性行为模型可有效揭示其行为的形成机制及其变化。本书分别通过增加农户能力指数和考虑农户间相互作用构建的 CRBDI 模型和 CBDI 模型，以及综合考虑农户能力和农户间相互作用的 HBRDM 模型，并通过与效益最大化 BDI 模型的对比可以看出，三种模型模拟精度均有较大提高，且 HBRDM 模型在三种模型中的模拟精度最高。在此基础上，基于转化机理得到农户群体土地集约利用模型，可较为有效地揭示农户个体与群体间决策的相互影响机制。

（2）多模型耦合可有效反映微观农户土地集约利用行为对宏观土地集约利用格局的影响。通过对比 CRBDI+CLUE-S 模型与 CRBDI 模型、CBDI+LTM 模型与 CBDI 模型的模拟结果可看出，耦合模型的模拟精度要优于农户个体模型，且耦合模型在给出宏观土地集约利用格局的同时，还能对其形成的微观驱动机制进行分析。

（3）研究区土地集约利用变化对景观服务有较大影响。土地集约利用的生态影响不仅仅体现在三种景观服务数量的变化，还表现在其空间分布及其类型差异上，且三种景观服务的相互作用方式和程度也有所变化，进而对景观综合服务及其冷热点产生较大影响。

（4）土地集约利用与景观多样性和复杂性关系探讨。土地集约利用程度和景观复杂性并非处在一个维度的两个相反端点，与村落专业化程度也非处于一个维度的相同端点，表明在提高土地集约利用程度的同时，也能保持景观的多样性，这对于生态脆弱区的生态建设与可持续发展具有重要的指导意义，且在提高土地集约利用程度的同时，也可保持景观的多样性。米脂县是生态脆弱区，对其土地集约利用场地的提高，不一定会造成景观多样性的下降，换句话说，研究区土地集约利用尺度的改变，对景观多样性的影响呈现出区域差异性。

6.2　研究展望

本书在微观主体土地集约利用变化机制、微观土地集约利用行为与宏观农业景观格局及其服务互动机理等方面进行了积极探索，获得了初步的研究成果。但由于该领域涉及面广，内容复杂多样，仍有许多问题需要进一步完善，本书就机器学习与 MAS 耦合的研究展望进行阐述。

6.2.1　研究背景

LUCC 是全球变化与可持续发展研究的热点问题之一（田光进等，2008）。LUCC 是一个受自然和人文驱动的动态过程，其变化过程和机理非常复杂，而基于人的土地利用行为模型模拟是研究 LUCC 的主要途径之一，它是探讨土地利用驱动机制、支持城市规划与政策制定以及评估土地利用对生态环境影响的重要工具（Xu et al.，2015；田光进等，2008）。元胞自动机（cellular automata，CA）模型和 MAS 模型这两种建模方法因其具有强大的时空建模能力，成为当前国际上土地利用模拟的主流模型（黎夏等，2007）。CA 模型具有强大的空间计算能力，能够有效反映土地利用微观格局演化的复杂性特征，但 CA 模型模拟主要取决于自身及邻域状态的组合，因素较为单一，难以反映 LUCC 的社会、经济等宏观因素（黎夏等，2007）；与 CA 不同的是，MAS 模型能够表达可移动 Agent 个体的行为规则，弥补 CA 个体行为模拟能力的不足。MAS 是由多个相互交互的智能体 Agent 组成的，Agent 具有动态的行为和异质性特征（陈海等，2008）。

大数据时代的到来，为更加高效的模拟提供了现实基础。以 CLUE-S 模型和地理模拟与优化系统（geographical simulation and optimization systems，GeoSOS）模型为代表的国内外机器学习方法可大幅度提高模拟的效果。深度学习（deep learning，DL）作为机器学习的深化，通过组合低层特征形成更加抽象的高层表示属性类别或特征，以发现数据的分布式特征表示（孙志军等，2012）。深度学习善于从原始输入数据中挖掘越来越抽象的特征表示，而这些表示具有良好的泛化能力。深度学习克服了过去人工智能中被认为难以解决的一些问题，且随着训练数据集数量的显著增长以及芯片处理能力的剧增，它在目标检测和计算机视觉、自然语言处理、语音识别和语义分析等领域成效卓然（周飞燕等，2017；Hinton et al.，2012）。结合深度学习的方式和手段构建深度学习的模拟平台，对微观主体行土地利用行为进行更为高效的模拟将是今后研究的主要方向之一。

6.2.2　国内外研究进展

1. 传统土地利用模拟模型

1）CA 模型

CA 模型具有强大的空间运算能力，常用于自组织系统演变过程的研究。CA 模型主要由空间、元胞、邻域和转化规则四个要素组成。在传统的土地利用 CA 模型中，时间被认为是离散的，而空间是由二维栅格空间组成，每个元胞的状态代表土地利用类型；通过邻域状态和转化规则确定元胞转化为其他土地利用类型的概率。CA 模型充分体现了复杂系统局部的个体行为产生全局、有秩序模式的理念。CA 模型在模拟土地利用系统时具有以下突出优势：①CA 模型通过简单的局部转换规则可以模拟出复杂的土地利用格局；②CA 为土地利用复杂系统的演化提供了很好的过程分析能力；③CA 模型能与 GIS 和 RS 数据很好地耦合，极大地提高现有 GIS 分析复杂自然现象的能力和时空动态建模的功能（黎夏等，2007）。

2）MAS 模型

在 CA 模型中，元胞的位置不能移动，只能改变其状态（刘小平等，2010）。因此，CA 模型在城市模拟过程中侧重的是自然环境要素，无法考虑土地利用变化过程中的人文因素影响，如政府、开发商、居民等。在模型中，Agent 之间及其与周围环境进行相互作用、相互影响、相互学习，不断调整自身行为和决策来适应环境。土地利用动态变化过程是基于微观空间个体之间、个体与环境之间相互作用的结果（黎夏等，2007）。MAS 模型可以通过微观智能体之间及其与地理空间环境相互作用，模拟土地利用变化过程中复杂空间决策行为与人文因素。与 CA 模型相比，MAS 模型更能反映复杂的人地关系，因此在土地利用模拟中逐渐得到了应用。

MAS 模型的基本计算单元是 Agent。Agent 具有异质性特征，不同类型 Agent 具有不同的偏好、福祉、期望、效用等属性，影响着 Agent 的行为决策，决定了 Agent 之间及其与环境之间的交互作用，最终形成土地利用动态结果。而 BDI 结构作为一种分别刻画微观主体在信念、愿望和意图等方面思维状态的认知结构，不仅在表达 Agent 决策过程时有其独特的优势，而且具有灵活、真实的逻辑推理特性，在模拟微观主体决策方面具有一定的心理学基础。目前，国内已有不少关于 BDI 模型在土地利用变化方面的研究。陈海等（2009）基于 BDI 决策结构，构建了基于 MAS 的微观农户土地利用决策模型，实践证明 BDI 决策框架较适于微观主体土地利用决策的分析与研究。宋世雄等（2016）基于 BDI 结构，侧重分析同类主体间相互作用，构建基于 CBDI 结构的 MAS 模型，通过同类型农户最终种地量大小的对比来表征农户种植意愿的强弱，分析农户主体的土地利用行为，不过对于不同类的影响则需要进一步深入量化研究。王燕妮等（2016）等在原始 BDI 模型的基础上，结合行为决策理论，通过农户能力与资源系数（CR 有限理性系数）修正农户决策意愿，构建有限理性能力与资源（CR-BDI）模型，模拟了微观农户个体层面的种植行为。对于农户间的相互作用则是需要进一步考虑的因素。

2. 机器学习与传统土地利用模型耦合

将 CA 应用于土地利用变化模拟时，需要解决包括如何把复杂的资源环境影响因素引进模型中、确定转化规则和参数等。为了克服这个问题，一些学者提出将机器学习的方法引入 CA 模型中，利用 Logistic 回归、ANN、主成分分析（principal component analysis，PCA）、非线性学习机、支持向量机等方法获取 CA 模型的转化规则和参数。Logistic 回归方法获取 CA 模型参数方法简单实用，得到了较为广泛的应用，但线性模型难以反映土地利用变化所涉及的非线性复杂特征。ANN-CA 模型只需通过训练数据对神经网络进行训练，便可以自动获取模型参数，但 ANN 属于黑箱结构，也存在过学习、局部最小值和收敛速度慢等问题。支持向量机（support vector mac，SVM）为解决复杂非线性问题提供了简单有效的方法，但难以解释空间变量对土地利用变化的驱动机制。当研究区域较复杂时，确定 CA 模型结构和参数存在较大的困难。黎夏等（2007）提出将一些最新发展的人工智能算法引进 CA 非线性转换规则获取中，利用数据挖掘、遗传算法、蚁群算法、人工免疫算法等对 CA 模型的转换规则进行智能获取与纠正，获得了较高的模拟精度与模拟效率。

在利用 MAS 模型进行土地利用变化模拟时，Agent 行为规则的定义以及模型参数获取会对土地利用模拟结果产生重要的影响。目前，MAS 模型规则的设定主要是通过简化影响因素，并对各个影响因素进行分级处理，采取类似决策树的决策行为设定规划 Agent 的行为规则（宋世雄等，2016；王燕妮等，2016；陈海等，2009）。MAS 模型对规则简化的说明较弱，一般是根据研究区实地调研获取主要影响因素。在对主要影响因素进行分级时，一般采取自然断点法，将其分为 3、5、7 级，如此设定转化规则过于刚性。这样做虽然减少了工作量（两个因素各划分为 3 类，则可能有 9 种组合；如果两个因素各划分为 7 类则增加为 49 种组合），但与实际情况仍存在一定差别。目前，将机器学习方法与 MAS 模型进行耦合的研究较少，但借鉴于机器学习与 CA 模型耦合的方法，将机器学习引入 MAS 模型，对 MAS 模型转换规则的智能获取与纠正以及提高模型模拟精度都会有明显帮助。

3. 基于深度学习的土地利用模型

近年来，DL 作为机器学习领域一个重要的研究热点，已经在图像分析、语音识别、自然语言处理、视频分类等领域取得了令人瞩目的成就。DL 的基本思路是通过多层的网络结构和非线性变换，组合低层特征，形成抽象的、易于区分的高层表示，以发现数据的分布式特征表示（孙志军等，2012）。可见，DL 方法侧重于对事物的感知和表达。地理数据通常是多维的，变量之间关系复杂且呈非线性，并且测量变量之间有许多缺失值。传统的统计方法在分析这些数据时遭到了挑战，尤其是线性统计方法，如广义线性模型不足以揭示更复杂的过程透露出的格局和关系。对于这些数据，需要更灵活和稳健的分析方法，可以处理非线性关系、高阶相关性和缺失值。除这些优势外，这些方法还必须简单易于理解并给出合理的结果解释。DL 是分析复杂地理数据的理想工具（张雷等，2014）。目前，基于深度学习的土地利用模型鲜有研究，国内外研究者主要运用深度学习预测数据变化，如欧定华等（2017）以成都市龙泉驿区为研究对象，基于 PSR（pressure-state-response）模型构建区域生态安全评价指标体系，在 GIS 空间分析方法中嵌入综合评价指数模型，在此基础上集成 RBF 神经网络和克里金插值法，提出一种生态安全空间变化预测方法。曹洪洋等（2015）以滑坡灾害突出的雅安市雨城区为例，综合考虑降雨强度、前期降雨量及下垫面（地形、岩性、植被覆盖等）构建了基于 GIS 分析获取的易发指数+ 神经网络时空预报模型。

综上所述，土地利用模拟常用的两种方法为 CA 与 MAS 模型，将机器学习方法与 CA 和 MAS 模型耦合，可以有效地提高模型精度以及模拟效率。DL 作为机器学习领域一个重要的研究热点，表现出良好的预测能力。作者拟通过 DL 中深度神经网络方法构建土地利用变化模型，并对比其与传统土地利用模型之间模拟效果，以期为未来的土地利用变化模型发展开拓一个新方向。

6.2.3　拟采用的研究思路

本书作者拟通过农户调研获取农户耕地和属性数据，结合年鉴数据、土地利用数据、影像数据等，首先，利用多智能体模型中 BDI 框架构建基础 Agent 决策模型，其次，将机器学习中随机森林方法引入 BDI 模型中，构建 RF-BDI 模型，最后，利用深度神经网络构建一个基于深度学习的土地利用变化模拟平台，并对比 RF-BDI 模型与深度神经网络模型二者之间的优劣，为未来土地利用精细模拟与精准决策研究提供新的思路（图 6.1）。

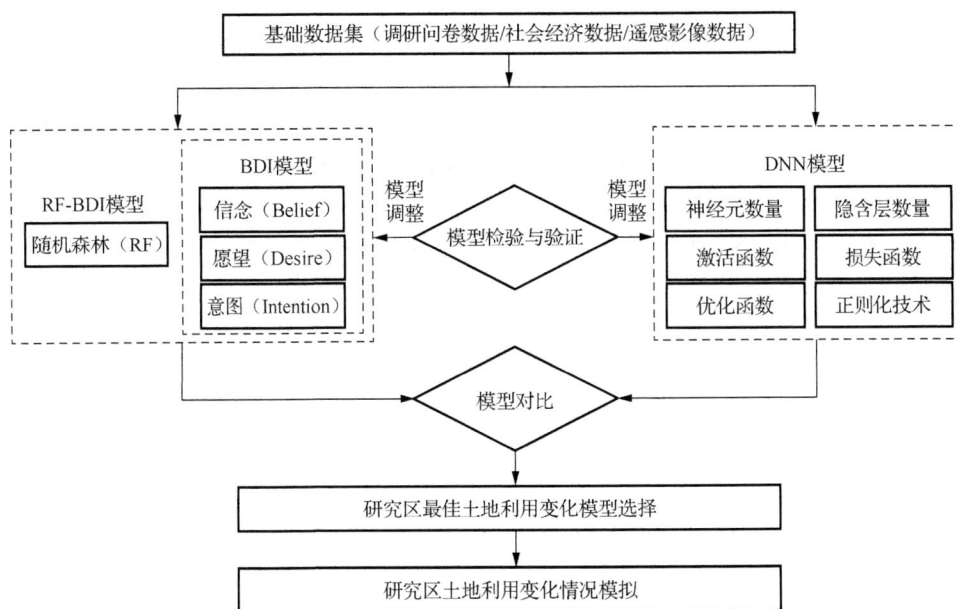

图 6.1　拟采用的研究思路图

参 考 文 献

曹洪洋, 王禹, 满兵, 2015. 基于 GIS 的区域群发性降雨型滑坡时空预报研究[J]. 地理与地理信息科学, 31(1): 106-109, 124.

陈海, 梁小英, 高海东, 等, 2008. Multi-Agent System 模型在土地利用/覆盖变化中的研究进展[J]. 自然资源学报, 23(2): 345-352.

陈海, 王涛, 梁小英, 等, 2009. 基于 MAS 的农户土地利用模型构建与模拟——以陕西省米脂县孟岔村为例[J]. 地理学报, 64(12): 1448-1456.

黎夏, 刘小平, 2007. 基于案例推理的元胞自动机及大区域城市演变模拟[J]. 地理学报, 62(10): 1097-1109.

刘小平, 黎夏, 陈逸敏, 等, 2010. 基于多智能体的居住区位空间选择模型[J]. 地理学报, 65(6): 695-707.

欧定华, 夏建国, 欧晓芳, 2017. 基于 GIS 和 RBF 的城郊区生态安全评价及变化趋势预测——以成都市龙泉驿区为例[J]. 地理与地理信息科学, 33(1): 49-58.

宋世雄, 梁小英, 梅亚军, 等, 2016. 基于 CBDI 的农户耕地撂荒行为模型构建及模拟研究——以陕西省米脂县冯阳沠村为例[J]. 自然资源学报, 31(11): 1926-1937.

孙志军, 薛磊, 许阳明, 等, 2012. 深度学习研究综述[J]. 计算机应用研究, 29(8): 2806-2810.

田光进, 邬建国, 2008. 基于智能体模型的土地利用动态模拟研究进展[J]. 生态学报, 28(9): 4451-4459.

王艳妮, 陈海, 宋世雄, 等, 2016. 基于 CR-BDI 模型的农户作物种植行为模拟——以陕西省米脂县姜兴庄为例[J]. 地理科学进展, 35(10): 1258-1268.

张雷, 王琳琳, 张旭东, 等, 2014. 随机森林算法基本思想及其在生态学中的应用——以云南松分布模拟为例[J]. 生态学报, 34(3): 650-659.

周飞燕, 金林鹏, 董军, 2017. 卷积神经网络研究综述[J]. 计算机学报, 40(6): 1229-1251.

HINTON G, DENG L, YU D, et al., 2012. Deep neural networks for acoustic modeling in speech recognition: The shared views of four research groups[J]. IEEE Signal Processing Magazine, 29(6): 82-97.

XU Q L, YANG K, WANG G L, et al., 2015. Agent-based modeling and simulations of land-use and land-cover change according to ant colony optimization: A case study of the Erhai Lake Basin, China[J]. Natural Hazards, 75(1): 95-118.